DU MÊME AUTEUR

LE GENRE LITTÉRAIRE, Flammarion, coll. GF Corpus, 2004.

LE TEMPS DE L'ESSAI. Histoire d'un genre en France au XXe siècle, Belin, coll. L'Extrême contemporain, 2006.

nrf essais

Marielle Macé

Façons de lire, manières d'être

nrf

Gallimard

Macé, Marielle (1973-)

Littérature
Philosophie et théorie : valeur, influences, effet ; écriture de la fiction ;
Philosophie : individu ; existence ; esthétisation.

La lecture, dans la vie

« J'allais rejoindre la vie, la folie dans les livres. [...] La jeune fille s'éprenait de l'explorateur qui lui avait sauvé la vie, tout finissait par un mariage. De ces magazines et de ces livres j'ai tiré ma fantasmagorie la plus intime... »[1] Lorsque le jeune Sartre lève ainsi une épée imaginaire et se rêve en héros après avoir lu les aventures de Pardaillan, il ne fait rien de plus aliénant, ni de très différent de ce que nous faisons tous quand nous lisons, et que nous nous trouvons puissamment attirés vers des possibilités d'être et des promesses d'existence. Et si Marcel, le héros de Proust, se tourne en permanence vers des livres, s'il s'emploie lui aussi à les faire rayonner dans sa vie, et s'il engage dans ses lectures tout son effort existentiel, ce n'est pas non plus parce qu'il serait d'une autre nature — ce n'est pas seulement pour devenir écrivain et s'y séparer des formes de l'existence commune. Non, pour eux comme pour nous, c'est dans la vie ordinaire que les œuvres d'art se tiennent, qu'elles déposent leurs traces et exercent durablement leur force.

Il n'y a pas d'un côté la littérature et de l'autre la vie, dans un face-à-face brutal et sans échanges qui rendrait incompréhensible la croyance aux livres — un face-à-face qui ferait par exemple des désirs romanesques de Sartre (ou de la façon dont Emma Bovary se laisse emporter par des modèles) une simple confusion entre la réalité et la fiction, un renoncement à l'action, une humiliation du réel, et par conséquent un affaiblissement de la capacité à vivre. Il y a plutôt, à l'intérieur de la vie elle-même, des formes, des élans, des images et des manières d'être qui circulent entre les sujets et les œuvres, qui les exposent, les animent, les affectent. La lecture n'est pas une activité séparée, qui serait uniquement en concurrence avec la vie ; c'est l'une de ces conduites par lesquelles, quotidiennement, nous donnons une forme, une saveur et même un style à notre existence.

Donner un style à son existence, qu'est-ce à dire ? Ce n'est pas le monopole des artistes, des esthètes ou des vies héroïques, mais le propre de l'humain : non parce qu'il faudrait recouvrir ses comportements d'un vernis d'élégance, mais parce que l'on engage en toute pratique les formes mêmes de la vie. L'expérience ordinaire et extraordinaire de la littérature prend ainsi sa place dans l'aventure des individus, où chacun peut se réapproprier son rapport à soi-même, à son langage, à ses possibles : car les styles littéraires se proposent dans la lecture comme de véritables formes de vie, engageant des conduites, des démarches, des puissances de façonnement et des valeurs existentielles.

« DANS LE STYLE DES HIRONDELLES »

Ouvrant un recueil de poèmes de Francis Ponge, je lis par exemple ce titre : « Dans le style des hirondelles »[2], et me voici captée par une forme extérieure, invitée à en suivre le mouvement et à essayer en moi-même ce style, cette forme particulière du vivre.

> Chaque hirondelle inlassablement se précipite — infailliblement elle s'exerce — à la signature, selon son espèce, des cieux.
> Plume acérée, trempée dans l'encre bleue noire, tu *t*'écris si vite !
> Si trace n'en demeure...
> Sinon, dans la mémoire, le souvenir d'un élan fougueux, d'un poème bizarre,
> Avec retournements en virevoltes aiguës, épingles à cheveux, glissades rapides sur l'aile, accélérations, reprises, nage de requin...

Ce n'est pas là une destinée désirable, ni un programme de vie ; c'est la simple forme d'un vol : « Chaque hirondelle inlassablement se précipite — infailliblement elle s'exerce — à la signature, selon son espèce, des cieux ». Cette attaque du poème met à portée de lecture la loi de l'oiseau. L'hirondelle s'exerce à sa signature — je reconnais cela : les signes vigoureux, les virgules bleu-noir qu'elle trace en volant. Et cette signature n'est pas un chiffre mystérieux, posé devant moi à la manière immobile d'une énigme, mais l'allure dynamique de l'oiseau, sa façon de s'élancer, la modalité propre de son être, le style de ce mouvement singulier que les phrases du poème poursuivent, éclairent, qualifient, et qui emporte ainsi énergiquement ma compréhension et mon désir. Je sens bien ce que signifierait, ce que voudrait dire « être hirondelle » : une certaine rapidité, une certaine stridence, la violence d'une volonté et l'accentuation d'un cri...

> Soyons donc un peu plus humains à leur égard ; un peu plus attentifs, considératifs, sérieux.
> Leur distance à nous, leur différence, ne viendrait-elle pas, précisément, du fait que ce qu'elles ont de proche de nous est

terriblement violenté, contraint par leur autre proximité — celle à des signes abstraits : flammes ou flèches ?

Ces hirondelles « partent de nous et ne partent pas de nous », elles sont « comme » nous et elles sont tout autres ; elles ont quelque chose de proche de nous, et c'est ce quelque chose, ce comparable, qui en elles est violenté, trituré, éloigné. Par cet éloignement elles font dans le ciel « ce que ne sachant faire, nous ne pouvons que souhaiter ; dont nous ne pouvons avoir qu'idée » ; mais dont nous pouvons justement avoir « l'idée ». « Concevez cela ! », poursuit Ponge, qui nous conduit ainsi à comprendre les intensités de ces élancements, à en saisir la signification. Mais aussi à en éprouver la possibilité sensible, et même à en simuler intérieurement l'allure : « S'il nous fallait faire ce qu'elles font ! »... Lire suppose en effet d'essayer quelque chose de cette vitesse, de se sentir comparable à elle et, en en reprenant les mots, d'y entendre quelque chose de sa propre situation. Si la lecture nous fait suivre les hirondelles, ce n'est pas que nous nous y découvririons la faculté de voler, mais parce qu'elle agrippe à l'intérieur de nous quelque chose de cette capacité-là, de sa tonalité, de son élan et des mots pour le dire. Voire, qu'elle la crée : la forme du vol, dans la suite du texte, relance et recharge cet élan qui m'appelle, m'étonne, m'entraîne et me déplace ; j'ai plaisir à y répondre, à m'y réinventer, ce style est comme une variation attirante sur mon propre style. Saisie et surprise par cette présence expressive comme par la vivacité d'un geste, suspendue à cette forme extérieure, j'en esquisse en moi-même la possibilité, ou je la conteste.

Si ce poème m'emporte, c'est peut-être aussi qu'il s'associe, dans mon expérience propre, à l'image d'une autre « signature », d'un autre geste depuis longtemps exécuté dans ma famille : la marque que l'artisan boulanger trace sur le pain, griffant la pâte avant de l'enfourner, la signant « à sa manière », ordinaire et inimitable. Lorsque le pain cuit, ces marques, semblables aux traces d'une plume et aux flammèches des hirondelles, s'accentuent pour former les reliefs de la croûte, et le font d'une façon toujours un peu particulière — c'est d'ailleurs la meilleure partie du pain, comme Ponge le sait aussi. On appelle cela la « grigne », et c'est, dans la réclusion du fournil, une authentique pratique de style. L'étude m'avait arrachée à sa familiarité, à sa singularité et à sa réserve de forces ; mais l'expérience littéraire me l'a étonnamment restituée ; s'animant dans une figure analogue, la signature s'est laissée discrètement transmettre. Quelque chose de mon rapport à moi-même et aux autres, de ce qu'il y a de capable et d'incapable dans mon propre corps, dans mon propre langage, s'y est rejoué et ressaisi : ce que la vie sociale avait affaibli, la littérature le relançait, lui redonnait un avenir. Comme si cette autre réclusion qu'est la lecture m'avait rendu ce geste sous la forme d'une puissance générale, me permettant de m'en souvenir, d'en ré-hériter, de le faire rayonner dans toutes sorte de domaines de la vie et de ses formes.

Voilà sans doute le genre de processus qui anime la vie intérieure d'un lecteur. Chaque forme littéraire ne lui est pas offerte comme une identification reposante, mais comme une idée qui l'agrippe, une puissance qui tire en lui des fils et des possibilités d'être. Il s'y trouve suspendu à des phrases, à ces forces d'attraction qui nourrissent en continu son propre effort de stylisation.

UNE CONDUITE ESTHÉTIQUE

La lecture apparaît bien comme un phénomène d'attraction et de réplique : les livres offrent à notre perception, à notre attention et à nos capacités d'action des configurations singulières qui sont autant de « pistes » à suivre. Les formes qu'ils recèlent ne sont pas inertes, ce ne sont pas des tableaux placés sous les yeux des lecteurs (d'ailleurs les « tableaux » non plus ne sont pas cela), mais des possibilités d'existence *orientées.* L'activité de la lecture nous fait éprouver à l'intérieur de nous ces formes comme des forces, comme des directions possibles de notre vie mentale, morale ou pratique, qu'elle nous invite à nous réapproprier, à imiter, ou à défaire. « Suivre un auteur dans sa phrase », comme le disait Proust, implique chez le lecteur cette démarche qui consiste à seconder un texte dans sa singularité, et qui débouche sur un enchaînement mouvementé d'impulsions intérieures, dans un réglage permanent d'acquiescements et de nuances. Lire n'est souvent rien d'autre que faire l'épreuve de ces directions, en témoigner et y répliquer. Y répliquer, car l'emportement vers une forme littéraire n'est pas sans avenir sur notre propre existence, et sur les coordonnées de cette existence : attirés, du fait même de l'attention qu'on lui porte, vers ce mouvement et vers la manière propre de ce mouvement, nous sentons en retour les directions de notre élan, notre façon à nous de « signer » les choses (« selon » notre loi) et sans doute aussi notre capacité d'en changer. On répond à un appel, comme entraîné dans le rapport de tensions qu'organisent les phrases littéraires, et réinstallé à l'une ou l'autre place de ce rapport. Ponge a d'ailleurs placé devant ses oiseaux quelques spectateurs, semblables à nous ; ils se frottent les yeux, ils s'interrogent sur le vol et ils se comprennent « devant » le vol, car ils éprouvent face à lui les limites et l'ouverture de leur propre situation : « Où en sommes-nous ? ».

Toute configuration littéraire indique ainsi quelque chose comme une piste à suivre, un *phrasé* dans l'existant. Pour saisir cette dynamique, il faut considérer la lecture comme une conduite, un comportement plutôt qu'un déchiffrement. Une conduite « dans » les livres : question d'attention, de perception et d'expérience, cheminement mental, physique et affectif à l'intérieur d'une forme de langage. Mais aussi une conduite « avec » les livres, et même une conduite « par » les livres, dans une vie guidée par eux : question d'interprétation, d'usage, d'application de la lecture aux formes individuelles. La notion esthétique de « conduite » permet justement de tenir ensemble une phénoménologie de l'expérience des œuvres et une pragmatique du rapport à soi, car c'est précisément ce qui relève de l'expérience lectrice qui a un avenir dans la grammaire de l'existence. Considérons donc la lecture comme un exemple de conduite esthétique intégrée, qui se déploie sur un arc existentiel complet. Intégrée, c'est-à-dire : non isolée des autres moments d'une esthétique de la vie quotidienne, de toutes les autres conduites qui s'y trouvent mises en jeu. Loin des modèles sémiotiques ou narratologiques (qui ont tendance à décrire l'activité de lecture comme une opération close sur elle-même, aussi valorisée qu'elle est séparée, et qui peinent donc à faire entrer *ensuite* la lecture dans la vie), l'expérience littéraire s'aligne ainsi sur les autres arts et sur tous les moments pratiques dont elle est concrètement solidaire dans nos vies.

Cette ampleur des conduites mises en jeu suppose de réinscrire la lecture dans une plus vaste « stylistique de l'existence », selon l'expression séduisante et énigmatique de Foucault[3]. Notre vie mentale, notre vie sociale est en effet tissée de « traces » d'art et d'« intentions » d'art, de souvenirs efficaces et de désirs efficaces, qui exercent leur force plastique sur les situations ou les dispositifs de la vie quotidienne et qui modulent nos dispositions d'être, les formes de notre perception, de notre attention ou de notre vision du monde. La question peut devenir celle, nietzschéenne et pragmatique, de la quantité d'« art » que l'on met dans sa vie, de la fluidité ou de l'audace avec lesquelles on circule parmi les formes et les modèles; mais elle peut aussi se jouer dans des aspects moins spectaculaires du rapport à soi-même et aux configurations collectives. Cette mise en œuvre de forces et de dispositions est une question moderne par excellence. Foucault, ou encore Deleuze, ont placé ce genre d'élan au cœur des dynamiques de subjectivation; ils m'encouragent à considérer l'expérience de la littérature comme l'engagement d'authentiques « formes de vie ». Voilà ce qui est à comprendre : la manière dont des lecteurs diversement situés sont amenés à prendre les textes comme des échantillons d'existence, la façon dont ils en usent comme de véritables démarches dans la vie. « C'est cela la lecture : réécrire le texte de l'œuvre à même le texte de notre vie »[4], écrivait Barthes en une formule qui reste entièrement à expliciter.

Car c'est beaucoup dire que de parler de *formes de vie*; il faudrait donner à cette notion un contenu nettement plus précis (moins complaisant) que dans beaucoup de slogans actuels, lorsque les énoncés intimidants de la publicité ou même de l'art contemporain défient les sujets de « donner forme » à leur vie et de se traiter eux-mêmes comme des « œuvres ». L'horizon d'une stylistique de l'existence est pourtant la chose du monde la mieux partagée; elle n'a rien d'exorbitant ou de distingué, elle s'établit dans les régions les plus communes de nos conduites. Chacun a en effet la charge, mais aussi la chance, de donner un aspect à sa présence, d'occuper à sa manière, singulièrement, des positions partagées par tous, de façonner ses mouvements, ses actes extérieurs ou ses pensées secrètes, d'acquiescer à des modèles ou d'en instituer. Balzac, dans sa *Théorie de la démarche* (1833), avait été le premier à se montrer sensible à la façon dont l'homme moderne, privé d'une définition substantielle de soi et de l'assurance de sa propre place, doit répondre à l'injonction d'une créativité diffuse et risquer en tout geste une *idée* particulière de soi, en nuançant ce qu'il expose et partage avec tous, jusque dans le « pas » qu'il lance : la façon de marcher, quel « riche langage dans ces effets immédiats d'une volonté traduite avec innocence ! L'inclination plus ou moins vive d'un de nos membres ; la forme télégraphique dont il a contracté, malgré nous, l'habitude ; l'angle ou le contour que nous lui faisons décrire sont empreints de notre vouloir et sont d'une effrayante signification. C'est plus que la parole, c'est la pensée en action »[5]. Risquons donc nos lectures comme on lance un pas, en sachant que nous y jouons (et en aimant y jouer), dans la nuance d'un geste ordinaire mais toujours réinventé, quelque chose de notre tâche d'être, des modalités et des formes qui font notre manière de vivre.

UN MOMENT D'INDIVIDUATION

Cette redéfinition de la lecture comme conduite esthétique, prise dans le temps et les enjeux plus vastes d'une stylistique de l'existence, n'a de sens qu'à être saisie chez des individus. Elle repose sur la conviction que la lecture arrive à des individus, requiert des individus pour avoir lieu et met également en jeu, en chacun, le fait d'être un individu : quelqu'un parmi d'autres, mais quelqu'un de « tel » — une « singularité quelconque » mais justement celle-ci, un « être tel que de toute façon il importe »[6]. Que la lecture arrive à des individus, des individus déterminés mais à qui aucune propriété simple ne peut servir d'identité, ce n'est pas une impasse de méthode, qui empêcherait de saisir le caractère commun et les enjeux sociaux de la lecture ; c'est l'appel à la reconnaissance de la réserve d'*individuation* qui est à l'œuvre dans tous nos gestes, et l'encouragement à une pratique de la pensée elle-même comme individuation, qui choisit dans les singularités multiples de la littérature sa bonne échelle et son milieu.

On peut en effet regarder la lecture comme une pratique d'individuation, un moment décisif dans l'élaboration de la « grammaire du rapport à soi »[7]. La lecture est d'abord une « occasion » d'individuation : devant les livres nous sommes conduits en permanence à nous reconnaître, à nous « refigurer », c'est-à-dire à nous constituer en sujets et à nous réapproprier notre rapport à nous-même dans un débat avec d'autres formes. La lecture est aussi une « allégorie » de l'individuation, une figuration particulièrement fine des ambivalences de la constitution d'un « soi » dans un espace démocratique, où chacun doit s'éprouver face aux fausses permanences ou aux identités mal faites ; car une situation d'art est une véritable mise en cause des sujets, à la fois uniques et égaux, communs, répétés ; elle impose un retranchement, une passivité, des reculs de la volonté auxquels il faut faire droit, elle engage une lutte avec les images et avec leur puissance, elle dresse un petit théâtre dont les scènes et les poses valent pour toute rencontre d'un sujet avec un dehors qui fait irruption en lui et auquel il doit répliquer. Être en situation de sujet, ce n'est pas nécessairement être cet « entrepreneur » de soi-même que caricaturent les pensées libérales, c'est aussi être subordonné, dépendant et, comme le disait Barthes, « rester en écoute productive de subjectivité ».

Dans la lecture s'esquisse ainsi le « pas de deux » de toute relation esthétique (et à vrai dire, de toute expérience) : la réponse discontinue d'une individualité au comparable et à l'incomparable d'une autre forme. L'idée d'individu ne doit pas être jouée ici contre les communautés, les genres hérités et partagés, ou contre l'Histoire, mais elle oblige à les embrasser en une configuration problématique, toujours différente, qui devient l'objet même d'une stylistique de l'existence. L'expérience de lecture incarne l'ambivalence de ces processus : l'effort pour être-soi y est aussi bien secondé par les modèles littéraires que capturé par ces forces qui l'arrêtent ou le détournent. Lorsque Barthes propose dans *Le Discours amoureux* une description rigoureuse, réaliste, de sa lecture du roman de Goethe, *Werther*, il donne à voir combien son élan est effectivement contradictoire ; il veut se différencier dans sa lecture, se dissocier du héros, se nuancer, protester de sa propre singularité... mais aussi bien s'y reconnaître semblable, s'y banaliser, voire s'y dissoudre — sautant « à pieds joints dans une flaque d'altérité » comme on se noie dans une foule, se reposant de la charge d'être qui incombe à tout individu, ou s'aidant dans cet acte. La pratique littéraire combat ici subtilement les prescriptions médiatiques de distinction, qui supposent des identités élémentaires, victorieuses et déjà accomplies : « *be yourself!* ». Ce que permet l'étude de la lecture alors, c'est l'observation des dynamiques d'individuation dans toute leur instabilité, dans la banalité de leurs partages et de leurs contradictions. L'individu : ce qui se donne sans contours, qui se fait et se défait en permanence, chance et charge modernes.

Chacun s'expose, se décide et se façonne ainsi en toute pratique, s'instituant dans sa façon de vivre en avant de soi-même, dans les choses extérieures qui ne lui sont pas propres et qui deviennent pourtant son intimité; un individu n'est pas seulement son corps et sa portion insubstituable d'espace-temps, il est aussi les images qu'il projette ou qu'il reçoit, les décors qu'il investit ou qu'il rejette, les médiations qu'il s'approprie et où il s'altère profondément, et par exemple les livres qui le précèdent, dans lesquels il s'invente autant qu'il se reconnaît.

MANIÉRISME DE L'EXISTENCE

Question de conduite, expérience esthétique au long cours, pratique d'individuation, l'activité de lecture ne nous advient que *dans* une certaine manière et *par* une certaine manière. Peut-être est-ce là le point dont il est le plus difficile, mais aussi le plus décisif, de prendre vraiment acte : le maniérisme de la lecture, comme de toute pratique. Nous n'avons pas seulement à faire à des conduites, mais à des façons de se conduire, pas à des lectures, mais à des styles de lecture. Or, dans ces occasions esthétiques, la manière des pratiques est aussi leur matière : le style d'une lecture, son *comment*, est le contenu de l'expérience qu'elle constitue, son contenu enfin individué. Cela ne signifie pas que l'on doive se particulariser avec les livres, dans le choix illusoire de petites différences ou d'originalités qui nous sépareraient d'autrui; mais que chacun engage là toute une ligne de vie, un profil partageable, des capacités d'orientation et de bifurcation à l'intérieur de ses propres possibles.

Dans toute pratique humaine en effet, ce n'est pas la vie nue qui s'essaie en nous, mais des formes de vie. Nos actes ne sont pas affublés d'un style, comme colorés par un vernis, nos personnalités ne sont pas « affectées » par une manière ; non, le style est notre « faire », notre puissance pratique, notre morale, la manière est notre être. « Une vie qui ne peut être séparée de sa forme est une vie pour laquelle, dans sa manière de vivre, il y va de la vie même et, dans son vivre, de son mode de vie. Que signifie cette expression ? Elle définit une vie — la vie humaine — dans laquelle tous les modes, les actes et les processus du vivre ne sont jamais simplement des faits, mais toujours et avant tout des *possibilités* de vie, toujours et avant tout des puissances »[8]. Chacun expose et explore dans ce qu'il fait non seulement l'être qu'il est, mais toute une manière d'être, libérant un possible humain : une image du vivant et de son insertion dans les choses, une façon de s'avancer au dehors et d'en soutenir l'effort, des modalités expressives et des façons de se conduire qui sont par définition partageables et généralisables. Montaigne appelait cela la « forme-maîtresse » : un patron au-dedans, une démarche qui ne nous « exprime » pas forcément, nous attachant irrémédiablement à nous-même, qui ne nous « distingue » pas non plus, nous séparant des autres, mais qui nous anime et nous expose en toutes choses.

Cette forme-maîtresse est une *idée de forme* que l'on risque dans le monde, que l'on découvre au-dehors autant qu'en soi-même, et la littérature participe directement de la production de tels modèles de stylisation de soi. Certains pensent leur vie et la traversent comme un récit bien ordonné — c'est le cas de Ricœur ou de Sartre, pour qui les formes existentielles étaient nécessairement des formes narratives, et qui concevaient leur vie comme un roman. D'autres regardent plutôt la courbe de leur existence (l'interprètent, l'avancent) comme un air de musique, cadencé d'une certaine façon, harmonieux ou dissonant; lorsque Nietzsche philosophait en musique, lorsque Barthes se mettait au piano, lorsque Sartre lui aussi se mettait au piano, mais déjà un peu autrement, ils recherchaient tous un rythme (et « personne, écrit Proust, ne saura jamais, pas même soi-même, l'air qui vous poursuivait de son rythme insaisissable et mystérieux »). D'autres ne se figurent leur vie ni comme une histoire, ni comme une mélodie, mais comme l'exercice héroïque d'une volonté, d'une capacité à se « faire exister » activement — Nietzsche à nouveau, mais aussi Baudelaire, Paulhan, Deleuze, ou Charlus —; d'autres encore comme une bataille livrée à l'intérieur d'eux-mêmes entre plusieurs forces, entre plusieurs possibilités d'être qui entrent en concurrence — Michaux, Beckett, mais aussi Plume ou Albertine... Je cite à dessein et indifféremment des penseurs, des poètes, des personnages de fiction, car ici tout type de subjectivité importe. Chacun de ces individus est un style, une manière de faire ce que font aussi les autres, de saisir les événements, les personnes et les choses, en unifiant mais aussi en transformant en permanence ce qu'il est. Car toute conduite, de la signature à la promenade, met en jeu sa manière d'être et l'expose activement à la confirmation ou à la transformation, remettant sur le métier ses façons de percevoir, d'apparaître, d'être affecté par les choses et de leur donner sens. Projetant l'existence dans un ordre résolument *modal*, Heidegger définissait déjà la compréhension comme une « manière d'être », dans une éthique du rapport — au monde, à soi, aux autres styles. Pas d'exception esthétique ici[9] : la lecture n'est qu'un cas particulier, un exercice parmi d'autres de cette modalisation de soi, de ce maniérisme décisif qui est au travail dans tous nos comportements — pratiques perceptives, geste artisanal, prise de parole...

Ce n'est qu'un cas particulier, mais c'est un cas assez particulier, puissamment relationnel : un rapport (de forces, de dépendances, de médiation, d'appuis réciproques). Dans la lecture en effet, c'est affronté à d'autres styles qu'on exerce le sien, et dans un corps à corps avec d'autres formes que l'on éprouve la sienne. La lecture relaie et expose ainsi nos imaginaires individuels de la forme, nos partis pris insubstituables sur ce que c'est qu'être un sujet : nos phrases y sont suspendues aux phrases littéraires, qui se présentent à la nôtre comme des modèles, c'est-à-dire aussi bien comme des secours que comme des menaces. Par la lecture, en elle, les individus se donnent ainsi les formes de leur pratique, et l'expérience littéraire devient une ressource de stylisation de soi.

Dans la réflexion sur la littérature, la multiplicité, et à vrai dire la concurrence de ces modes d'articulation entre les œuvres et les formes de vie est trop souvent négligée ; ce maniérisme subtil des pratiques est écrasé (même par ceux qui croient puissamment aux livres) lorsqu'il est recouvert par un éloge global des fictions, ou une croyance au caractère mécaniquement émancipateur de toute expérience esthétique, indépendamment des individus qui la traversent. De la réclusion proustienne aux « performances » identitaires, de Roquentin (« il faut choisir, vivre ou raconter ») à Ricœur (pour qui le temps « devient humain » dans le récit), de l'éloge de l'imitation chez Gabriel Tarde à sa description angoissante chez René Girard... le sentiment de la forme et de son activité dans la vie ouvre pourtant des pistes franchement divergentes ; or ce « divers » et cette puissance de différenciation sont la littérature même. On ne peut aujourd'hui faire l'économie d'une réflexion sur ces rapports finement différenciés aux ressources esthétiques. Il faut exiger un regard attentif aux nuances de toutes les formes de vie. Il faut opposer aux identités factices, aux fausses permanences, à la destruction de l'expérience et aux pluralités indifférentes, indolores et dé-liées qui marquent la culture contemporaine ce maniérisme des pratiques, cet avenir des nuances, des modalités et des singularités. Pasolini avait cessé d'y croire, lorsqu'il voyait s'éteindre l'éclat subtil des lucioles dans le paysage contemporain, c'est-à-dire aussi dans les esprits, les gestes, les formes de l'attention et de la vie collective. Mais c'est bien cette force de rayonnement ordinaire qu'il faut défendre et rechercher partout où elle s'invente. De toute urgence, comme l'écrit Michel Deguy, il s'agit de « changer les livres en notre âme, faire monter dans l'arche toutes les figures, traduire, traduire sans relâche les paraboles en poèmes, en citations pour nos circonstances, en entretiens, en ordinaire du jour »[10].

Posons donc, comme milieu concret de la lecture, la mise en travail réciproque des manières d'être, qui est le moteur d'une stylistique existentielle. Il ne s'agit pas d'être en quête d'un *je ne sais quoi* impartageable, mais de regarder la lecture comme le moment où rayonne telle modalité d'être, où circule ou se perd telle forme de vie, en décrivant les façons dispersées dont l'expérience littéraire diffuse en possibilités d'existence, en s'attachant à des styles de lecture qui sont autant de styles d'individuation : façons de lire, manières d'être[11].

Toutes ces façons de lire, toutes ces manières d'être me sont venues de lecteurs particuliers : des singularités quelconques, des individus et ce qu'ils ont engagé dans leurs lectures. Chacun a en effet une question insubstituable à poser aux livres, qui n'est pas seulement la limite mais l'opération même de sa lecture. Telle articulation de la vie et des formes m'a été soufflée par Proust, telle autre par Sartre, Bourdieu, Rancière ou Michaux. Je trouve mon terrain d'observation chez ces écrivains et ces penseurs, dont je considère sans discrimination les témoignages, les fictions, les décisions critiques, les souvenirs, les difficultés... Je les regarde comme des lecteurs, c'est-à-dire un peu comme « n'importe qui ». Pourquoi alors des écrivains ? Il ne s'agit décidément pas de tourner la lecture vers la création littéraire pour faire de tout lecteur un écrivain à venir — au contraire, ce serait nier la portée authentiquement stylisante de l'activité de lecture. Mais de profiter de ce que ces lecteurs-là ont écrit leur pratique et en offrent les témoignages détaillés, dispersés, sans préjugé théorique ; ils tentent de s'élucider *à même* leur pratique des œuvres, et ce faisant ils se traitent eux aussi comme une sorte d'œuvre. Je ne prends pas leurs descriptions pour la restitution transparente d'une expérience objectivable, mais pour sa refiguration, sa ressaisie individuelle, sa stylisation, qui peut être opaque, transformante, contradictoire, mais qui en tout cela est précisément une manifestation et une mise en travail de leur manière d'être. Stylisant une expérience du style, manifestant la façon dont des œuvres ont infusé dans une vie concrète, les textes très divers que je rassemblerai non seulement décrivent des moments esthétiques, mais surtout *relancent* une pratique d'individuation dans des rencontres effectives avec les formes.

Lorsqu'on le regarde suffisamment longtemps, un individu ouvre d'ailleurs toujours, comme une fenêtre, sur d'autres individus que traversent de semblables comportements, des styles d'être comparables mais dans des configurations forcément différentes ; leur manière de se conduire avec les œuvres littéraires peut unir les lecteurs comme un air de famille, mais chacun est seul à devoir y jouer la nuance particulière de son individualité. Lisant les mêmes livres, partageant parfois les mêmes codes, échangeant leurs goûts ou s'imitant les uns les autres, ils n'y engagent pourtant pas exactement la même question, ni tout à fait la même part d'eux-mêmes (ni la même façon, par exemple, d'être en conflit avec soi). Aucune de ces nuances n'est une qualité secondaire, c'est le moteur et l'enjeu d'une stylistique de l'existence.

Infléchir ses perceptions

« Le soleil rayonnant sur la mer... » Ce fragment d'un vers des *Fleurs du Mal*, extrait de « Chant d'automne », est l'une des citations préférées de l'auteur d'*À la recherche du temps perdu* et de son héros. Comme le vitrier de Baudelaire, Marcel voit le monde « en beau » à travers cet éclat de vers, à travers la marine qu'il dépeint et dont le souvenir a déposé en lui l'allure, la silhouette. Coupée et restreinte à la description d'un petit tableau idéal, la citation opère pour lui un cadrage dans le paysage et façonne son regard. Souvent, le souvenir de ce vers cache à Marcel le spectacle des choses, faisant écran à sa perception présente ; mais parfois le héros se rend capable de plus de souplesse mentale, et navigue entre une disponibilité à l'événement présent et des souvenirs littéraires qui ont aiguisé sa capacité à percevoir. C'est par le prisme de ces mots-là qu'il regarde alors le couchant, qu'il parvient à décadrer et à recadrer une situation, une région du perçu, un moment de la vie, bref à « rentoiler » un pan du monde, comme le dit Proust. La citation préférée, ici, révèle que tout dans l'expérience lectrice peut être affaire de disposition perceptive, d'apprentissage attentionnel, de formation (mais aussi de déformation) d'une personnalité cognitive au contact avec des configurations esthétiques. Nous stylisons bel et bien notre vie mentale dans la lecture : souvent nous trouvons dans les formes littéraires des façons d'affûter ou d'infléchir nos instruments d'accès au monde ; et d'une tournure de langage, puis d'une autre, et encore d'une autre, nous faisons des dispositions attentionnelles et des modalisations actives de notre vie perceptive.

Les expériences de lecture participent en effet de la formation et de la déformation de conduites attentionnelles, dans l'échafaudage de manières subjectives et le temps long d'une aventure individuelle, autrement dit d'une authentique fabrique littéraire de la sensibilité. C'est bien ce qui se produit, chez Proust, dans le lent apprentissage sensible du protagoniste : ses lectures engagent toujours des actes d'attention et de perception (plutôt, par exemple, que des conduites morales), qui sont sans effet de rupture avec les constellations perceptives de la vie quotidienne. Dans une immense boucle qui va de la lecture enfantine des romans de George Sand à leur redécouverte étonnée dans *Le Temps retrouvé*, la *Recherche* maintient au cœur de l'activité mentale l'acte de lecture et ses analogues. Le roman offre une phénoménologie complète de l'expérience des œuvres ; il nous fait traverser les métamorphoses de cette pratique (« lire, cette pratique... », disait déjà Mallarmé) tout au long d'une existence, observer son articulation avec les autres occasions perceptives, et mesurer ce que celles-ci lui doivent. On observe ainsi, à même l'histoire d'une vie, les façons dont une personnalité cognitive se sédimente, prend des plis, acquiert des goûts et peut-être des compétences dans sa pratique des formes. Et Proust nous invite à notre tour à lever les yeux de son livre pour revenir au réel lestés de nouveaux instruments, de schémas efficaces et de nouvelles façons de « faire attention » : Leo Spitzer trouvait d'ailleurs dans son écriture les ressources de la formation patiente d'une capacité perceptive — « peut-être les difficultés de construction sur lesquelles le lecteur bute à l'occasion sont-elles des obstacles amoncelés à dessein pour suggérer combien il est difficile de voir clair dans le monde »[1].

La lecture devient une question de stylisation cognitive ; elle engage d'abord la capacité intime du lecteur à se conduire dans les signes, en se laissant désorienter par des figurations inédites ; elle engage aussi son aptitude à prolonger un style littéraire dans la vie (à se guider grâce à lui, contre lui ou malgré lui, dans les situations du monde sensible vers lequel la lecture le reconduit forcément). C'est tout le thème des « épaisseurs d'art » que chacun parvient à aménager en soi, en se situant dans les œuvres et en se situant avec les œuvres dans le monde. Cette relance dit l'ampleur de ce qui se joue, de nos façons d'être, dans nos rencontres quotidiennes avec les formes : une dynamique de restitution, une pratique de ressaisie intérieure et d'invention de formalités, une démarche individuelle devant les livres. Ce geste de lecture décide de formes de vie ; on n'y crée peut-être rien (s'il faut réserver l'idée de création aux productions souveraines), mais on se façonne soi-même et l'on façonne son environnement en donnant, comme tout le monde, une nuance et une valeur existentielle à ses propres sensations.

SE RETRANCHER

Un seul vers peut donc indiquer à son lecteur quelque chose comme une piste à suivre et à faire rayonner, une démarche dans l'attention. Pour saisir cette dynamique, il faut considérer la lecture comme une véritable conduite. Cette approche esthétique suppose un pas de côté par rapport aux analyses sémiotiques (développées dans le sillage de *Lector in fabula* d'Umberto Eco) ou à l'imaginaire de la lecture issu de la narratologie. Celles-ci invitent à décrire la tâche du lecteur comme une activité de déchiffrement ; elles regardent la lecture comme un travail de comblement des blancs et des lacunes du texte, une performance à l'intérieur d'un dispositif communicationnel, un peu exorbitante et dissociée du quotidien ; partant, elles supposent la lecture séparée de la vie et ne s'intéressent à l'effet des livres sur l'existence que dans un temps de l'« après », dans le retour au quotidien qui aurait lieu une fois les livres refermés. Mais il vaudrait mieux commencer par mesurer ce que la lecture fait aux formes de la vie ordinaire, en observant comment elle prend place au cœur des façons d'être et des façons de faire des individus.

Considérons donc la lecture moins comme une tâche active de déchiffrement que comme une certaine conduite du sujet de l'expérience, corps et conscience ; par conséquent comme l'occasion pour ce sujet d'éprouver des manières d'être, des attitudes, des rythmes par lesquels les livres l'affectent, le confirment ou le déphasent dans ses gestes, dans ses dispositions, dans ses manières de percevoir et de faire attention. Cette mise en jeu d'une conduite attentionnelle, d'un style perceptif n'est pas nécessairement une question d'activité ; elle fait droit, au contraire, à tout ce que la lecture recèle de passivité, en engageant des façons de se comporter face à un objet qui affecte le lecteur et le contraint.

Tout commence par la situation d'enfermement ou l'« à-part » que réclame la lecture. Ce moment de retranchement et de passivité recèle en fait déjà toute une vie mouvementée, des idées de comportements, des potentialités d'être et même : un avenir. Il ne s'agit pas d'un temps d'arrêt, mais d'une occasion dynamique, d'un moment d'individuation. Par la lecture, par la manière dont on se conduit dans un livre, on s'individue au sens le plus simple : on s'écarte, afin d'occuper un nouveau milieu et d'être occupé à lui, d'éprouver ses propres contours et les formes de sa séparation ; on s'accueille soi-même dans une image extérieure ; en entrant en rapport d'échange avec ce nouveau milieu, on essaye des postures, on simule des gestes, et l'on peut aussi bien se perdre dans l'environnement intense du livre que s'efforcer de s'en détacher. C'est une question de situations et de dispositions : la situation (mentale, sensible, sociale) dans laquelle la lecture nous place en nous faisant nous enfermer avec un livre, cet environnement qu'elle nous fait éprouver intimement, et dont elle dépose l'énergie de réemploi dans notre mémoire ; la disposition perceptive dans laquelle les livres nous trouvent, et l'expérience par laquelle ils nous obligent à nous redisposer, en composant chaque fois avec l'altérité de ce qu'il faut appeler, sans craindre l'emphase, une nouvelle « forme de vie ».

Recluse et privée, la situation ordinaire de la lecture donne, selon les mots de Jean-Christophe Bailly, une « très intense sensation de ralenti »[2], la sensation d'être « sur le bord du temps » que provoque un acte de retranchement inaugural. Sur le bord du temps, et, par conséquent, sur le bord des choses. Car plus que seul, ou autrement que seul, le lecteur se soustrait deux fois : à la communauté ordinaire, et à la présence elle-même (au défilé extérieur des phénomènes et des perceptions). Pascal Quignard s'est montré très sensible à cette solitude du lecteur : soustraction, taciturnité, délaissement, le lecteur qu'il dépeint est seul avec son livre, seul « chez son livre », affamé d'intimité et de sensation de soi[3]. Proust, Benjamin, Sartre, ont abondamment parlé de cette réclusion, figurant souvent l'événement que constitue, dans l'enfance, le passage d'une lecture écoutée (enveloppante et rythmée par une voix extérieure) à une lecture silencieuse. Sartre, par exemple, décrit les « cérémonies d'appropriation » au cours desquelles Poulou vainc sa propre incrédulité : « Les Fées, c'est *là-dedans*? »[4]. Les expériences enfantines, où le corps paraît s'absenter ou se vivre de façon imaginaire, dans un effacement des frontières entre soi et le livre, ne seront pas simplement dépassées dans un accroissement d'activité, car le retranchement reste toujours constitutif de la lecture ; il réinstitue cette « simple distance interhumaine » qui « sert à chacun de base de départ »[5]; il organise l'espace de l'intimité, une intériorité plus intérieure, dispose un dedans et un dehors, et invite à un jeu en soi-même autour de ces seuils. Que le lecteur s'isole et se protège effectivement de la vie collective, ou qu'il la rejoigne à travers ce que le livre lui en dit, il y a en lui, rappelle Bailly, l'énergie d'un détour : quelque chose qui n'a pas voulu être là, qui a choisi de tourner le dos pour partir, s'engager sur une autre voie, suivre une ligne unique qui « s'en va sous ses yeux mais que nous, près de lui, ne voyons pas ». Ce geste a des effets : le livre pour lequel on s'écarte est l'occasion d'une pratique rénovée, d'une manière neuve de s'inscrire dans un espace-temps, de s'insérer dans le monde. La lecture ne se contente pas de détourner : elle-même conduite, gestualité, intensité, elle invite à rejouer notre accès — attentionnel, sensible, existentiel — à notre propre environnement, et par conséquent, déjà, à modifier cet environnement.

Dans toute aventure personnelle de lecture, on commence donc par s'isoler pour entrer dans une relation qui redéfinit les formes de la perception et les modalités de la présence. S'il impose cet enfermement, c'est que l'objet artistique requiert à la fois le détournement, la densification, et le prolongement de l'attention. Les esthétiques d'inspiration cognitive, qui peuvent se réclamer à la fois de la phénoménologie et des neuro-sciences, insistent sur cette entrée dans une expérience attentionnelle singulière, et pour ainsi dire rechargée : ce qui module les intensités de notre vie mentale ce sont, en termes phénoménologiques, les formes de l'attention que l'on porte aux choses, la façon dont on les « prend pour thème », dont on les découpe en les considérant comme « ce qui compte » à cet instant pour nous; on pense trop rarement la lecture sur ce modèle. Dans la lecture pourtant, comme dans l'épreuve visuelle, le paysage perceptif s'aimante bien autour d'un nouvel objet, et l'intérêt affectif se réoriente. L'expérience suppose la constitution d'une boucle attentionnelle, qui repose sur la relance régulière des stimulations (c'est-à-dire des façons qu'a un texte d'affecter son lecteur) et des répliques du lecteur à ces stimulations. L'attention lectrice s'élabore dans ce trajet constant autour du nouveau centre intensif qu'est le livre, qui est en permanence détournable vers des éléments autres et saillants : c'est un *balcon*, qui dispose un cadre particulier de saisie, et se construit dans la concurrence d'actes mentaux intenses et variés.

Proust a figuré en détail l'expérience retranchée de l'« immersion », c'est-à-dire de la plongée sensible dans la fiction. La *Recherche* s'ouvre sur l'apprentissage de ce qu'il nomme l'« acte psychologique original appelé *Lecture* ». Le récit commence par construire autour de l'enfant-lecteur une « crèche » mentale, un nid ou une niche « au fond de laquelle [il sentait qu'il restait] enfoncé, même pour regarder ce qui se passait au dehors »[6]. La lecture apparaît comme une zone incandescente, un espace gigogne successivement emboîté dans la pensée, dans la chambre, dans la maison. Elle construit autour d'elle-même un « site », et s'insère moins dans un lieu déjà existant qu'elle n'irradie pour produire ce lieu. Marcel se loge confortablement dans la lecture, s'y aménage une place, s'y dissimule. Il entend d'abord sa mère lui lire *François le Champi*, l'« ample douceur » de sa voix amortissant le mouvement des phrases, unifiant le livre en un milieu continu. Puis il est lui-même lecteur, couché sur son lit, abrité au jardin ou enfermé dans une petite pièce à l'odeur d'iris. Le narrateur fait droit à toute la passivité de l'immersion; il décrit la navigation attentionnelle qui s'y joue, ce passage permanent « du dedans au dehors » et ce *ralenti* soudain imprimé à la perception. Il s'attache au fait qu'il s'agisse de lectures enfantines, c'est-à-dire d'un apprentissage des façons de se conduire à l'intérieur d'une situation d'art; il n'est question ici ni de « suivre » une forme, ni *a fortiori* de la « prolonger » dans la vie, comme ce sera ensuite systématiquement le cas, mais d'abord d'éprouver l'agencement d'une intériorité et d'une extériorité, la force d'un seuil et l'effort cognitif auquel il faut consentir pour le passer.

La situation attentionnelle constituée par la lecture a tous les caractères de ce que l'anthropologie appelle (après Edward T. Hall) un espace « proxémique ». L'espace proxémique est produit par les effets de distance physique et les possibilités de contacts qui s'établissent entre des personnes ou des objets lorsqu'ils sont pris dans une interaction; c'est un petit monde dense et séparé, où le sujet se blottit et qui, surtout, le prolonge : le lit et ses accessoires, la table de travail et ses ustensiles, le téléphone portable que je garde dans ma poche, toujours prêt à emplir la situation présente de mes images, de mes sons, de mon univers sensible; et bien sûr le livre. Cet espace est une image élargie du corps propre, un foyer d'expansion subjective, un champ de possibilités, d'objets et de sensations (parfums, bruits, lumières) aimanté autour de ce corps, marqué affectivement, scandé par tout ce que l'on a à portée de main ou de regard, tout que l'on peut atteindre sans bouger ou sans regarder, qui est un peu au-delà de soi et à quoi l'on tend par conséquent à s'identifier. En ce sens, le proxémique ne concerne pas tant la clôture et les barrages du sujet, que l'effet de *diffusion*, les capacités de sorties et les esquisses de gestes qui prolongent activement l'intériorité. Sa valeur principale est la possibilité.

Ce qui se passe alors dans la réclusion de la lecture n'est pas étranger aux formes de la vie et aux promesses d'action. Je crois que, de même que chacun a une façon d'habiter ses lieux, chacun a une façon d'habiter les livres, et de l'une à l'autre conduite s'échangent sans doute des dispositions intérieures et des manières d'occuper un espace pour y déployer ses gestes. Dans une lecture comme dans un décor se comprend la tenue d'une ligne de vie, la façon dont « l'idée » de soi se déploie, s'expose, se continue dans les choses, s'y encourage, se réconforte de règles et de goûts, mais aussi se disperse et s'éparpille au dehors pour se pluraliser et se renouveler. Ici les styles de conduites séparent fortement les individus ; pour certains, habiter est un travail ou un jeu qui aboutit à la constitution d'un nid ; pour d'autres c'est une obligation inquiétante, la clôture d'un espace qui empêcherait de bondir ailleurs. L'individu et le milieu s'y referment « l'un sur l'autre comme les deux coques d'une même idée »[7], d'un même style. Chaque individu est une façon particulière de s'approprier le monde et ses objets, de s'y disposer et de s'y projeter activement, mais aussi d'en être affecté. Enfant, Sartre vivait ses lectures dans la terreur d'un enfermement : « Je craignais de tomber la tête la première dans un univers fabuleux et d'y errer sans cesse, en compagnie d'Horace, de Charbovary, sans espoir de retrouver la rue Le Goff, Karlémami ni ma mère »[8]... Kafka, au contraire, rapportait dans son *Journal* le souvenir d'une joie recluse, modulée dans des situations de lecture apaisantes jusqu'au néant : « Le bien-être que j'éprouvais hier, assis au Parc Chotek, et aujourd'hui sur la Karlsplatz, en lisant *Au large* de Strindberg. Bien-être aujourd'hui dans ma chambre. Creux comme une coquille sur la plage, prête à être écrasée d'un coup de pied... »[9]

Barthes aussi était fasciné, mais un peu autrement que Kafka, par la clôture des chambres, des fragments, et par conséquent des livres. Il a consacré l'un de ses cours au Collège de France à cette notion de « proxémie », et c'est la lecture d'un ouvrage étonnant édité par André Gide, *La Séquestrée de Poitiers,* qui en a été l'occasion et l'allégorie. Gide avait rassemblé en 1930 dans ce premier titre de la collection « Ne jugez pas » (sorte de lieu de naissance de la littérature de témoignage), les articles et les rapports d'archive documentant un fait divers sinistre : la découverte d'une femme séquestrée par sa famille. En 1901, on a trouvé Mélanie Redureau, « alors âgée de cinquante et un ans, dans un état de crasse indescriptible — cependant soigneusement décrite —, dans une chambre d'une maison bourgeoise cossue de Poitiers. Depuis environ vingt-cinq ans, tenue enfermée, [...] Mélanie = l'anachorète absolue, mais sans la foi (la folie à la place ?) »[10]... Barthes s'intéresse sans répulsion à la manière de vivre de Mélanie, à ses manies et à ses goûts, à cette survivance de désirs et de singularité qui lui faisait par exemple exiger, sous ses draps crasseux, de ne manger que des macarons. Cette lecture est pour lui l'occasion paradoxale de découvrir et d'observer en soi-même un goût pour l'enfermement, et plus précisément pour un enfermement aménagé, une claustrophilie complexe qui lui inspire de longues réflexions sur l'élaboration d'un espace privé ou d'un univers à usage personnel, largement virtuel, un « équipement du soi » qui émane en quelque sorte des actes du sujet. Les *formes* de l'enfermement de Mélanie dans sa chambre infecte ont accompagné Barthes dans sa réflexion sur ce que Sade avait nommé le « principe de délicatesse », cette exigence d'une nuance personnelle qui puisse colorer toute manie, tout rituel et tout style de vie, même le plus exorbitant. Par cette sécurité sensuelle, un individu tient en cercle autour de lui, à bonne distance et à portée de main, ses instruments familiers ; chaque objet y devient comme un geste de son propre corps, une « individuation de matière »[11], et l'individu, dès lors, se définit moins comme un « soi », que comme un rapport à soi et au monde, que toute expérience est susceptible de relancer. La lecture de Barthes, cette façon d'être subjugué par des formes actives de réclusion, par les réserves subtiles de sensations et les possibilités gestuelles qui en émergent, est en soi une résistance à ce que Benjamin avait diagnostiqué comme la « destruction de l'expérience » dans la culture moderne ; jusque dans ce retranchement, Barthes trouve des promesses d'intensité et d'infléchissement, autrement dit des ressources de subjectivation, de modalisation d'un style d'être.

Pour l'expérience de Barthes, mais aussi bien pour la nôtre, cette façon d'habiter une configuration littéraire n'est pas une désertion de la vie ordinaire ; c'est déjà une manière de décider des formes minimes d'une communauté, d'y constituer un arrangement de rapports et de liens. Comme si Barthes avait cherché dans la lecture des réponses actives à la question posée par l'un de ses derniers cours : « Comment vivre ensemble ? ». Pourquoi, à vrai dire, y aurait-il dans tant de réclusion la ressource d'une socialité véritable ? Parce que les dispositifs littéraires auxquels Barthes s'est intéressé instituent autant de possibilités d'habitation, des « formes subtiles de genres de vie », des nuances apportées à la constitution d'une manière d'être-ensemble, aux empiètements, aux dépendances, aux violences et aux besoins dont cet être-ensemble est nécessairement fait. Le sanatorium de *La Montagne magique*, le labyrinthe du *Satyricon*, la tentative de *Construire un feu* chez Jack London, l'île de *Robinson Crusoe* (qui n'est pas déserte...) partout, dans l'expérience que le lecteur en fait, les mots sont susceptibles de relier et de recouper, articulant un peu autrement les rapports entre l'individu et les espaces auxquels il s'intègre, les dehors qu'il investit et qui, à leur tour, l'occupent. L'aménagement d'un lieu est déjà un parti pris sur la constitution d'une compagnie, selon le mot de Beckett[12], qui imaginait toutes sortes de dispositifs et de voix aptes à « tenir compagnie » (« vite, des mots, comme l'enfant solitaire qui se met en plusieurs, deux, trois, pour être ensemble, et parler ensemble, dans la nuit »[13]). C'est la stabilisation d'une forme appropriable, élaborée contre l'atomisation et les fragmentations narcissiques.

Ici, l'effort collectif est repris littérairement à partir de ce que Barthes appelait les « moments fragiles de l'individu ». La régulation des distances qui s'y joue décide de l'institution de relations dans un territoire commun ; la notion de « proxémie » désigne aussi cela : la quête d'une distance juste entre des sujets liés (une distance juste avec les autres et avec soi-même). Des sujets qui sont tentés par la solitude, la singularité ou l'autonomie mais qui s'en vont ailleurs, prêts à s'affecter et à se « nécessiter » à l'intérieur d'une communauté au moins fantasmée, une communauté de familiers qui se font place en étendant au groupe l'exercice de leur singularité : voilà « un fantasme de vie, de régime, de genre de vie, *diaita*, diète. Ni duel, ni pluriel (collectif). Quelque chose comme une solitude interrompue d'une façon réglée : le paradoxe, la contradiction, l'aporie d'une mise en commun des distances »[14]. Faute d'une clôture qui soit une garantie et une définition de soi, vivre c'était pour Barthes *se déprotéger.*

LEVER LES YEUX DE SON LIVRE

La lecture n'est devenue aussi recluse qu'assez tard, lorsque l'on a tout à fait cessé de lire à voix haute. Les historiens ont montré combien l'acte de lecture n'est pas un invariant[15]. Il n'a cessé de changer dans le temps, et il varie selon les sociétés ou les âges de la vie autant que les façons de se mouvoir, de regarder ou de sentir. À chaque période, pour chaque groupe, la relation à l'écrit s'effectue à travers des gestes, des techniques et des manières d'être particulières. Les enjeux de la lecture ont profondément évolué à mesure que se transformaient les supports, les rituels de la transmission et de l'interprétation, la force de cadrage des genres littéraires et des effets de communautés, l'intensité de la lumière domestique ou le poids des livres... Le passage définitif à la lecture silencieuse (cette lecture pour l'œil et pour soi-même), la vitesse du déchiffrage, la maniabilité de plus en plus grande des ouvrages, l'intimisation du rapport aux livres (sur le modèle presque exclusif de la lecture des romans, qui envahissent littéralement l'espace intérieur et engagent toute la personnalité affective de l'individu), tout cela a façonné en profondeur les pratiques modernes. Cette « conduite » en a remplacé d'autres — la *ruminatio* des moines, par laquelle on murmurait un livre sacré pour le méditer et le mémoriser, ou la glose des savants humanistes, qui associait toute lecture à la sédimentation monumentale d'une encyclopédie intérieure...

La lecture silencieuse qui est désormais la nôtre n'est pourtant pas sans voix ni sans mouvements ; c'est une lecture pensive, qui déclenche en réponse la parole intérieure du lecteur. « Ne vous est-il jamais arrivé, lisant un livre, de vous arrêter sans cesse dans votre lecture, non par désintérêt, mais au contraire par afflux d'idées, d'excitations, d'associations ? En un mot, ne vous est-il pas arrivé de *lire en levant la tête* ? »[16], demandait Barthes. L'expression dit bien à quel état composé et prometteur la lecture conduit. Car on ne regarde pas juste en l'air quand on lève la tête : on regarde sa lecture, on s'invente avec elle, on voit le dehors selon sa nouveauté, on est déjà en train de faire quelque chose de ce qu'on lit et de donner (ou d'échouer à donner) un certain *tour* à sa propre existence. Sans doute l'instant où l'on lève les yeux est-il précisément ce moment où l'expérience attentionnelle, dans sa réclusion même, ouvre à un « comportement » : la perception d'une forme et de ses variations d'intensités débouche en véritable possibilité de conduite, le livre réclame que l'on transforme l'épreuve du sens en attitude, le style tout court en style de vie.

Ce petit mouvement consistant à lever les yeux de son livre pour mieux y revenir, concentre sans doute les formes et les enjeux de la lecture moderne, les habitudes et les manières qui s'y exposent. Avec sa gestualité propre, avec sa vocalité propre (tout intérieure), il met l'accent sur un face-à-face rythmé, une suite d'acquiescements et de détachements associant un sujet à un livre, un mode relationnel qui décide des promesses de la lecture et de son inscription dans la vie aussi concrètement que le maniement du rouleau ou le déchiffrement à voix basse déterminaient les pratiques anciennes : autant d'incidents à la frontière sujet-monde, qui changent la tonalité de l'expérience et jusqu'au sentiment de la vie. Au moment où l'on lève les yeux, on essaie en effet des attitudes mentales, on prépare des souvenirs, on répond au livre en nouant dans un va-et-vient exemplaire un nouveau lien avec le monde, ce monde auquel on n'a pas fait que tourner le dos ; c'est la chance de rejouer dans la lecture et après elle l'accès au réel, mais aussi l'accès à soi-même.

Que dire en effet de ces lectures solitaires, réputées muettes et impartageables, aussi secrètes qu'elles sont libres et intenses ? Qu'elles ont en commun d'arriver à un individu : n'importe lequel, parmi tous les autres, mais celui-ci, jamais indifférent. Elles ne peuvent se produire que dans un individu, dans sa durée propre, dans le cours de son existence, et requièrent que cet individu, corps et conscience, soit jusqu'à un certain point *séparé*. Elles naissent donc d'un retranchement, mais d'un retranchement dans ce que Rilke, dans les *Élégies de Duino*, appelait « l'ouvert », une réalité qui appelle sans cesse par le renouvellement de ses formes et de ses événements, et qui exige une réplique, un refaçonnement de cette réalité par la façon même dont on s'y insère et dont on en est affecté. Observant un « Portrait de dame » lisant, Robert Walser s'interroge ainsi dans l'une de ses proses sur les enjeux ordinaires de sa lecture, la façon dont emportée ailleurs, la lectrice revient à elle-même : « Une jeune fille de vingt ans, peut-être, est assise sur une chaise et lit un livre. Ou bien elle vient de le dévorer et à présent, elle réfléchit à ce qu'elle a lu. Il arrive souvent que celui qui lit doive s'interrompre à brûle-pourpoint, vivement agité par toutes sortes de pensées en rapport avec sa lecture. La lectrice rêve ; peut-être compare-t-elle le contenu de son livre avec ses propres expériences, elle pense au héros de ce livre, et elle a l'impression de ressembler un peu à l'héroïne »[17]. Là, dans ce va-et-vient physique et mental, gisent en effet des ressources de vie singulières pour un individu : retraits, émergences, forces de sortie, pensées ou émotions qui plongent au cœur de l'individuel, du fait d'être un individu, de se faire individu et de voir se constituer en même temps les autres.

Lire en levant la tête. Les mots de Barthes visent juste — ils lui viennent de Proust, qui a figuré cet événement et, surtout, le lui a fait éprouver. La lecture apparaît souvent au début de la *Recherche* sous cette figure très vitale de l'interruption ; l'énergie du monde, dans la course d'une petite fille ou les pas bruyants d'un régiment en manœuvres, vient y rompre la situation particulière de réclusion exigée par l'expérience esthétique. Le va-et-vient entre ce que Bachelard appelait la « provocation » du monde et la vigilance singulière réclamée par les livres, cette navigation de l'attention entre un dedans et un dehors, donnent au lecteur « les yeux "lointains" de ceux qui pensent "à autre chose" », mais que toute intensité peut effectivement détourner. « Quelquefois j'étais tiré de ma lecture, dès le milieu de l'après-midi par la fille du jardinier, qui courait comme une folle, renversant sur son passage un oranger, se coupant un doigt, se cassant une dent et criant : "Les voilà, les voilà !" pour que Françoise et moi nous accourions et ne manquions rien du spectacle » (I, 87)... Mise en œuvre insistante des seuils du moi, le récit proustien figure souvent le petit mouvement consistant à « lever les yeux de son livre », c'est-à-dire à sortir momentanément de la lecture pour répondre aux appels du réel. Il s'agit avant tout pour l'enfant de trouver l'énergie d'un arrachement à la protection envoûtante de sa situation, surpris par une réalité importune et peinant à la regagner, « anesthésié » par la lecture comme on l'est par l'habitude ; c'est le prix d'une espèce de handicap à percevoir, d'une absence de souplesse intérieure, où l'état d'immersion est conçu comme un écran à la perception ; happé par un monde indiscret de sensations, le lecteur doit détourner le regard de ce qui s'était placé au centre de son intérêt, et se resituer : que veut-on de moi ? comment me disposer dans les choses ?

Les « Journées de lecture », dès avant la *Recherche*, étaient déjà rythmées par ces moments déroutants d'interruption que l'enfant écartait comme une abeille ou un rayon de soleil importun, et qui faisaient la respiration particulière de sa vie mentale : les appels d'un camarade qui « nous forçaient à lever les yeux de la page ou à changer de place », le bruit de l'eau voisine « qui vous faisait lever les yeux vers elle », le son affaibli des cloches qui, en revanche, « ne me forçaient nullement à lever la tête », l'air « tendant sans mot dire à mes narines distraites l'odeur des trèfles et des sainfoins sur lesquels mes yeux fatigués se levaient parfois »... Il lui fallait alors s'arracher à son écart et revenir d'une sorte de lointain intérieur : « rien que pour répondre : "Non, merci bien", il fallait arrêter net et ramener de loin sa voix qui, en dedans des lèvres, répétait sans bruit, en courant, tous les mots que les yeux avaient lus ; il fallait l'arrêter, la faire sortir... » Le retranchement, la protection accentuent momentanément l'éloignement du monde extérieur, et font de l'attention lectrice un jeu de redéfinition radical des distances, c'est-à-dire des possibilités de *contact* avec les choses. Si l'espace de la lecture est une sorte de grotte, du fond de cette grotte la perception doit partir de très loin pour rejoindre le monde. La jonction avec les choses est amoindrie, la perception est comme vitreuse : « Quand je voyais un objet extérieur, la conscience que je le voyais restait entre moi et lui, le bordait d'un mince liseré spirituel qui m'empêchait de jamais toucher directement sa matière » (I, 83)... L'absorption est profonde, car la lecture inverse les priorités perceptives et les ancrages habituels ; notre âme, explique Proust, « s'assimile » les actions et les émotions fictives « puisque nous les avons faites nôtres, puisque c'est en nous qu'elles se produisent, qu'elles tiennent sous leur dépendance, tandis que nous tournons fiévreusement les pages du livre, la rapidité de notre respiration et l'intensité de notre regard » (I, 84).

Ici la concurrence des perceptions dévoile à l'intérieur du lecteur une cloison épaissie par la succession des livres : Marcel peine à circuler entre ses propres états mentaux, et s'extrait douloureusement de la crèche romanesque dans laquelle il s'était lové. Sa vie intérieure est faite de parasitages attentionnels et de retrouvailles compliquées avec le réel : « mon esprit ayant trébuché entre quelque année lointaine et le moment présent, les environs de Balbec vacillèrent et je me demandai si toute cette promenade n'était pas une fiction, Balbec, un endroit où je n'étais jamais allé que par l'imagination, Mme de Villeparisis, un personnage de roman et les trois vieux arbres, la réalité qu'on retrouve en levant les yeux de dessus le livre qu'on était en train de lire et qui vous décrivait un milieu dans lequel on avait fini par se croire effectivement transporté »... La sortie de la lecture est l'occasion d'une désillusion, d'une humiliation de la vie par les livres (patience...) : au sortir de cette réclusion d'allure fœtale, le réel n'est pas à la hauteur : « On cherche à retrouver dans les choses, devenues par là précieuses, le reflet que notre âme a projeté sur elles ; on est déçu » (I, 86)...

L'enjeu des mouvements de l'attention est grand, si l'on accorde à ces jeux de frontières toute leur résonance psychologique. Il s'y révèle pour le lecteur une fragilité démultipliée : minceur de la cloison du moi, besoin d'expansion et de sortie (non nécessairement pour étendre un territoire, d'ailleurs, mais pour maintenir le contact), conscience d'une unité mal assurée, qui est multiple ou contradictoire en elle-même, répétée et dispersée au dehors. Cela a bien des caractéristiques du célèbre « *Fort-Da* ». Le *Fort-Da* est le jeu de la bobine que Freud observait chez son petit-neveu ; en l'absence de sa mère, l'enfant s'amusait à faire disparaître derrière son lit une bobine de fil en gardant un bout du fil à la main, et à la faire réapparaître en tirant sur le fil, assurant son propre être, apprivoisant ainsi l'absence de sa mère. Ce petit jeu, ce premier va-et-vient entre présence et absence, ce réglage de la dépendance et cette ébauche de symbolisation prise sur le vif, est la gestualité première à laquelle s'assure la construction de tout sujet ; l'apprentissage de soi est une longue aventure au cours de laquelle l'individu peut, au prix d'éventuels (ou de fréquents) retours en arrière, lancer la bobine toujours un peu plus loin... La plupart des activités ludiques et relationnelles relaient ce jeu, permettant de construire un espace intermédiaire (« un espace potentiel ») entre soi et les choses, afin d'y essayer et d'y régler ses propres conduites, d'y réarmer ses structures psychiques, d'établir une aire de création de soi et de décisions progressives. Les approches psychanalytiques de la lecture en ont fait leur horizon principal : « l'enjeu, et le jeu auquel se trouve convié le lecteur sont ceux-là mêmes qui exigent, chez tout être humain, l'existence et le bon fonctionnement de l'espace potentiel »[18]. Par l'aventure de la lecture, on partirait alors en quête d'un apprivoisement de l'altérité, d'une régulation ou d'un bricolage de la « relation d'objet », c'est-à-dire des formes du rapport entre le moi et le non-moi. Où est l'autre ? À quelle distance ? Est-il menaçant, accueillant, contraignant ? Quelle activité m'est permise ?

Proust décrit volontiers l'étagement coloré des multiples plans de conscience du héros, comme autant de tableaux superposés que le regard organise et doit trouver la *force* de traverser : « l'espèce d'écran diapré d'états différents que, tandis que je lisais, déployait simultanément ma conscience, et qui allaient des aspirations les plus profondément cachées en moi-même jusqu'à la vision tout extérieure de l'horizon que j'avais, au bout du jardin, sous les yeux » (I,83)... La lecture fait ainsi du lien avec le monde perceptif l'objet d'un effort inédit, une dialectique d'attachement et d'arrachement. Comme si le héros devait retraverser sans cesse le grand portail sensible qui ouvrait la *Recherche*, cette alternance de directions contraires, de reconnaissances et de dépaysements qui faisait le passage de la veille au sommeil ou d'une chambre à une autre, et plaçait toute l'œuvre sous le signe de la tentative, d'un labeur de la pensée qui doit se rejoindre elle-même au cœur d'un nouveau site perceptif, « s'efforçant pendant des heures de se disloquer, de s'étirer en hauteur pour prendre exactement la forme de la chambre » (I, 8). Cette difficulté à retourner au monde extérieur est mise en scène, comme souvent chez Proust, sous la forme sensible d'un « poids », car à la différence du personnage de fiction dont notre esprit peut tenir ensemble les différents aspects, un être réel « offre un poids mort que notre sensibilité ne peut soulever » (I, 84). Force d'inertie, poids à soulever : le monde sensible est l'objet de gestes profondément renouvelés, compliqués par l'acte de lecture qui nécessairement nous y reconduit.

Les seuils que l'enfant proustien doit traverser en levant les yeux sont en fait semblables à ces « épaisseurs d'art » que sa grand-mère plaçait entre lui et ce qu'il avait à connaître : « au lieu de photographies de la cathédrale de Chartres, des Grandes Eaux de Saint-Cloud, du Vésuve, elle se renseignait auprès de Swann si quelque grand peintre ne les avait pas représentés et préférait me donner des photographies de la cathédrale de Chartres par Corot, des Grandes Eaux de Saint-Cloud par Hubert Robert, du Vésuve par Turner, ce qui faisait un degré d'art de plus » (I, 40) ; les résultats de cette manière de faire des cadeaux ne furent pas toujours brillants, précise le narrateur, qui « d'après un dessin du Titien » s'est fait une idée fausse de Venise...

L'apprentissage et l'ampleur de la vie esthétique consisteront en grande partie à jouer de ces seuils et de ces degrés, c'est-à-dire à redisposer en soi les régions perceptives. « Journées de lecture » souligne en effet la revanche du dehors sur le livre, et décrit puissamment la façon dont l'expérience attentionnelle dépose son empreinte dans notre vie mentale. C'est une revanche à contretemps : par une ruse de la mémoire, ce qui était un refus d'arrachement au livre sera vaincu par la rémanence des sensations; car c'est précisément ce qui faisait lever les yeux et semblait alors importun qui se placera au centre du souvenir et portera toute l'intensité de la signification : « tout cela, dont la lecture aurait dû nous empêcher de percevoir autre chose que l'importunité, elle en gravait au contraire en nous un souvenir tellement doux (tellement plus précieux à notre jugement actuel que ce que nous lisions alors avec amour) que, s'il nous arrive encore aujourd'hui de feuilleter ces livres d'autrefois, ce n'est plus que comme les seuls calendriers que nous ayons gardés des jours enfuis, et avec l'espoir de voir reflétés sur leurs pages les demeures et les étangs qui n'existent plus »[19]... L'environnement de la lecture, décanté, est demeuré avec plus de force que le livre, rarement nommé, et c'est toute la masse d'un monde sensible que le souvenir de l'expérience a charrié avec lui — ce que la phénoménologie appelle une « situation ».

C'est aussi ce qui arrive à Swann dès qu'il réentend la petite phrase de la sonate de Vinteuil, alors qu'Odette ne l'aime déjà plus : il y retrouve, comme pris dans un ancien filet sensible, « toutes les mailles d'habitudes mentales, d'impressions saisonnières, de réactions cutanées qui avaient étendu sur une suite de semaines un réseau uniforme dans lequel son corps se trouvait repris »(I, 340)... Retrouvant *François le Champi* à la fin du roman, Marcel rejoindra lui aussi les formes d'une ancienne situation sensible, la vue d'une couverture tissant à nouveau « dans les caractères de son titre les rayons de lune d'une lointaine nuit d'été » (IV, 467), et ramenant en lui l'étranger qu'il était. « Tel nom lu dans un livre autrefois contient entre ses syllabes le vent rapide et le soleil brillant qu'il faisait quand nous le lisions »...

La question est toujours celle de l'aboutissement de l'acte de lire, du fait que ce qui a lieu dans la lecture n'a pas seulement lieu dans la lecture, se transporte au dehors, s'accomplira plus tard et s'accomplit déjà, dans l'insistance d'un ébranlement qu'il faut transformer en corps vivant. Yves Bonnefoy a consacré de belles pages à ces syncopes de la lecture ; au fil d'une réflexion intitulée justement « Lever les yeux de son livre », il observe ce geste paradoxal qu'il présente comme une sorte de retour au foyer, au monde phénoménal vers lequel l'œuvre exigeait en vérité que l'on se reporte. Comme si l'écrivain attendait justement du lecteur qu'il cesse de lire, et fasse de sa libération à l'égard du texte le lieu de la communication : « n'est-ce donc pas là demander aussi à qui lit de se détourner de certains aspects du texte — ces choix sensibles, dits à moitié — au profit de son vécu propre ? N'est-ce pas vouloir qu'on ne revienne à ce texte que sous le signe, et dans l'exigence, de ce mouvement de rupture ? »[20] Effectivement, le lecteur est rappelé au réel comme lecteur, c'est-à-dire à ce qui dans le livre était déjà une proposition de conduite, de perception ou d'expérience du réel — des « choix sensibles, dits à moitié ».

Dans la fiction qu'il lui a consacrée, Pascal Quignard regarde lui aussi son personnage, « le lecteur », entrer dans un livre et en sortir. Lorsqu'il lit, le lecteur est seul, seul « chez son livre » et sans le monde que ce livre détruit pour partie ; il est retiré du jeu, hors des solidarités que suppose sa vie, résigné à « la plus petite » solidarité (« une fois le livre ouvert se dissout le support ») ; lorsqu'il lève la tête le livre a disparu, mais le monde n'est pas immédiatement de retour; ce lecteur est encore « laissé pour seul » et « dépourvu de soi ». Sortir du retranchement et du cours de la lecture n'est en effet pas tout de suite se redisposer dans les choses et « recouvrer l'ego », en tout cas pas de la même façon. Pour Quignard c'est forcément un peu tomber, comme dans cette scène des Actes des Apôtres où Eutychos, bercé par le discours de saint Paul, entraîné dans le sommeil, finit par tomber de trois étages; lorsqu'il revient à lui, il revient de plus loin qu'on ne le pensait, altéré : « On le relève mort et Paul le ressuscite (dans on ne sait quel état, quelle vie) par l'effet d'un second discours; [...] chute brutale suivie de mort et non suivie de mort, liée à ce point au "cours" de la lecture qu'elle semble en procéder »[21].

Proust fait constamment revenir son lecteur au monde sensible ; ce qui restera de l'expérience du livre, suggère-t-il, c'est bien une situation perceptive et affective, formée par un couple individu-milieu, c'est-à-dire une certaine façon d'être dans le monde, un certain mode d'être. Seule une conception de la lecture restreinte au texte, à l'enchaînement des énoncés, considérerait que le voisinage pertinent d'une phrase est constitué seulement par les autres phrases du livre (comme d'une partition), ou au mieux par son « intertexte » ; une esthétique intégrée de la lecture suppose à l'inverse d'élargir ce voisinage à tout un champ perceptif et cognitif en acte. Car le champ attentionnel du lecteur embrasse une étendue qui excède largement la surface des pages imprimées, et tout ce qui entre dans ce champ attentionnel (une perception, un souvenir, une imagination, un désir...) ne vient pas seulement parasiter la lecture, mais la recharger autour d'une dynamique affective qui, à elle seule, la fonde.

Les textes ne sont en effet pas des tableaux placés sous les yeux du lecteur mais de véritables environnements sensoriels et sémantiques, par conséquent des occasions de conduites perceptives qui font partie des modalités plus vastes de notre insertion dans un espace-temps, et qui instituent des formes de vie. La modulation constante de l'attention, affaiblie ou rechargée, fait de la lecture l'expérience vive d'états mentaux subtilement différenciés. Dès les premières lectures du héros de la *Recherche*, les degrés de l'enfermement se distinguent discrètement, et le paysage suscité par le livre, par exemple, est considéré comme un peu moins périlleux que les personnages qu'on s'incorpore. Les neuro-esthéticiens savent bien que la figuration d'un lieu n'implique pas pour le lecteur la même disposition mentale que l'identification à un personnage, car elles engagent des expériences assez distinctes (en deçà même de la question morale et des motifs qui nous conduisent à vouloir être « autres ») ; le paysage est « à demi devant », pas tout à fait intériorisé, on s'y projette sans s'y perdre : « Déjà moins intérieur à mon corps que cette vie des personnages, venait ensuite, à demi projeté devant moi, le paysage où se déroulait l'action et qui exerçait sur ma pensée une bien plus grande influence que l'autre, que celui que j'avais sous les yeux quand je les levais du livre » (I, 85).

Dans cette insistance sur l'enfermement nécessaire à l'expérience et sur l'effort consenti pour s'en extraire, les lectures de Marcel figurent en fait une modalité simple de présence au monde : présence marquée par des seuils et par la façon de les éprouver dans des gestes premiers. Comme si lire consistait d'abord à essayer une certaine relation du corps à ce qui l'entoure : être dedans, être dehors, s'unir ou se séparer, s'intégrer à quelque chose ou se l'assimiler, participer à un milieu, y prendre place, moduler le geste ou le regard consistant à prendre contact avec une chose et à la capter, traverser une frontière, essayer des sorties... Dans cette liaison fondamentale entre la perception et le corps, la métaphore de la lecture comme cheminement, qui est si commune, se recharge et s'intensifie. La relation esthétique décline toute cette « topique des frontières », relais et maquette d'actions simples, et consiste en une variation continue de cette distance imaginaire aux choses. « La littérature joue incessamment ce geste inaugural de passage de frontière », écrivait récemment un stylisticien en s'appuyant sur l'anthropologie de Leroi-Gourhan[22] : elle est moins un déchiffrement qu'un comportement, enté sur la perception et chevauchant ou contrariant d'autres activités, d'autres gestes possibles. Car la lecture se fonde sur le dynamisme de mouvements premiers, dans un acte d'ouverture et un rapport de saisissement sans cesse rejoués ; non seulement elle se fonde sur ces mouvements (primordiaux dans la vie animale et l'individuation), mais elle les transforme en états denses et mémorables.

Il s'agit bien, au sens premier du terme, d'un acte d'individuation. Être soi y consiste avant tout à se mettre à part, à tourner le dos pour, peut-être, se renouveler. Opérateur d'intimité, tout isolement enveloppe en effet une activité :

dessin d'un territoire, tracé de contours, choix d'un milieu, façons de s'y tenir et d'en émerger, essais de gestes... L'état mental suscité par la lecture est « agent », et fonde par conséquent le sens de soi. C'est un pur acte d'individuation, où l'individu constitue son site, sa portion d'être et sa façon de l'occuper, en unifiant ses modes de présence mais sans se donner nécessairement de contenus distinctifs. Qu'est-ce qu'un individu, en ce sens ? Pas même un choix ou une cohérence intérieure, mais simplement une unité affirmée par son retranchement et ses gestes potentiels, pourvue de frontières, en rapport de dépendance et de détachement, de distance et d'appui avec cet environnement dont elle émerge ; une force de soustraction : une unité *en train* de se détacher et de départir sa zone d'attention — sans nécessairement se distinguer, sans justifier sa valeur ou son originalité. Ici, l'individuel n'est pas le subjectif mais un simple acte d'écartement, ce que Simondon appelait un « moment d'être ». C'est ce que la claustrophilie de Barthes ou de Kafka révélait. C'est aussi ce que vise l'écrivain Pierre Pachet, lorsqu'il s'intéresse aux situations où l'on éprouve fortement le fait d'être un individu au cœur des gestes les plus banals ou les plus stéréotypés — fermer une porte pour s'isoler, s'enfermer dans sa voiture, prendre un livre (et non prendre *ce livre-là* plutôt qu'un autre, comme s'il me désignait à moi-même) : « Ce que l'individu affirme là n'est pas la richesse de sa vie psychologique, son inventivité, ses ressources ; c'est sa pure indépendance, le pouvoir nu de dire oui ou non, de désirer ou de repousser »[23]. Et par exemple le pouvoir de *ne pas* se choisir tout à fait, de ne pas avoir à s'affirmer comme un sujet original, qui ne ressemble à aucun autre.

Jeux sur les seuils, réglage de distances, arrachement et réinscription dans un périmètre individuel, la lecture rejoue cette insertion de l'individu dans son milieu, vecteur d'une mise en ordre du monde, faite d'une oscillation rythmique entre sécurité et exercice d'une liberté que Leroi-Gourhan a mise au principe anthropologique de toute conduite stylistique, où il voyait la recherche et l'ajustement d'un équilibre dynamique entre « l'assurance matérielle ou métaphysique », et la « lancée dans une exploration efficace »[24]. S'arracher à l'organisation d'un milieu, pour lui, c'était déjà commencer, en s'appuyant dialectiquement sur ce qu'on quitte, à en organiser un autre, par conséquent se donner la possibilité de s'attacher autrement, d'affirmer d'autres liens. Le théâtre de la lecture, comme celui du sommeil, est l'une de ces situations d'inaction apparente qui reposent pourtant sur la permanence de l'initiative individuelle, où l'on acquiesce à une certaine passivité — mais une passivité active, vigilante. Il réalise ce que Merleau-Ponty appelait (à propos du sommeil) une « modalisation de l'être », une certaine variation, une manière qui prend sa part dans la modification permanente de notre intériorité : « C'est le même être (le corps phénoménal) qui rend possible le sommeil et le réveil — le réveil en tant que source de conduites, le sommeil en tant que participation au lieu »[25]. C'est le même corps qui est affecté, passif et qui est, si je puis dire, « capable ». J'aimerais souligner ici ce qui fait de la lecture l'exercice d'une nouvelle possibilité d'être : moins la régulation d'un manque que la réponse d'une force à une autre. Kafka, lisant, se décrivait ainsi tombant puis réassuré, éprouvant à la fois son être-affecté et son être-capable : « Amélioration parce que j'ai lu Strindberg (*Séparés*) [...] Dix fois je suis en danger de glisser, mais à la onzième tentative je tiens bon, j'ai de l'assurance et une vaste perspective »[26].

Sensible aux effets de clôture de la relation esthétique, Blanchot a par exemple découvert en lisant la poésie de Henri Michaux cette question qui intéressait directement son sort : ce qu'il a appelé, le rapportant à soi-même, « le refus de l'enfermement ». Il a décelé chez le poète une double orientation de la vie intérieure : la spontanéité imprévisible des élans, et l'inertie infinie, la pesanteur de l'être : chez Michaux « à la fois tout est possible : c'est l'illusion de l'être intérieur qui réalise tout ce qu'il imagine — et rien n'est possible, car, pris dans l'épaisseur de la matière, l'esprit n'est plus que patience figée, indifférence au gouffre, pâte gluante qui ne lève plus »[27]. Lire Michaux, pour Blanchot, revenait justement à éprouver la difficulté des franchissements de seuils : sentir la surveillance sous laquelle est tenu « l'espace du dedans », et l'infini des rencontres qui en blessent les contours ou en font écrouler les remparts, soutenir la pensée de mondes où l'on n'est pas, c'est-à-dire précisément essayer des appartenances et des échappées. Bien souvent les poèmes, dans l'intensité de leurs jeux spatiaux, sensoriels et rythmiques, semblent faits pour accentuer ce moment de retranchement qui nous défie de tenter des sorties. Sans doute parce que le fait de jouer sur des clôtures, de construire des ruptures ou des liens là où la langue n'en prévoyait pas, de poser des coupures, des attachements et des arrachements, est tout le propos de la poésie, et le ressort même de la forme du vers. Ouverture et passages de seuils, avenir des liens et des figures : c'est la topique essentielle des derniers recueils de Michel Deguy, et sans doute le fondement de toute opération poétique, lorsqu'une chose est à la fois attachée et arrachée dans la figure qui la lie à une autre.

S'enfermer pour lire n'est donc pas seulement tourner le dos au dehors, mais déjà essayer avec lui des liens et des postures, densifier une situation cognitive et se redisposer dans une image. Les frontières et les contours dont on fait ici l'épreuve ouvrent à la possibilité première de l'expérience : il s'agit, souvent dans un retour d'enfance (dans un retour au courage et à l'activité-passivité de l'enfance), de s'installer dans les formes afin de se lier à elles selon des termes neufs, qui accroissent notre répertoire de situations et d'expériences et accompagnent l'évolution de notre savoir-faire. Le monde y est moins reconnu comme ce dont je dois supporter les mutilations, que comme ce sur quoi je peux intervenir précisément par ma manière d'être. Chaque lecture, conçue comme une expérience globale, prend ainsi place parmi les manières qu'a l'individu d'habiter (poétiquement) son environnement immédiat; peut-être est-ce ce qu'entendait Levinas lorsqu'il énonçait, non comme Husserl qu'un livre est un être, mais qu'un livre est « une modalité de notre être » — une réserve de dispositions denses et complètes qui déposent, dans le souvenir, l'efficacité de leurs filets, toujours prêts désormais à agripper autre chose. Tout cela, qui a lieu dans la lecture, a en effet un avenir en dehors d'elle.

GESTUALITÉ DU SENS

La part physiologique de la lecture est ici centrale : les figures avec lesquelles on coexiste sont aussi, comme Barthes avait pris l'habitude de le dire, un « corps ». Du texte au lecteur circulent des modèles, des attitudes, des façons de se tenir, car l'expérience concrète du sens a une véritable dimension motrice, et pas seulement intellectuelle. « Regardant » faire ou penser des personnages, nous esquissons en effet des gestes ou des quasi-gestes; ces mouvements ne sont pas éprouvés directement (nous ne les faisons pas nous-mêmes), ils sont imaginés et perçus chez autrui ; mais la compréhension n'est pas inerte, elle consiste justement à activer en nous des « simulations » gestuelles (formes d'impulsions, de sensations, de directionnalités). C'est ce que les cognitivistes appellent la composante « kinésique » de la perception et de la compréhension linguistique. Dans les études conduites autour des « neurones miroirs » par exemple, on fait l'hypothèse que la vision d'un corps en mouvement, mais aussi l'imagination de ce corps, la lecture d'un mot qui le désigne ou simplement celle du nom d'un outil... activent les mêmes états mentaux que le fait d'accomplir effectivement l'une ou l'autre de ces actions. Lire un mouvement et en élaborer la signification, le « comprendre » au sens le plus banal, c'est déjà le « simuler ». Cette simulation mentale n'est pas seulement un moyen : elle est la seule façon d'« accéder » aux univers de la fiction et aux configurations de la poésie. Même la lecture la plus abandonnée, par conséquent, est active, et c'est par la réponse cognitive que nous leur apportons que les situations représentées nous concernent, nous intéressent.

En littérature, en art, cette motricité est guidée par des données expressives concertées, des formations de langage inédites, les dispositifs du *dire.* La densité sensible d'un environnement, la force kinésique d'un texte se jouent donc phrase à phrase, style à style. Dans l'immobilité de la lecture, en percevant un à un des mouvements, en recevant la mise en scène de gestes, d'allures et de jeux de distances successifs, on accommode mentalement sur la forme de ces gestes, sur la manière dont ils sont qualifiés, colorés, temporalisés, dirigés. À chaque moment d'un texte on est amené à éprouver les formes de langage en termes de stabilité ou d'instabilité d'une situation perceptive, de consistance sensible d'un espace-temps, d'orientation précise d'une disposition. C'est en cela que les espaces-temps fictionnels se révèlent comme des « mondes possibles », c'est-à-dire des univers dotés de propriétés, orientés, perspectifs, mentalement habitables. En sorte qu'à son tour notre expérience du sens, c'est-à-dire notre comportement dans un texte, débouche en gestes qualifiés, en réactivation de *telle* attitude (c'est-à-dire de telle expression singulière et de telle capacité de diction), en simulation de conduites finement différenciées.

Le lecteur est ainsi conduit à se mouvoir dans un univers de formes et d'affections à la fois ouvert et entièrement façonné par la singularité d'une expression; son expérience du sens et des modalités de la grammaire repose sur des catégories psycho-physiques de base : stable instable, tendu lâche, orienté désorienté, clair flou, différencié indifférencié, consistant inconsistant, autrement dit sur des postures, et sur l'enchaînement dans le temps de postures que les formes du dire, les « allures » phrastiques lui font tour à tour adopter et accommoder. Proust recrée par exemple les conditions de cette expérience à propos de la perception des vers, des rimes et des rythmes, qu'il rapporte en des termes résolument psychologiques dans un épisode du *Côté de Guermantes*; Marcel cherche à s'y rappeler un vers de *Phèdre*, mais se récite un vers faux, un alexandrin mal mesuré, et s'installe alors dans un sentiment subtil de déséquilibre, s'obligeant à une nouvelle posture. Il a suffi d'une syllabe de trop pour empêcher le mètre de se reformer dans son esprit, et pour l'empêcher lui de se tenir dans cette forme, d'y trouver une « assiette », comme disait Montaigne; mais le héros persiste dans son effort de récitation, et à peine cette syllabe s'efface-t-elle que le souvenir émerge et que la perception se restabilise, rendant au lecteur son assise dans les choses : « tout à coup je me le rappelai, les irréductibles aspérités d'un monde inhumain s'anéantirent magiquement; les syllabes du vers remplirent aussitôt la mesure d'un alexandrin, ce qu'il avait de trop se dégagea avec autant d'aisance et de souplesse qu'une bulle d'air qui vient crever à la surface de l'eau. Et en effet cette énormité avec laquelle j'avais lutté n'était qu'un seul pied » (II, 338)... Le vers n'est ici qu'un cas particulier, un comble de stylisation, un exemple de la force du recadrage perceptif qu'impose à vrai dire toute forme de langage inédite, qui nous met en permanence en situation de déphasage et de rephasage. Tout objet stylisé requiert cette lutte attentionnelle, il oblige à ralentir et à faire durer le moment perceptif, en le rechargeant constamment ; l'expérience esthétique consiste précisément en ce ralentissement et en l'acceptation de ce prolongement. C'est la réponse mentale apportée à la complexité inhérente aux formes perçues.

Le prolongement pertinent d'un énoncé peut en effet consister en une conduite du corps, car chaque mouvement de sens exerce une force de bifurcation sur la disposition présente du lecteur. Marcel percevait les phrases comme des invitations à la marche, à l'effort, à une traction de soi vers une singularité ; et il lui arrivait de répondre à ces expériences esthétiques par la pure euphorie d'une dépense, interrompant sa lecture pour consumer au dehors l'énergie accumulée mentalement. L'échelle de la phrase compte beaucoup dans cette gestualité de la lecture : elle ramène les phénomènes à la dimension attentionnelle du sujet, dans son temps propre, dans le cours successif et concrètement rythmé de ce qui lui *arrive*. Stanley Fish a ainsi proposé, dans le cadre d'une « stylistique affective »[28], de définir le sens d'un énoncé non comme une signification déposée en lui, mais comme la somme des événements qui surviennent au lecteur dans sa rencontre avec cet énoncé ; la réponse à cette rencontre couvre la gamme des postures induites, des sensations simulées — de l'approbation au dégoût — mais embrasse aussi n'importe quel genre d'activité provoquée par une séquence verbale : projection de probabilités, souvenirs, associations, hésitations, emprunt des attitudes envers les personnes, les choses ou les idées dont il est question, renversement de ces attitudes... Cela nous conduit à redéfinir le « sens » d'un texte non comme ce qui est visé, mais comme l'ensemble des événements mentaux causés par un énoncé, puis par un autre, et dont le déroulement dans un flux temporel concret et individuel (fait de vitesses, de ralentissements, de plateaux, d'intensités différentielles) constitue la signification elle-même.

Le *Journal* de Kafka renferme beaucoup de ces situations sensibles et motrices qui font le vécu intérieur de la lecture, sa réclusion mobile et agitée ; c'est ainsi qu'il lit Strindberg, blotti, juché, glissant, puis progressivement solide : « Je ne le lis pas pour le lire, mais pour me blottir contre sa poitrine. Il me tient comme un enfant sur son bras gauche. J'y suis assis comme un homme sur une statue. Dix fois, je suis en danger de glisser, mais à la onzième tentative je tiens bon, j'ai de l'assurance et une vaste perspective »[29]... Et c'est ainsi qu'il lit Goethe : « Le chaud et le froid alternent en moi au gré du mot changeant à l'intérieur de la phrase, je rêve d'envol et de chute mélodiques, je lis des phrases de Goethe comme si je me lançais à corps perdu sur la pente de mes intonations »[30]... L'empathie devient le corrélat ordinaire de toute compréhension ; le vécu corporel n'est pas ici l'obstacle à la construction du sens, mais le fondement inaliénable de l'herméneutique, parce que l'expression est irrésistiblement évocatrice, investie par le lecteur. Et cette empathie vécue à même le corps, on ne l'éprouve pas seulement pour des êtres mais aussi pour des figures, des postures, des rapports spatiaux ou des dimensions tactiles. Gracq, par exemple, mesurait la puissance d'un style littéraire à l'effet de redisposition immédiat qu'il produit sur son lecteur, dont il modifie le corps — qu'il l'assujettisse ou qu'il en élargisse le répertoire d'attitudes : « en réponse à une certaine *tonalité* immédiatement perçue qui constitue le fond de notre écoute [...] à la fois par un ajustement mental [...] et probablement aussi par une très légère modification de l'attitude du corps — nous témoignons à *qui* nous avons affaire »[31].

Le sens n'est donc pas une qualité à contempler, il est en continuité avec des vitesses, des volumes, des impressions sensibles, des distances, bref des « intensités » expressives, et par conséquent avec des gestes dirigés vers l'avenir du sujet et de ses comportements possibles. Merleau-Ponty avait déjà fait de la réception esthétique une communication de posture à posture, le prolongement d'une dynamique de langage, à l'intérieur du lecteur, en « mimique existentielle ». La motricité était chez lui l'« intentionnalité de base », la manière spécifique dont le corps vise un objet, entrelaçant en permanence la compréhension et les possibilités neuves d'action. Dans l'espace esthétique dense, orienté, perspectif du livre, l'acte de la lecture (qui implique de suivre cette orientation, cette voie attentionnelle et pas une autre) suppose cette réponse affective et devient un essai de rapport de notre corps aux choses. Les formes ne sont pas des geôles, mais des forces à restituer, des styles à vivre. Comme s'il y avait toujours quelque chose d'*inchoatif* dans l'interprétation, quelque chose qui nous guide vers une conduite future, et nous en fait esquisser les mouvements.

LIRE DANS LE TRAIN

Une scène, ici, est particulièrement parlante. Il s'agit des lectures que l'on fait dans le train, si plaisantes et souvent si intenses par leur qualité justement dialectique, et par les échanges qui s'y jouent. Situation recluse et abritée, mais tout entière marquée par le défilé régulier du dehors, c'est un enfermement mobile, un retranchement dans « l'ouvert », qui mime la perpétuelle relance de soi, la composition de l'individu avec deux extériorités concurrentes et fondamentalement *orientées*. On est absorbé par la page, on en suit les lignes, mais le train de l'existence vous emporte lui aussi sur ses rails, accentuant le défilé des choses, changeant la perception de l'espace et du temps, invitant en permanence à lever les yeux de son livre, à tourner le regard et à reprendre contact avec le monde sans cesse rénové qui entre par la fenêtre. Le dehors est aimanté, directionnel, puissamment attirant — et pourtant il reste *latéral*.

Dans ces lectures emportées on se sent parfois vivre un peu plus intensément qu'ailleurs ; sans doute parce que l'on éprouve ce va-et-vient entre soi et le dehors comme la forme même, la structure et la chance de toute *expérience*. Freud y a reconnu la révélation de la vie intérieure — c'est emporté par un train vers l'Italie en 1897 qu'il a posé les bases de la psychanalyse. Proust, lui aussi, a placé plusieurs fois son héros dans cette situation de digression mobile. La plus jolie de ces scènes est sans doute celle où, voyageant vers Balbec avec sa grand-mère qui lui a tendu (évidemment) un volume de Mme de Sévigné, Marcel commence par garder le livre fermé ; un peu ivre, il renonce à lire pour contempler les jeux du soleil sur le store, prenant acte d'une concurrence entre le livre et son dehors : « Ne bougeant pas volontiers ma tête en ce moment et éprouvant un grand plaisir à garder une position une fois que je l'avais prise, je restai à tenir le volume de Mme de Sévigné sans l'ouvrir, et je n'abaissai pas sur lui mon regard qui n'avait devant lui que le store bleu de la fenêtre. Mais contempler ce store me paraissait admirable et je n'eusse pas pris la peine de répondre à qui eût voulu me détourner de ma contemplation » (II, 13)... Intensité d'une expérience attentionnelle, comme souvent dans la *Recherche*, où l'effort est récompensé par la joie perceptive, mais exige un repli appliqué, l'esprit affecté refermant sur lui-même sa boucle. Pourtant, revenant à lui, pris à son tour par la mobilité des choses, le regard d'abord détourné et happé par les boutons brillants de l'habit du contrôleur à côté de lui, capté par le discontinu du réel, le narrateur redispose les données de sa perception ; il redevient mobile, se rend capable d'une plus souple navigation attentionnelle, et peut à présent retourner les yeux vers le livre pour y élargir ses capacités de circuler et rejoindre sa propre pensivité : « Le plaisir que j'éprouvais à regarder le store bleu et à sentir que ma bouche était à demi ouverte commença enfin à diminuer. Je devins plus mobile ; je remuai un peu ; j'ouvris le volume que ma grand-mère m'avait tendu et je pus fixer mon attention sur les pages que je choisis çà et là. Tout en lisant je sentais grandir mon admiration pour Mme de Sévigné » (II, 13-14)...

La scène souligne cette dimension centrale de l'expérience attentionnelle : ses variations rythmiques, fondées sur des flottements d'intensités qui tiennent autant aux différenciations d'accentuation de ce que l'on lit (des degrés de puissance stylistique, figurale, fictionnelle, des qualités tactiles, des exigences herméneutiques) qu'au vécu perceptif du lecteur, à ses oscillations psychiques ou même à son désœuvrement. Il faut reconnaître la part que prend l'*inattention* dans l'expérience lectrice, ce que Benjamin et Simmel appelaient la « distraction »[32] : chez l'un et l'autre, la notion de *Zerstreuung* désigne un mode complexe de perception, lié au nouvel espace urbain et aux situations ambivalentes dans lesquelles cet espace place l'individu moderne, des situations qui incarnent un nouveau rapport entre le proche et le lointain. Ce mode de perception engage une dialectique rénovée entre contact et séparation, solitude et ouverture, proximité et dispersion sensible. La perception distraite, insuffisante, latérale, a donc aussi son rôle à jouer dans une relation esthétique qui n'est pas nécessairement frontale, extraordinaire, dramatisée, ce qui ne l'empêche pas d'être décisive. La banalisation des chemins de fer à la fin du XIXe siècle a d'ailleurs suscité d'étonnants débats médicaux, au cours desquels on soulignait la surcharge de la perception visuelle causée par la volatilité des percepts et la transformation panoramique du monde par la vitesse ; on s'inquiétait, en conséquence, du désinvestissement des rapports humains entre des voyageurs qui ne savaient plus très bien quoi faire les uns des autres, qui se déliaient et cherchaient ailleurs leurs attachements : « la lecture demeurera l'activité la plus naturelle dans le train, après que ce nouveau mode de transport a modifié si profondément les rapports des voyageurs entre eux »[33]. Aujourd'hui, les écouteurs calés sur les oreilles, devenus puissamment « multi-tâches » dans nos conduites attentionnelles, définissant ainsi le genre de plaisir esthétique pluralisé et de subjectivité qu'il nous faut, nous sommes devenus très habiles à doubler tous nos voyages d'une bande-son intérieure, mais très indifférents, aussi, à la requête d'attention de formes ralenties.

Jean-Christophe Bailly a consacré de fort belles phrases

à la lecture dans le train[34]. Il est sensible aux échanges de durées qui s'y jouent ; car, décrit de l'extérieur comme une accélération, le train est toujours vécu par le voyageur comme une sorte de stase, un hyper-ralenti, une stase prodigieuse, une « stase mobile » ; entre le temps de la lecture et la façon si sensible dont le train traverse lui-même le temps en avançant dans le paysage, entre notre immobilité d'« assis » comme disait Rimbaud et « la mobilité des signes qui se succèdent et des pages qui tournent », entre ce que nos yeux lisent et le long travelling ininterrompu des paysages, se « crée une sorte d'harmonie, qui est parfois complète ». Cette harmonie, avance Bailly, est particulièrement favorisée par la lecture des livres difficiles, les livres abstraits et sans histoires « qui accrochent le paysage par des pinces souvent plus sensibles, plus secrètes et plus résistantes que celles de la fiction » ; leurs phrases générales trouvent spontanément un accompagnement, un appui sur les choses lorsque l'on lève les yeux de son livre, et l'« innocence » de cet appui des mots sur le réel « revient dans le lecteur sous la forme d'une confirmation simple, heureuse, et désolée ». C'est la force de référence et d'accroche de nos mots sur le monde qui se redit ici, et qui s'impose à nous jusque dans le jeu de notre regard.

Ce rapport de tension rénovée entre le livre et le réel montre que si le repli lecteur est bien un refuge (parfois une geôle), ce n'est décidément pas un oubli du dehors : la lecture n'engage pas l'annulation mais la redisposition des données de la perception : elle façonne une autre modalité de l'attention, un certain régime de lucidité, un certain rythme de vigilance. Le monde ne s'absente pas du champ attentionnel du lecteur ; il constitue l'horizon de cette zone incandescente sur laquelle se concentre l'attention, et il y prolonge concrètement ses effets. L'aller-retour qui s'instaure entre le livre et le réel vers lequel la lecture, nécessairement, nous reconduit, transforme notre état de conscience et l'attention que nous portons aux choses. Entre le livre et le lieu « se tisse un réseau de connexions à la fois fines et distendues [...] ; chaque position, chaque espacement devient comme une porte que le livre fait battre sur le monde »[35]. Une porte battante, en effet, et il faut prendre la mesure de cet étagement ordinaire mais intense des sensations, des transitions et des transfusions d'un état dans un autre, de ce double mouvement par lequel le lecteur se détache du monde qui l'environne pour s'enfermer, puis s'arrache avec un effort aussi grand à ce foyer qu'il s'était constitué.

Individuation pure que cette expérience, individuation sans singularisation, sans choix de soi-même, parce qu'on est dans un espace à la fois vif (intensément vivant) et sans qualité : machine d'aventure et de projection, mais machine qu'on n'a pas le pouvoir de faire aller partout, le train suit ses rails et nous les siens; on y est en compagnie, emporté avec d'autres, anonyme exactement comme eux; et bien souvent on avait pris ce livre un peu au hasard, non parce que c'était lui mais pour avoir quelque chose à faire dans cette parenthèse temporelle. Lisant dans le train, on éprouve fortement son être-parmi, son être-avec; l'intériorité de tous y est pour ainsi dire *secondée* par un même défilé de réel et de langage; l'accès aux mots et aux choses est re tendu, réinstitué, dans la tristesse douce d'un accord passager où l'on pressent comme un secret dévoilé. Gide en faisait la mesure même d'une communauté d'amis — « *1932. 8 janvier.* Entre Carcassonne et Marseille, j'ai relu Andromaque (dans le charmant petit Racine que Schiffrin me donnait au départ). Morne attente au buffet de Tarascon, où j'écris ceci tout en dînant »[36].

Curieusement, cette situation de lecture n'a pas requis Sartre. Lire dans le train pourtant, c'est être doublement propulsé et *engagé* : dans la réalisation « négociée » d'un sens, et dans un voyage concret, collectif et densément vécu ; cette intentionnalité redoublée aurait dû lui plaire. Il est beaucoup question de trains (et de voitures) dans la morale et dans la critique de Sartre, mais pas de celui-là ; son imaginaire ferroviaire est moins souple, même s'il est très puissant : au-delà de toute composition individuelle, n'engageant pas de va-et-vient entre un dedans et un dehors, entre un corps et ses milieux, le train sartrien figure en fait le piège d'une vie *embarquée.* Dans l'image que Sartre donne de l'expérience littéraire, c'est le lecteur tout entier qui se voit dirigé sur les rails narratifs, petit wagon ivre de sa vitesse, libre de cette vitesse mais pas de sa destination. Le train chez lui est aussi l'espace miné de la conscience réflexive, du tribunal de soi où l'individu, passager clandestin de sa propre vie, jamais assez qualifié, jamais assez assuré d'être quelqu'un, d'être à sa place et d'être lui-même, tremble d'être pris à voyager sans billet... Sans doute le bonheur, comme disait Perec, n'était-il pour lui que « dans les gares ».

LA CONTRAINTE D'UN PLI MENTAL

Dès ses premières lectures, le héros de la *Recherche* tend à prolonger ces moments esthétiques en attitudes dans le monde — aussi bien en comportements perceptifs qu'en manières d'agir. Sa conduite dans les livres s'augmente d'une conduite avec les livres (et par les livres) dans la vie : il a vécu dans des formes, ces formes vivent aussi en lui. Les traces que les lectures ont déposées en lui se prolongent en façons de faire et c'est ce passage qui est décisif. Dans le regard du narrateur, et sans doute dans celui de Proust, la frontière entre l'idéalisme (ou l'aliénation) et la liberté passe par la nature de ce prolongement : répétition des modèles stylistiques dans l'existence, ou possibilité de bifurcation ? continuité ou discontinuité de la lecture aux gestes risqués par l'individu ? Toute la distance qui sépare l'habitude de l'habileté, le corps plié du corps capable, se joue dans ces usages des livres. Elle couvre le champ de ce que les sociologues appellent l'*habitus*, mais qui peut avoir des enjeux existentiels bien différents ; si Bourdieu, par exemple, décrivait l'habitus d'un individu comme l'enrégimentement violent de son corps et l'imprégnation des rapports de force traversés, Mauss y laissait plutôt voir l'appropriation d'un savoir-faire, l'inflexion de gestes et de modèles efficaces, l'acceptation de médiations extérieures ou d'instruments autour desquels se ressaisit une liberté.

À vrai dire, pour Marcel, l'expérience consiste d'abord à se guider obstinément sur le « déjà lu », à s'y installer et à chercher à le retrouver dans les choses. C'est la marque d'un bercement par les formes (les métriciens observent volontiers la force hypnotique de certains rythmes poétiques, assurant la fusion entre une expérience attentionnelle et un dispositif formel). L'enfermement immersif et l'habituation fixent alors une direction ferme à la perception, c'est-à-dire à la rencontre avec ce qui survient. Les traces que les expériences esthétiques laissent dans l'esprit y forment un véritable *habitus* perceptif. « Journées de lecture » le disait déjà avec force : les lectures tissent autour de nous une toile d'habitudes, elles décident d'une « véritable manière d'être » dont nous ne pouvons pas ensuite « nous débarrasser »[37] facilement, incarnant la forme durable d'une démarche mentale et d'une attitude « en face des choses » (I, 97).

Les premières lectures du héros ont imprimé à son désir un pli de cette sorte. S'il s'imagine par exemple des amours, c'est dans un environnement de fleurs et de rivières qui lui vient tout droit d'un livre : « C'est ainsi que pendant deux étés, dans la chaleur du jardin de Combray, j'ai eu, à cause du livre que je lisais alors, la nostalgie d'un pays montueux et fluviatile, où je verrais beaucoup de scieries et où, au fond de l'eau claire, des morceaux de bois pourrissaient sous des touffes de cresson; non loin montaient le long des murs, des grappes de fleurs violettes et rougeâtres... » (I, 85) Ce qui est resté du livre insiste dans l'œil avec la même intensité qu'un tableau — « le soleil rayonnant sur la mer... ». La lecture a fourni, à cet égard, un véritable passé : le livre a suscité non pas la projection mais la « nostalgie » d'un paysage, il cherche un emploi très particulier dans le réel, creusant un temps en arrière pour que le sujet s'y reconnaisse; et nous-mêmes lecteurs entrons dans la temporalité singulière de cette projection, résultat d'allers-retours entre la perception construite par le livre, l'attente du réel et l'imagination de « fleurs violettes » que nous aurions nous aussi sous les yeux, dont nous pourrions à notre tour avoir le regret ou le désir. Le paysage émanant du livre fait un décor au désir, il en découpe les contours, il *encadre* ce que le héros-lecteur va aimer, et qui va se détacher du réel pour être élu. C'est la basse sourde de l'existence et comme son écrin.

C'est surtout une anticipation acharnée de retrouvailles. Un peu plus loin, en effet : « Et comme le rêve d'une femme qui m'aurait aimé était toujours présent à ma pensée, ces étés-là le rêve fut imprégné de la fraîcheur des eaux courantes; et quelle que fût la femme que j'évoquais, des fleurs violettes et rougeâtres s'élevaient aussitôt de chaque côté d'elle comme des couleurs complémentaires » (I, 85). Ce souhait que le réel rejoigne l'œuvre est un comble des échos proustiens, une sorte de rime en prose et le désir, souvent touché par l'ironie, que la vie elle aussi se mette à rimer. Le héros restant lové et fixé sur l'espoir des répétitions, il s'agit de compenser les désorientations permanentes de l'âge des apprentissages, « dans un but d'apaisement » (I, 57). C'est une première *manière* de la relation lectrice, idéaliste, passive et envoûtée.

Et le réel rejoint effectivement le souvenir, car la reconnaissance en a précisément été préparée par le livre, la lecture forgeant la possibilité même d'une « vie poétique » ultérieure, rouvrant la grammaire des formes de la vie. La perception est ici disposée comme à rebours de la lecture : le paysage que Marcel a « devant les yeux » s'identifie soudain, dans son détail, au souvenir littéraire qui en avait déjà modelé la figure : « Il me semblait avoir sous les yeux un fragment de cette région fluviatile que je désirais connaître depuis que je l'avais vue décrite par un de mes écrivains préférés. Et ce fut avec elle, avec son sol imaginaire traversé de cours d'eaux bouillonnants, que Guermantes, changeant d'aspect dans ma pensée, s'identifia » (I, 170)... La première occurrence du « fluviatile » offrait la construction d'un dispositif presque corporel de reconnaissance qui aboutit maintenant, pour nous-mêmes, et qui inscrit l'expérience perceptive dans un vaste univers d'échos et de modulations.

Cette répétition de la lecture dans le réel n'est pourtant pas une voie vers la pacification de l'expérience, qui ferait retrouver du connu, réorganiser les rencontres selon des repères stables et retomber sur ses pieds. Le sentiment du « déjà vu » défait ici la paix de la répétition au moment même où il la suscite. « Voyant » le paysage de Guermantes s'identifier à son souvenir poétique, le héros chancelle au moment précis où il reconnaît un environnement familier. Le *déjà vu*[38] est une expérience troublante de la vie psychique ; l'irruption brusque du passé dans le présent fait entrer les temps en collision en produisant une sorte de « souvenir du présent » ; l'impression est accompagnée d'un sentiment de stupéfaction, d'une émotion brusque et discontinue, mêlée d'incrédulité et d'inquiétude, car la certitude d'une identité y coexiste avec une dissonance cognitive criante ; phénomène et souvenir semblent s'équivaloir, et le sujet se sent précédé ou hanté par un « autre ». On y rejoint ces autres moments de reconnaissance inaboutie et énigmatique, celui par exemple des arbres d'Hudimesnil où le héros se demande, se reconnaissant et se méconnaissant tout ensemble, ce que le monde peut bien vouloir de lui... Cette conscience de l'impossible, où la raison dément l'évidence perceptive, a véritablement fasciné les savants, les philosophes et les poètes, de Bergson à Freud, de Baudelaire à Verlaine, de Ribot à Walter Benjamin... La lecture est pour Marcel un terrain d'expérimentation pour vivre et penser cette énigme, nouant en permanence le perçu et le remémoré, provoquant l'événement proustien par excellence : celui de la *désorientation*, un déphasage temporel indissociable d'un vacillement identitaire. L'expérience mine le plaisir associé d'ordinaire au retour d'une même forme, si important au cours des apprentissages, et déséquilibre le sujet à l'instant précis où il s'y retrouve.

Cette expérience n'est pas si exorbitante, ni ridicule ou aliénante ; car si la perception peut effectivement « suivre » le souvenir littéraire, c'est surtout, sans magie, à la faveur d'une reconnaissance des généralités et des ressemblances, c'est-à-dire de possibilités de figuration que l'on a progressivement saisies dans des singularités, et que l'on peut remobiliser devant d'autres singularités. C'est la vie même du langage, dont la grammaire s'augmente, à chaque trouvaille, d'une expression juste; et c'est en cela qu'une phrase lue peut exercer ensuite une puissance de cadrage perceptif. Le paysage de Guermantes avait déjà été défini comme « le *type* du paysage de rivière »; et le décor fluviatile rêvé par le héros après sa lecture est devenu une véritable essence, qui exerce sa pression figurale sur la perception. La perception rejoint précisément ce qui dans le livre avait, en construisant « l'idée » d'un paysage et en la généralisant, introduit une attente générique et indiqué une direction : « Il me semblait avoir sous les yeux un fragment de cette *région* fluviatile que je désirais connaître... » Le monde apporte à Marcel un exemplaire de cette idée, le « fragment » d'une « région », un « pan » du paysage plus vaste et plus générique qu'une œuvre avait déjà composé, resserré, typifié et inscrit à l'état de possible à l'intérieur de lui, en lui faisant entrevoir une sorte d'idéalité, et en l'invitant à la retrouver parmi les choses. La lecture est ici l'exercice d'une capacité particulière : la capacité à « voir le commun », à percevoir le semblable, à voir le « genre », ce talent qu'Aristote disait propre aux poètes, et qui débouche sur l'art de métaphoriser.

Ce qui se rend disponible, c'est donc une forme de généralité intermédiaire que la fréquentation d'une œuvre a fait peu à peu émerger. Encore une fois : la littérature ne s'oppose pas à la vie, ne la remplace pas; elle se tient en elle comme un espace de production de forces. De la littérature au réel, il n'y a pas seulement substitution d'un sensible à un autre sensible, superposition d'une individualité à une autre (et, éventuellement, occultation et aveuglement), mais partage, médiation, projection au-devant d'une « piste » figurale décantée par ses répétitions. Le travail de la mémoire ou de l'habitude peut consister précisément en la production de cette typicité, susceptible d'être mobilisée mentalement pour informer et enrichir la perception. Le retour voyant des « fleurs violettes et rougeâtres », plus encore qu'un bégaiement du regard englué dans les lectures, était donc aussi l'acquisition d'une capacité d'*orientation*; c'était le signe de la formation d'une habitude mentale induite par le livre. Marcel s'est habitué, il a formé une figure généralisable pour mieux habiter la nouveauté de chaque circonstance, en se la répétant il s'est rendu une forme appropriable : « sans l'habitude et réduit à ses seuls moyens, [notre esprit] serait impuissant à nous rendre un logis habitable » (I, 8). Il a suffi ici d'un adjectif, « fluviatile », et de l'intériorisation de ses possibilités descriptives. Ce n'était pas un obstacle à la perception actuelle, mais la proposition d'une forme à investir, dans un rapport qui ne s'épuise pas en humiliation du réel par l'imaginaire, qui peut rendre disponible à la nouveauté de la circonstance. C'est déjà un prolongement pratique, un passage insensible des livres au vivre.

Au terme de cette conduite de recherche du narrateur, on trouve une dernière description, celle des « lieux fluviatiles et poétiques » (I, 382) parsemant la route qui mène à Balbec, que le héros, sur la seule foi de leurs noms, « imagine » apercevoir depuis le train. Seul le mot « fluviatile » est resté de la lecture; ce mot a *fait* le désir de voir et la soif de connaître (comme font les noms chez Proust), il en a gonflé l'enveloppe sensible; mais il pourra aussi, le moment venu, nommer le perçu, et le nommer exactement, dans une justesse qui sera non pas rencontrée mais vraiment reconnue. Ce mot a été immédiatement restitué par le lecteur à la réserve de sa langue et de ses expériences, il s'est rendu disponible, c'est-à-dire citable : une fois lu, trouvé et éprouvé dans sa propriété, on dirait qu'il le « tient » comme une bonne image. Ricœur a su décrire ce passage, dans l'opération de refiguration de la fiction ou de reconception de la métaphore, qui va du « modèle de » (la littérature stylise, schématise) au « modèle pour » (elle induit de nouveaux comportements intérieurs). Découpant un cadre perceptif, toute phrase lue peut bien être jetée comme un nouveau filet sensible dans le réel, pour en rapporter un nouveau cadrage, une nouvelle vision ; la conduite suscitée dépendra de la grosseur des mailles du filet. *Comme une comparaison,* dirait sans doute Michaux : « Comme une comparaison voguant négligemment en apparence dans un esprit distrait, s'en va, pêchant une réalité encore obscure dans une zone encore plus obscure et vous la met au jour, tout à coup, timbrée de mots significatifs... »[39]

Ce que l'on observe ici, ce sont les échanges nécessaires de la perception, de la lecture et d'une mémoire véritablement transformée en *intention,* en disposition directionnelle forte, en « boussole intérieure », pour reprendre un mot de Thibaudet. Comme si les œuvres incorporées étaient véritablement « en avance » ; en avance sur le vécu que l'œuvre informe et attire à soi, car la lecture est capable d'imprimer une sorte de pente, de tournure à notre vie intérieure — un *habitus* efficace, ce que Proust appelle ailleurs « la contrainte interne d'un pli mental » (I, 401) ; et plus encore en avance sur les lignes de force de ce vécu, sur le dessin de ses contours, les ferments de généralité qu'il enferme ou déploie, en particulier celle des mots qui pourront le nommer. C'est à une fabrique active de « déjà vu » qu'invitent alors les livres, suscitant et produisant en Marcel un genre particulier d'antécédence, modelant un souvenir que le héros retient dans sa jeune vie comme son passé pertinent, un passé agissant désormais comme puissance de capture et de disponibilité. Tout dépend du rapport que ce lecteur entretient avec la force des médiations.

PRÉFÉRENCES, STYLES PERCEPTIFS

Comment un style littéraire peut-il donc nourrir une disposition sensible ? Il arrive que l'approfondissement d'une forme et l'insistance de quelques préférences suffisent à la stylisation d'une existence. Peut-être cela fut-il le cas pour Gracq, lecteur (critique, marcheur) autant que créateur. Je crois que la manière d'être de Gracq lui est entièrement venue des phrases de Breton ; et cette manière d'être, ce façonnement durable de son corps, c'était un style perceptif — pas une manière d'agir, pas une façon de se présenter, mais, sur un mode moins actif, une façon de percevoir. Un vocabulaire lointainement nietzschéen de la « force », de l'« attrait », des « intensités » s'est constitué très tôt dans l'imaginaire littéraire de Gracq, précisément dans et par la lecture de Breton, dont l'écriture incarnait pour lui (et par conséquent enseignait, guidait) l'évidence d'une puissance corporelle et mentale, d'un talent à saisir les forces et les beautés de la vie sensible pour les restituer en phrases. Non seulement ce vocabulaire s'est constitué très tôt, mais il s'est imposé pour toujours chez Gracq, dont les réflexions sur Stendhal, sur Rimbaud, sur Chateaubriand, « avec la puissante monotonie d'un leitmotiv » (comme il le dit de Breton) reconduisent indéfiniment la valeur littéraire à la même énigme, celle de ce qui peut faire la *force d'attraction* d'un style. Mais pour lui-même ce registre des intensités ne s'est pas imposé comme un mode de vie conquérant et souverain, un dandysme de la création et de l'exposition de soi (ce serait justement le cas de Breton, ou de Barbey, chez qui Gracq admirait l'appui du « style tout court » sur un « style de vie ») ; plus intimement, le fait d'être soi s'exposait chez lui en une façon de voir, d'écouter, d'agripper : une capacité de capture des intensités, une manière d'être qui s'exerçait aussi bien devant les œuvres que devant les paysages, dans la répétition discrète d'un « goût » qui savait ce qu'il voulait.

C'est donc en lisant Breton que Gracq a fait l'expérience décisive de l'attraction des formes. Breton était pour lui le héros et le modèle unique de l'accord entre une puissance vitale et l'irradiation d'une écriture. Tout l'intérêt de l'essai de 1946, *André Breton, quelques aspects de l'écrivain*[40], est d'avoir fait rayonner cette attraction dans toutes les régions d'une « vie poétique ». L'essai est ancré dans une reconnaissance de la puissance de la personnalité de Breton, « assurément de grand format », qui propage autour d'elle des « ondes de turbulence » et constitue le foyer d'unification dynamique du mouvement surréaliste; personnalité nucléaire, traversée de lignes de forces et maintenant en cohésion le faisceau de ces lignes dans la souveraineté d'un « ton ». Ici, c'est clairement la question de l'unité du style, de la convergence des traits autour d'un moi concrètement « noué » et « dense », le moi d'un Breton qui « tient "tous les fils" dans sa main », qui est articulée à celle de la force et de l'attrait. Cette unité est décrite avec insistance à travers un phénomène de « magnétisme » syntaxique, dans l'observation de phrases « à aimantations », constituées en véritables « aires d'attraction », des phrases qui attirent à elle des perceptions, des idées, des circonstances, des mouvements et des désirs qui parviennent à « faire corps » autour d'un langage attracteur. L'écriture de Breton, docile au passage des « courants » sensibles, se recharge en permanence dans son rapport réactif au milieu ambiant, elle absorbe des forces et les restitue à un lecteur fasciné.

Gracq remarque ainsi que la force de ce style littéraire

consiste à faire rayonner une puissance d'être vers le lecteur, pris lui aussi dans un champ de forces. C'est ce que les formes mêmes de sa lecture lui ont fait éprouver, et c'est ce qu'il a restitué dans un façonnement de soi-même. À l'image sartrienne ou barthésienne de l'écrivain penché sur lui-même, qui s'embrasse l'épaule comme un petit enfant, répond l'image gracquienne du lecteur sentant un doigt posé sur son épaule, un lecteur assujetti, vaincu par la forme, presque physiologiquement contraint à percevoir l'écho d'un vouloir qui s'élance, d'une énergie pure, d'une volonté de puissance, d'un appel semblable à l'irruption de la silhouette d'une belle fille dans la rue, vers l'attrait de laquelle s'engouffre toute la perception, qui oblige à tourner la tête et à changer toute l'attitude du corps. L'image de la « silhouette » revient d'ailleurs souvent chez Gracq, version plastique, irradiante, lumineuse de la stylisation de soi ; la silhouette, c'est justement le contour d'une puissance, l'aura d'une figure qui s'est mise en chemin, d'une vie qui a trouvé son « tour », qui risque sa force de séduction, attire celui qui la regarde et le conduit à se mettre lui aussi en route.

Gracq a donc d'abord découvert chez Breton cette phrase à aimantations ; c'est cet ébranlement perceptuel provoqué par une expérience de lecture et de compagnonnage (une préférence), qui a été déterminant dans la formation de sa subjectivité. Après avoir lu Breton, son corps ainsi augmenté, il avait désormais « le coup d'œil », l'énergie désirante pour la percevoir, des « antennes » et un aiguillon intérieur pour l'agripper puissamment dans des tons différents, mais tous marqués par une « conformité occulte à un type ». Exercé auprès de son écrivain préféré, cet habitus perceptif oriente en effet tous les jugements critiques de Gracq ; la valeur du « courant » et de l'aiguillon intérieur justifie par exemple la comparaison systématique entre Stendhal et Flaubert, le face-à-face de la course stendhalienne et de l'inertie flaubertienne. L'attrait (partiellement passif) pour cette phrase bonne conductrice, capable d'assurer un contact matériel, est sans doute la « forme-maîtresse » de Gracq. C'est sa forme-maîtresse, c'est-à-dire sa façon de styliser sa vie aussi bien dans la lecture, dans la flânerie, que dans la création proprement dite, car ce n'est pas seulement dans l'écriture que peut s'exercer sur les choses ce que Nietzsche a nommé la « force plastique d'un homme ». La puissance de conduction éprouvée chez un autre est devenue l'aiguillon de Gracq, le principe actif de ses préférences, de ses désirs, l'expérience partout recherchée, capturée, et par là pratiquée. On observerait la même attitude perceptive devant les paysages, eux aussi agrippés ou écartés selon l'attrait de leur style, de leur personnalité, du « réseau serré de connexions affectives »[41] qui les anime.

Ce qui est ici en jeu dans la lecture c'est bien le contact d'une attitude avec une autre, d'un goût avec un autre, qui recharge l'idée de « préférence » (dont Gracq a fait un titre). Chez Gracq le « génie » est reversé au compte du lecteur, de celui qui perçoit et qui ressent, dans son ouverture à la fois active et passive. Les *Carnets du grand chemin* se confient ainsi à « l'ange gardien » des lectures, qui souffle à l'oreille du lecteur : « celui-ci est pour toi, celui-là n'est pas pour toi »[42]. Deleuze définissait le « goût » comme l'accord de deux désirs, de deux puissances, c'est-à-dire comme la capacité de l'individu à être touché par ce qui sera bon pour lui, une double faculté de saisir et d'être saisi, de capter et d'être capté — capturé, captivé. Michaux a eu une expression merveilleuse pour dire cela, au cœur de ce récit de voyage ambivalent qu'est *Ecuador* : « Ici, il y a pour moi »[43]. Ici, il y a pour moi, dans tel livre je peux reconnaître comme Michaux en Équateur « mes arbres »,

« mes hommes », et je me rends alors capable d'agripper au dehors ce qui me convient, je consens à en être saisi, en ne m'intéressant comme Nietzsche qu'à ce qui sera pour moi la promesse d'une augmentation d'être. La disposition profonde de Gracq est proche de cela, mais dans une couleur morale assez différente, car c'est une disposition sensible et non actionnelle qui agit au cœur de son travail critique, et plus généralement, au cœur de son essayisme.

Ce style perceptif se distingue en effet fortement du style de vie dont Gracq sentait la puissance performative chez des tempéraments souverains comme celui de Breton (ou de Barbey). Sur nous, lecteurs, un style perceptif agit d'ailleurs tout autrement qu'un élan actionnel (qui lui est fait d'expositions et d'actes, comme ceux que Breton avait recueillis au sujet de Jarry). Gracq sait agripper chez autrui ces gestes, il aime les figures énormes, mais c'est là un appétit d'altérité. Dans sa propre prose, le *passage du courant* est progressivement devenu plus subtil, rétractile ; les fragments critiques et les descriptions de paysages qui ont remplacé le roman offrent des phrases faites de vides et de pleins, de relances et de variations rythmiques suscitées justement par l'alternance d'élans subjugués et d'indifférences dans le spectacle du réel. C'est dans la perception (et cela fait de lui un héritier authentique de la phénoménologie), dans une perception presque envoûtée, dans une disposition perceptive elle aussi pourvue d'« antennes » et de « crochets » tactiles, que s'est opérée en Gracq la stylisation de soi ; sa force plastique s'est arrêtée au seuil de l'action proprement dite, au bord du désir d'être, contrairement à ce qui l'attirait chez ses écrivains favoris. S'il l'a fortement captée et exaltée chez ces individus souverains qu'il se mettait en situation d'*écouter*, peut-être la puissance de vie, l'augmentation existentielle proprement dite, manquait-elle au fond à Gracq. Il n'était ni dandy ni souverain.

Mais cela le rapproche aussi de la plupart d'entre nous, qui ne sommes pas artistes et n'avons pas à l'être pour donner un style à notre existence, façonnant (des conduites, des gestes, des manières de faire attention) plus que nous ne créons (des œuvres originales), et trouvant dans nos lectures des ressources pour cet infléchissement de nous-mêmes, léger mais décisif. « Savoir donner un *aspect* à ses sensations — pour le reste communes et non recherchées »[44], s'était déjà promis Paulhan.

Il est essentiel que toutes ces expériences aient lieu à la faveur d'une « préférence », c'est-à-dire d'un certain pli affectif, qui dirige des conduites. C'est « l'un de ses écrivains préférés » (d'abord anonyme, mais progressivement identifié à Bergotte) qui avait aussi indiqué à Marcel une direction, et préparé l'expérience de « déjà vu ». La préférence est une modalité très particulière de la relation esthétique, dont elle accentue le caractère justement relationnel; elle met en jeu un individu plutôt qu'une œuvre, une personne littéraire qui permet de vivre concrètement la littérature sur un mode densifié, intersubjectif, dans la promesse de retrouvailles à volonté. La lecture, ainsi rechargée affectivement, devance et prévient les rencontres, *oriente* l'expérience, l'anticipe et s'y réitère, mais peut aussi à tout moment y être contestée. L'écrivain préféré, cet « aimant » comme dirait Gracq, accompagne la respiration typiquement proustienne des joies de l'anticipation imaginante et de la déception du réel.

Car la force de l'antécédence va ici se gauchir : la sédimentation de la préférence se changera pour Marcel en obstination, voire en bégaiement perceptif, et consumera en quelque sorte la disposition du lecteur au nouveau en faisant de la réalité l'espace fatal des déconvenues. Rechute d'un corps habile et augmenté de médiations littéraires vers un corps qui s'enrégimente lui-même. Le goût pour Bergotte régresse en effet rapidement vers la quête idéaliste d'une image fixe, vers ces solutions pratiques destinées à un jeune homme qui ne se sent pas suffisamment armé pour le réel et à qui la littérature peut servir certes de ressource, mais aussi d'impasse ; question de force, ou d'âges de la vie. Le narrateur ne cesse d'ironiser à ce sujet : « J'aurais voulu posséder une opinion de lui, une métaphore de lui sur toutes choses, surtout sur celles que j'aurais l'occasion de voir moi-même » (I, 94)... Avoir une image à disposition avant de voir soi-même : la préférence est ici un pli trop fortement imprimé, qui détourne de l'acte neuf et exigeant de la perception. Ce « degré d'art en plus », comme les gravures offertes par la grand-mère, fait écran par avance, en sorte que l'expérience proprement dite présente toujours un certain décalage avec elle-même. Comme si le temps de la vie était fait de rectifications, comme si pesaient surtout sur elle les formes remémorées qui ont donné son *assise* et ses plis à une conscience. C'est ainsi via Bergotte et via « le charme » — le vernis distinctif — que celui-ci répand sur les choses que le héros se dispose à aimer Mlle Swann : « Et toujours le charme de toutes les idées que faisaient naître en moi les cathédrales, le charme des coteaux de l'Île-de-France et des plaines de la Normandie faisait refluer ses reflets sur l'image que je me formais de Mlle Swann : c'était être tout prêt à l'aimer » (I, 99). La lecture préférée apprête, mais surtout elle contraint — avant-goût mais aussi gauchissement et irréalisation de soi. Le corps ni la perception ne prolongent ici l'expérience esthétique, qui n'aboutit qu'en elle-même ; au mieux ils la consument ; observant par exemple que les promenades lui sont d'autant plus agréables qu'il les fait après de longues heures passées avec un livre, le narrateur souligne que son corps, chargé de vitesse accumulée, n'y fait que *se dépenser* : « La plupart des prétendues traductions de ce que nous avons ressenti ne font ainsi que nous en débarrasser en le faisant sortir de nous sous une forme indistincte qui ne nous apprend pas à le connaître » (I, 153). L'essentiel de ce qu'il a lu, de ce qu'il en garde, sort ainsi hors de lui-même sans possibilité de ressaisie, sans re-disposition — sans style. Et lorsque Marcel souligne qu'il trouve à l'intérieur de lui les mêmes « phrases » que Bergotte, cela ne l'aide pas à suivre l'écrivain dans sa forme, encore moins à se styliser lui-même ; de cette rencontre avec une manière d'écrire, il conclut à sa propre indignité, réservant à la vaine idolâtrie le plaisir pris à la reconnaissance. Reflux de l'habileté à l'hébétude...

L'antipathie du garçon pour les Champs-Élysées vient par exemple de ce qu'aucune image littéraire n'en a précédé la découverte : « Si seulement Bergotte les eût décrits dans un de ses livres, sans doute j'aurais désiré de les connaître, comme toutes les choses dont on avait commencé par mettre le "double" dans mon imagination. Elle les réchauffait, les faisait vivre, leur donnait une personnalité ; mais dans ce jardin public rien ne se rattachait à mes rêves » (I, 386). La lecture fait *la possibilité* du désir, mais cela signifie seulement ici que l'admirateur de Bergotte veut voir incarnées d'avance ses propres directions d'existence ; les formes se fixent en lui avec obstination ; elles ne permettent pas d'échanges expérientiels, et visent un embellissement à sens unique. Un peu plus loin, le héros se désole que ce que Bergotte lui a dit de la Berma n'ait pas précédé sa découverte de l'actrice : « pour que ces pensées pussent m'embellir le geste de la Berma, il aurait fallu que Bergotte me les eût fournies *avant* la représentation. Alors pendant que cette attitude de l'actrice existait effectivement devant moi, à ce moment où la chose qui a lieu a encore la plénitude de la réalité, j'aurais pu essayer d'en extraire l'idée de sculpture archaïque. Mais de la Berma dans cette scène, ce que je gardais c'était un souvenir qui n'était plus modifiable » (I, 551, je souligne)... À vrai dire, la déception dit déjà un peu plus que le besoin impérieux d'un écran d'art placé entre soi et le monde; car le narrateur suggère qu'il faudrait savoir rouvrir le réel, et regarder plusieurs fois, armé ou non de médiations, de formes citables.

La découverte de l'homme-Bergotte va briser l'orientation fixe de cette préférence, et effacer le pli imprimé au tissu de la conscience, sans pour autant la libérer : « Tout le Bergotte que j'avais lentement et délicatement élaboré moi-même, goutte à goutte, comme une stalactite, avec la transparente beauté de ses livres, ce Bergotte-là se trouvait d'un seul coup ne plus pouvoir être d'aucun usage, du moment qu'il fallait conserver le nez en colimaçon et utiliser la barbiche noire »... La préférence n'avait de sens qu'à faire renaître à loisir la certitude d'une *orientation*; c'est ce que les psychologues appellent la « fluence », une catégorie de la perception directement liée à la question de l'habitude et de la formation des goûts. Ici l'admirateur, dérouté, perd l'aisance perceptive qui s'associait à sa préférence. Il est forcé de rééditer complètement son objet, qui nécessite « une transposition » (I, 542). C'est le grand thème de l'empêchement, et de la gêne comme modalité de la conscience malheureuse de l'esthète : « la gêne du nom préalable n'était rien auprès de celle que me causait l'œuvre, à laquelle j'étais obligé d'attacher, comme après un ballon, l'homme à barbiche sans savoir si elle garderait la force de s'élever » (I, 538-539). L'image est merveilleuse : l'homme réel leste l'homme-style qui sans lui s'envolerait avec légèreté : « cet esprit-là n'avait rien à voir avec la sorte d'intelligence répandue dans ces livres, si bien connus de moi et que pénétrait une douce et divine sagesse. En partant d'eux, je ne serais jamais arrivé à ce nez en colimaçon ; mais en partant de ce nez, qui n'avait pas l'air de s'en inquiéter, faisait cavalier seul et "fantaisie", j'allais dans une tout autre direction que l'œuvre de Bergotte ». L'épisode ouvre à la question de ce à quoi la force d'une forme *fait aboutir*, ce à quoi elle donne accès lorsque l'on en suit la pente, et de ce vers quoi le sujet peut la rediriger : quel « nez » l'eût fait cheminer vers quelle œuvre, et, dans cette dialectique, quelle œuvre vers quel usage, vers quel emploi ? Question d'orientation et de prolongement, décidément.

Justement le mouvement des formes à la vie n'est pas à sens unique, et le *Côté de chez Swann* a déjà réservé une surprise, qui sonne comme une petite revanche ; car, dans les premières découvertes du sentiment amoureux, c'est la vie qui recharge, à rebours, le halo lumineux qui entoure l'écrivain préféré. « Quant à Bergotte, ce vieillard infiniment sage et presque divin à cause de qui j'avais d'abord aimé Gilberte, avant même de l'avoir vue, maintenant c'était surtout à cause de Gilberte que je l'aimais » (I, 402-403)... Les effets de la cristallisation sont encore à leur comble, et ne font apparemment que s'inverser ; mais c'est déjà un autre mouvement causal, une autre disposition dans le spectre des conduites esthétiques, qui laisse place à de possibles allers-retours entre les formes perçues et les formes vécues, plutôt qu'à un entêtement à placer entre soi-même et le réel le miroir déformant d'une idée fixe. Un lent enrichissement des modes attentionnels, entre déceptions et réappropriations, entre prolongements et ratages, se laisse déjà entrevoir.

SUIVRE UN NOUVEL AUTEUR

Cheminant dans la vie et les formes, le héros d'*À la recherche du temps perdu* se trouve d'ailleurs, au cours de l'une de ses nombreuses lectures, placé soudain devant la difficulté du nouveau — et nous avec lui : lecteur depuis longtemps, il a déjà formé ses préférences et modelé sur elles la plupart de ses attentes, mais le voici conduit à « suivre un nouvel auteur dans sa phrase ».

Suivre un écrivain dans sa phrase, qu'est-ce que cela veut dire ? C'est, d'abord, entrer dans la puissance encadrante d'un style, parvenir à identifier et à s'approprier activement ce qu'il y a d'obstiné dans ce style — la préférence consistant justement à relancer cette obstination. L'idée de « phrase », chez Proust, recouvre bien plus qu'une réalité syntaxique ; elle désigne une sorte d'aboutissement en langage de la tâche d'être, sans cesse remise sur le métier. Si chacun d'entre nous a une mélodie qui lui est propre, l'artiste proustien est celui qui parvient à extraire de soi cette tonalité intérieure et à la figurer pour la mettre *à disposition* : « autant qu'il y a d'artistes originaux, autant nous avons de mondes à notre disposition, plus différents les uns des autres que ceux qui roulent dans l'infini et, bien des siècles après qu'est éteint le foyer dont il émanait, qu'il s'appelât Rembrandt ou Ver Meer, nous envoient encore leur rayon spécial » (IV, 474). Durabilité, itérativité, la force propre des œuvres consiste à faire parvenir jusqu'à nous ce « rayon spécial », et à nous rendre susceptibles de le reprojeter à notre tour sur les choses. Touché par une façon de dire, atteint par ce rayon comme par le *tour* singulier qu'a pris une vie, le lecteur identifie un artiste à un profil perceptif et sensible qui exercera désormais sur lui une influence d'ordre rythmique, comme fit l'écriture de Bergotte pour Marcel en une sorte d'accompagnement intime : « je chantais intérieurement sa prose ». L'auteur est le nom propre de cette disposition générique devant les choses, ce que Proust appelle une « manière », qui suscite chez le lecteur la joie d'une conduite de recherche et, pour ainsi dire, de *capture* : « ce qui m'intéressait, c'était non ce qu'ils voulaient dire, mais la manière dont ils le disaient, en tant qu'elle était révélatrice de leur caractère ou de leurs ridicules ; ou plutôt c'était un objet qui avait toujours été plus particulièrement le but de ma recherche parce qu'il me donnait un plaisir spécifique, le point qui était commun à un être et à un autre. Ce n'était que quand je l'apercevais que mon esprit [...] se mettait tout à coup joyeusement *en chasse* » (IV, 296, je souligne). Dans ce mouvement de relance, le sens vient de la perception et, par la lecture, il y retourne et s'y ressaisit activement.

L'identification de telles « formes-maîtresses » culmine au milieu de *La Prisonnière* dans la théorie des « phrases types » — à la fois idéalités et formes sensibles, véritables métonymies d'un style d'auteur dont Marcel enseigne l'existence à la très patiente Albertine. Les phrases types incarnent la qualité d'un « monde unique » qui se reconnaît d'une œuvre à l'autre, et définissent la force à la fois différenciante et générique d'un style d'auteur. Ces phrases ne sont pas seulement des réalités grammaticales, mais engagent décidément des « situations » : situations physiques ou expérientielles, esquisses de gestes, fenêtres perceptives ; cadrages génériques plutôt qu'images, mouvements plutôt qu'objets, elles inscrivent la question du style dans le vaste domaine de l'attention et des comportements. Gracq s'y serait tout à fait reconnu. La phrase type de Stendhal, par exemple, tient à quelques scènes d'élévation : on voit « dans Stendhal un certain sentiment de l'altitude se liant à la vie spirituelle : le lieu élevé où Julien Sorel est prisonnier, la tour au haut de laquelle est enfermé Fabrice, le clocher où l'abbé Blanès s'occupe d'astrologie... ». — Remarquons la puissance d'exemplarité de ces phrases types : car lorsque Gracq a voulu lui aussi se rappeler ce qui lui restait de *La Chartreuse de Parme*, il a cité des scènes de hauteur tout à fait semblables[45]. Pour Proust, la phrase type est bien l'expression au dehors d'un style d'être, la formule littéraire généralisable d'une conduite perceptive, le développement verbal d'un mode de présence du moi au monde.

Cette force expressive d'un individu ne se réduit pas à lui ; typifiée, c'est-à-dire reconnaissable et généralisable, elle est aussi disponible, elle s'offre à la réappropriation par autrui, au reparcours de ce parcours que l'invention littéraire a d'abord imposé à la langue. Merleau-Ponty dit ainsi que s'il peut « suivre Stendhal en le lisant », c'est parce que Stendhal a su l'« installer chez lui »[46]. La dialectique du rapport de stylisation entre un individu et une forme ne concerne en effet pas seulement l'auteur, mais se redéploie dans l'expérience du lecteur : la phrase type est l'ouverture au lecteur de cette majestueuse prison sensible que Barthes décrivait dans *Le Degré zéro de l'écriture.* Proposition attentionnelle, « équipement » pour une différenciation, devenir et puissance, médiation qui s'offre à une généralisation, la force du style requiert ici un mouvement réciproque du lecteur, un regard, un emploi, une réponse. La lecture n'est pas nécessairement l'adoption de ce style (Proust l'appellerait « vision ») qui s'est risqué dans un livre, mais une entrée en débat avec lui. Un peu mieux qu'une répétition donc : lorsqu'un individu fait l'expérience d'une œuvre, c'est bien un style qui en regarde un autre, qui s'y éprouve et peut s'y redisposer ; si le livre lu apparaît comme un accès, et pas seulement comme un écran (et c'est le cas, peu à peu, dans la *Recherche*), c'est qu'il permet au lecteur d'ouvrir en lui-même cet espace de schématisations et de refiguration.

Suivre un auteur dans sa phrase, c'est donc s'approprier son mode de figuration, lui emboîter le pas et faire sienne sa démarche, en modulant ce pas dans son propre *tempo.* C'est la possibilité de relancer une forme reçue, si l'on accepte que sa propre liberté de sujet soit dans la restitution d'un donné, et non dans « l'expression » absolue de soi-même, la répétition redondante d'une nature, c'est-à-dire d'une solitude. Suivre un *nouvel* auteur dans sa phrase, c'est accepter de renouveler cette tâche, de faire à l'aveuglette l'expérience d'un cheminement inédit, dans un temps qui ne vous appartient plus et dans l'épreuve d'un dépaysement. C'est s'apprêter à changer de style, changer d'*habitus,* changer de projet même. Car chaque phrase est aussi pour le lecteur l'occasion d'une pratique inédite du sensible — expérience intime et sans cesse réouverte de la durée, de l'ignorance de ce qui va venir, du désir. Toute entrée dans une phrase « rejoue l'ouverture du temps et de la scène du sens »[47] : lorsqu'elle s'ouvre nous ne savons pas où elle ira ni ce qu'elle nous fera faire ; imprévisible, inattendue, entièrement dirigée vers sa fin, elle nous fait entrer dans une dialectique tendue d'attente et de réponse, elle figure le déséquilibre inhérent au passage du temps et au rapport d'interlocution. Et toute phrase se tient d'une manière particulière dans le temps, elle occupe un certain volume, impose une certaine vitesse, et organise pour nous une configuration inédite de la durée, en nous invitant à adopter son rythme et sa manière d'être dans le temps. De ces deux aspects de la phrase (une dynamique d'attente, et tout un style de temporalité), le lecteur doit s'emparer.

La « suivre » suppose alors de naviguer à vue, de se laisser aller à l'incertitude de la marche sans but, de s'abandonner à une exigence inconnue dégagée des appuis d'une « fluence ».

C'est bien ce qui se produit dans la découverte par Marcel d'un « nouvel auteur », c'est-à-dire d'un nouvel appel. L'expérience est un peu ratée : Marcel se sent gauche, il peine à mettre ses pas dans ceux de l'écrivain inconnu, il insiste mais ne parvient pas à changer de disposition ni de rythme intérieur; il trébuche plusieurs fois (« sur les mots comme sur les pavés », dirait Baudelaire, et le héros avec lui) et échoue à voir le monde à neuf à travers cette nouvelle prose : « Je reprenais mon élan, m'aidais des pieds et des mains pour arriver à l'endroit d'où je verrais des rapports nouveaux entre les choses. Chaque fois, parvenu à peu près à la moitié de la phrase, je retombais, comme plus tard au régiment dans l'exercice appelé portique » (II, 622-623)... Restituée à sa réalité sensible, la phrase ici est une sorte d'appel auquel le lecteur doit répliquer, et l'expérience qu'il en fait est l'essai difficile d'un rythme inédit : « je sentais que ce n'était pas la phrase qui était mal faite, mais moi pas assez fort et agile pour aller jusqu'au bout » (II, 622). Le narrateur sourit à cette gymnastique, mais il nous dit aussi quel effort il faut souvent pour recevoir une forme, qui plus est une forme nouvelle, et parvenir à la placer à l'horizon de l'expérience. C'est justement à cet effort — ou au refus qu'on lui oppose — que la qualité analytique du roman de Proust, que sa longueur même, nous rendent attentifs.

Le narrateur décrit toute sa difficulté à accommoder, car la découverte d'un nouveau style a le même pouvoir d'égarement que celle d'une nouvelle ville : Marcel a perdu sa boussole intérieure, comme plus tard attendant Albertine, les « nerfs démontés » par l'incertitude. Le héros doit se redisposer entièrement, actualiser d'autres attitudes et d'autres percepts. Il lui faudra ou bien la force anesthésiante de la répétition, ou bien un redoublement de l'attention au nouveau et une acceptation de sa propre désorientation, pour pouvoir s'approprier cette forme : « soit que je me fusse habitué à sa laideur, soit que j'eusse découvert sa beauté »... Il faudra donc, pour s'approprier cet autre phrasé, une acclimatation intime en réponse à la puissance d'altération de toute nouvelle forme. La difficulté est en effet de suivre « jusqu'au bout », dans un temps dégagé de l'habitude : « Celui qui avait remplacé pour moi Bergotte me lassait non par l'incohérence mais par la nouveauté, parfaitement cohérente, de rapports que je n'avais pas l'habitude de suivre. Le point, toujours le même, où je me sentais retomber, indiquait l'identité de chaque tour de force à faire ». Pour reconquérir une aisance perceptive, il est nécessaire d'entrer durablement dans une direction divergente : plus que jamais l'expérience esthétique est ici associée à une morale de l'effort mental.

Lisant la lecture franchement gymnastique de Marcel, suivant son épreuve musculaire et ses chutes à répétition, nous-mêmes entrons d'ailleurs dans la singularité rythmique et motrice d'une phrase complexe ; le Narrateur nous rapporte la prose (fictive) du nouvel écrivain ; il la rompt et la déséquilibre en l'interrompant, décrivant par intermittence l'expérience que le héros peine à en faire. Nous faisons alors nous aussi, quoiqu'un peu autrement que lui, l'épreuve de son inconfort, de cet effort qu'il maintient et qu'il interrompt. Suivant Proust dans sa phrase, nous nous engageons dans des formes grammaticales inédites, parfois éprouvantes ; et dans ces formes, nous suivons des pistes sensibles, cognitives et rythmiques pour nous y mouvoir, et nous les pratiquons déjà comme des propositions d'existentialité : ébauche de rapports au monde, ralentissements, attitudes, démarches dans l'être.

La lecture apparaît ainsi comme un corps à corps entre un individu et des directions formelles. Au fil du roman, le narrateur distingue fortement les expériences difficiles et les expériences faciles, les situations inconfortables et les situations confortables (parfois illusoires, périlleuses ou ridicules). Marcel ne cesse d'éprouver son aisance ou sa difficulté à « atteindre » une forme, à « s'élever » jusqu'à elle, à « prolonger » la courbe d'une phrase, à se laisser « guider » par une mélodie ou à « s'arrêter » sur son seuil, à voir un paysage « selon » les yeux d'un autre et à s'y « maintenir »... Ce vocabulaire est essentiel, et très actuel : il place les conduites dans un paysage mental finement différencié, où les gestes de lecture sont distingués selon ce que la psychologie appelle des « styles cognitifs ». Le style cognitif désigne la manière qu'a un individu de percevoir, d'évoquer, de mémoriser les informations perçues à travers les différentes modalités sensorielles ou culturelles qui sont à sa disposition, la façon dont chaque personne, dans une situation donnée, se saisit mentalement d'un objet, et en particulier d'un objet nouveau, qui présente une structuration inhabituelle. Les styles cognitifs sont donc des attitudes, des comportements à l'égard des formes, définitoires de la fluidité de la perception. Ils reposent sur une articulation de dispositions individuelles et d'expériences traversées (apprentissages, habituations, acquisition de compétences...) qui, reconnaissant dans le style une catégorie de l'attentionnalité, permet de dégager de véritables allures esthétiques individuelles, des manières d'être en situation de lecture, des modes de stylisation de soi en situation d'art.

La différenciation de ces styles cognitifs est assez... proustienne ; elle tient à la capacité des sujets à se tenir dans l'incertitude et l'effort qui l'accompagne, à faire face à une désorientation formelle, à accepter les retards de catégorisation ou les faibles dynamiques d'intégration, bref à consentir à ce que les psychologues appellent « un coût perceptif » important... La notion met en lumière des dispositions dynamiques à l'indécision, à la désorientation et à la réorientation perceptive ou sémantique, qui permettent de comprendre la capacité d'un individu (d'un *moment* d'un individu) à faire une expérience esthétique hétérogène où se maintient dans la saisie de l'œuvre une diversité de plans (rythmes, schématisations perceptives, sons, sens...) ; ou au contraire son besoin de s'appuyer en priorité sur des phénomènes de redondance, de recherche d'unification et d'intégration rationnelle de ces plans. On « mesure » ainsi le degré d'ambiguïté, la durée de l'incertitude que tel ou tel individu est disposé à accepter, et par conséquent le type d'expérience qu'il est conduit à prolonger ou à abandonner. Chacun de nous traite en effet les objets selon une certaine disposition mentale, plus ou moins stable, qui est une sorte de *pli* intérieur. Certains cherchent et modulent des vertiges ; d'autres ont peu de disposition à se perdre, comme le disait Sartre, qui avouait dans *Les Mots* combien lui-même se « préservait contre les craquements »...

L'intérêt de la notion, à mes yeux, ne tient pas tellement à cette formalisation (forcément grossière) des dispositions subjectives, mais à la possibilité qu'elle ouvre de mettre en relation dynamique, dialectique, le style de l'objet et le style du lecteur ou de sa lecture, la configuration de l'œuvre et la manière d'être et d'agir de celui qui observe cette configuration, et qu'elle attire vers elle. Dans la lecture s'articulent et se relancent ainsi l'allure d'un objet et les dispositions d'un sujet, une forme perçue et une forme percevante, des styles littéraires et des styles cognitifs qui s'entre-façonnent. La promesse d'une circulation des formes, et donc d'une esthétique de l'existence et d'une stylisation de soi dans la simple expérience lectrice, s'y éclaire. Le style ici est toujours au carré, pris dans une chaîne de forces, jamais isolé ou inerte. Et la dynamique d'individuation des formes littéraires devient un appel à la nôtre. Qu'y a-t-il au fond dans cette expérience ? Décidément pas, de part et d'autre d'une frontière étanche, des sujets et des objets (des personnes et des livres), mais des formes et des manières qui circulent des uns aux autres, les traversent. Le mouvement de la lecture ne va pas « seulement » ici de l'art à la vie, comme s'il fallait dissocier deux régions de l'être et de l'expressivité, mais, dans la vie, d'une dynamique d'individuation (celle d'une œuvre) à une autre (celle du sujet qui la reçoit), autrement dit d'un style à un autre style, entre lesquels surviennent des inventions formelles et des puissances d'être. La lecture devient la mise en travail d'une manière individuelle en réponse à cette différenciation en acte qu'est un style littéraire, elle retourne cette puissance de stylisation vers l'individu et l'y fait miroiter. Devant le texte, dans le processus dialectique que suppose la réalisation, à l'intérieur du lecteur, de ce texte, c'est toute une manière mentale qui s'éprouve ; qui s'éprouve parce qu'elle fait l'objet d'une prise de conscience (la conscience de ses propres plis, de ses propres accents) — jusqu'à l'étonnement que l'on a à se voir *tel qu'on ne se savait pas être,* capable de cela, et de cela encore ; mais qui s'éprouve, aussi, au sens où elle engage une lutte, une altération, une bifurcation du tout au tout. Au cœur de l'aventure perceptive se joue ce passage dynamique des styles littéraires aux formes de vie.

Toute nouvelle lecture est en effet susceptible de renforcer, ou d'altérer cette disposition, chaque œuvre mettant à l'épreuve notre aisance perceptuelle et la souplesse de nos manières (la fluence esthétique), réclamant que nous nous redisposions. Chaque expérience de lecture conduit à adopter un certain comportement attentionnel, une certaine attitude à l'égard d'une certaine forme, autrement dit à prendre un certain parti sur le style, qui n'est pas nécessairement en rapport de continuité avec nos manières d'être ou nos préférences : il peut s'appuyer sur elles, les confirmer mais aussi bien les transformer ou les faire bifurquer du tout au tout, rouvrant le jeu. Notre style cognitif, celui qui revient dans un pli reconnaissable, dans cette façon répétée que nous avons de prendre les choses et d'en faire usage, est sans doute le dessin de notre forme maîtresse. Mais toute expérience le remet en travail en lui donnant l'occasion concrète de s'altérer ou de se confirmer, transformant la stylisation de soi-même en tâche et en réexposition perpétuelle, ordinaire.

Dans la lente aventure de son héros, Proust montre qu'il faut buter contre soi-même pour qu'une figuration nouvelle ait lieu. « Du reste, quand une fois sur mille je pouvais suivre l'écrivain jusqu'au bout dans sa phrase, ce que je voyais était toujours d'une drôlerie, d'une vérité, d'un charme, pareils à ceux que j'avais trouvés jadis dans la lecture de Bergotte, mais plus délicieux » (II, 623-624)... C'est la promesse du passage d'une conduite intérieure à une autre, l'ouverture à une refiguration, le goût de la désorientation pour ce qu'elle a de prometteur et d'inaugural. Marcel en fait sans cesse l'expérience : il répond aux lectures par son propre travail de stylisation perceptive (par une manière, à sa manière) trouvant l'occasion d'aller ailleurs, d'essayer un autre corps, un autre soi, de circuler entre des dispositions, de changer sa façon de s'emparer des choses. La mise en scène récurrente, chez Proust, du renouvellement de l'effort cognitif est indissociable de l'exigence de faire de la perception une fin en soi : l'effort pour voir, pour entendre, pour lire, est une réponse à l'effort de réel lui-même pour apparaître, se disposer en configurations perceptibles et lisibles. La lecture nous met ainsi en phase avec la puissance de surprise permanente de l'existence, exigeant notre attention. Chez Proust, les expériences esthétiques sont en effet l'apprentissage de ce que la perception est une valeur. L'écriture proustienne recueille et réinstitue cette émergence du réel, qui est une force d'individuation dans les choses. Et la lecture engage, comme une réplique infinie, le travail de notre propre individuation dans l'attention portée et reportée à cette émergence. Les expériences de lecture poursuivent, intensifient et allégorisent ce rapport dialectique au réel, qui est la dialectique de la vie elle-même; peut-être justifie-t-elle entièrement la longueur de la *Recherche* : elle explique l'invitation récurrente faite au héros d'essayer de nouvelles formes, de nouveaux rythmes, de nouveaux styles, pour rouvrir l'expérience et solliciter cet « être centrifuge » « qu'on est par les beaux jours » (II, 641).

Cette exigence d'ouverture est le véritable moteur de la lecture; car si Marcel peine à suivre, il sent quelle disponibilité inédite et quelle nouvelle fenêtre sur les choses lui seraient promises. Il en est allé de même pour Swann : d'abord désorienté par la petite phrase de Vinteuil qui, comme une passante entrevue l'« entraînait avec elle dans des perspectives inconnues », il sentait pourtant dans l'image de cette beauté nouvelle « la possibilité d'une sorte de rajeunissement » (I, 207). Car un autre phrasé, soudain identifié, transformerait quelque chose du sentiment de vivre; il ajouterait aux phrases intérieures, offrirait des nuances, augmenterait la réserve sensible et les possibilités de diction. La *Recherche* éclaire plus souvent cette promesse des formes au sujet de la peinture et de la musique, qu'au sujet de la littérature ; la lumière d'Elstir, par exemple, n'a pas été donnée comme l'élément d'une représentation, mais comme une médiation qui pouvait rouvrir l'expérience (et offrir au jeune homme de n'être plus déçu par toute une région du réel) : « tout ce que j'avais dédaigné, écarté de ma vue, non seulement les effets du soleil, mais même les régates, les courses de chevaux, je l'eusse recherché avec passion pour la même raison qu'autrefois je n'aurais voulu que des mers tempétueuses, et qui était qu'elles se rattachaient, les unes comme autrefois les autres, à une idée esthétique » (II, 251). Encore une fois, la leçon rejoint les propositions de la *Phénoménologie de la perception*, et cette certitude qu'avait Merleau-Ponty d'une possibilité d'augmentation des modalités de la conscience et des allures du corps dans la pratique esthétique : « Apprendre à voir les couleurs, c'est acquérir un certain style de vision, un nouvel usage du corps propre, c'est enrichir et réorganiser le schéma corporel »[48]. Désaimer le sublime pour aimer l'impression, par les yeux d'Elstir, c'est élargir le spectre des formes attentionnelles ; il ne s'agit pas de substituer une préférence à une autre, mais de se rendre capable de passer avec aisance d'une disposition à l'autre. La force de telles bifurcations était déjà présente dans *Du Côté de chez Swann*, lorsque le narrateur commentait l'alternance de ses dispositions, la substitution d'un rêve à un autre, les « brusques changements de front » de ses désirs qui ouvraient à un complet « changement de ton dans [s]a sensibilité ». La forme même de l'épreuve esthétique s'y reverse en extension de la grammaire des formes de vie, et la phénoménologie de l'expérience littéraire ouvre à une pragmatique du rapport à soi.

VOIR AVEC BAUDELAIRE

Le sujet, ainsi, s'infléchit, il se donne forme par la façon même dont il habite d'autres formes et dont il se suspend à elles. Mais on met beaucoup de temps à circuler davantage, à s'incorporer un rythme et une situation, à s'approprier (en la laissant dériver en soi) une nouvelle phrase, c'est-à-dire à naviguer entre des forces de schématisation concurrentes, superposables ou exclusives. Progrès en lecture assez lents, dirait Jean Paulhan... Le roman proustien est le récit de la formation, inachevable, d'un agir esthétique, qui passe par la modulation des conduites de stylisation et la transformation des profils intérieurs suscités par la relation lectrice. Cette formation n'est pas dirigée linéairement, mais guidée par une alternance de progressions et de retours en arrière — chassés-croisés temporels et figuraux qui sont définitoires de l'expérience esthétique, lorsqu'elle est justement saisie à l'échelle d'une vie : « il y avait en moi un personnage qui savait plus ou moins bien regarder, dit le narrateur, mais c'était un personnage intermittent » (IV, 296). Certes le passage d'un désir de reconnaître et retrouver un « déjà vu », à un plaisir de cheminer à neuf dans les formes, peut être regardé comme un progrès dans la grammaire des dispositions perceptives. Mais le lecteur est appelé jusqu'au bout à trébucher, trébucher devant la force de l'inouï et du jamais vu d'un style, chaque nouvelle œuvre ayant la charge de cette réouverture.

« Trébucher » est un mot cher à Proust (comme « fluviatile » était un adjectif cher au héros) ; il lui vient de Baudelaire, et nomme les grands moments de vacillement de la *Recherche*, ceux qui viennent déchirer violemment l'ordre des préférences ou la stabilité du présent. Le héros trébuche sans cesse : sur les pavés de Venise, dans le temps, dans une phrase, à l'intérieur de soi. Évanouissement des espaces proxémiques... Dans tous ces épisodes, une intentionnalité bute contre les formes, mais aussi contre elle-même, et la lecture figure la mise en péril plus vaste d'un sujet dans le cours de sa propre constitution. La sensation de désorientation qui habitait le personnage dans les chambres étrangères, et qui ouvrait le roman, donnait ainsi une image exacte des étapes qu'allait traverser sa vie esthétique et de ce que cette vie allait requérir en permanence de redispositions. Le Narrateur décrit comme un très long processus les changements de cap de toute existence intérieure : « Sans doute elle progresse en nous insensiblement et les vérités qui en ont changé pour nous le sens et l'aspect, qui nous ont ouvert de nouveaux chemins, nous en préparions depuis longtemps la découverte » (I, 181). Le cheminement avec les phrases devient l'allégorie de l'épreuve vitale du dépaysement, une épreuve rejouée à chaque rencontre de la conscience et du corps avec les choses, lorsque la durée intérieure du sujet ne parvient pas tout à fait à se mettre à l'unisson du rythme d'une parole, d'une image, ou d'un spectacle.

Car circuler davantage, c'est surtout se rendre capable, *in fine*, de rapatrier les expériences différenciées de la lecture dans les situations de la vie, pour y relancer la puissance du dire, pour faire des formes verbales que l'on s'est incorporées dans ce corps à corps sensible (en les éprouvant intérieurement), des possibilités d'accès aux choses du monde, des médiations et pas seulement des écrans. Du tableau, Merleau-Ponty disait qu'il n'est pas une chose, et qu'on voit « selon lui ou avec lui »[49] plutôt qu'on ne le voit : aller-retour entre les formes lues et les formes vécues, souvenir et disponibilité mêlés, où le style d'une conduite dans les livres, engainé dans la grammaire du texte, se prolonge, se relance et s'infléchit en un style de conduite avec eux, dans les choses.

Cette façon dont la navigation attentionnelle qui est en jeu dans la relation lectrice peut ouvrir, progressivement, à une liberté perceptive et à une véritable institution de soi dans l'habitation des formes, est particulièrement visible dans les occurrences de la citation préférée par laquelle j'ai ouvert ce chapitre : « Le soleil rayonnant sur la mer... »[50]. Ce vers de Baudelaire est venu à Proust par Fauré, recouvert d'une série d'« épaisseurs d'art », encadré par la musique. Il apparaît d'abord dans une lettre de Proust à son père, sous la forme d'une pure et consolante réactivation : « Je suis charmé de me retrouver à la maison dont l'agrément me console de la Normandie et de ne plus voir (comme dit Baudelaire en un vers dont tu éprouveras j'espère toute la force)... *le soleil rayonnant sur la mer* ». Étonnant, et essentiel, que ce lecteur demande à un autre de sentir « la force » de ce vers si simple, qui peut-être pour cet autre n'engagerait rien de décisif; c'est bien que lui y éprouve, pour soi-même, une ressource. La citation paraît ensuite dans une lettre à Reynaldo Hahn. Et l'on trouve encore ce bris de vers pastiché, imité (c'est-à-dire aussi maniéré et affaibli) dans *Les Plaisirs et les Jours*, comme s'il accompagnait chacune des étapes de la destinée proustienne. Un peu à la manière de ces *tubes*, qui escortent ou conduisent la formation de nos affections, et façonnent quelque chose comme la bande-son de notre existence[51].

On voit surtout le vers revenir dans le roman de Proust, d'abord placé entre guillemets dans les *Jeunes filles*. Il y fait l'objet d'une conduite de recherche de la part du héros, et à vrai dire d'une conquête déjà un peu différente : « Avant de monter en voiture j'avais composé le tableau de mer que j'allais chercher, que j'espérais voir avec le "soleil rayonnant", et qu'à Balbec je n'apercevais que trop morcelé » (II, 67)... La citation a « la valeur d'un mot de passe, d'un sésame qui condense toutes les visions poétiques »[52] du rivage. Si le vers condense ces visions, c'est qu'il a été, pour Proust, à leur origine : il a constitué un aiguillon de l'attention, qui répond au désir d'une vision *cadrée* de l'existence, d'une habitation poétique du réel qui puisse découper, rassembler, et unifier les sensations. Citer Baudelaire, c'est déjà, si je puis dire, voir en vers.

Dans la reprise de ce vers au cours de la *Recherche*, le Narrateur dévoile son propre apprentissage d'un usage des œuvres ; mésusage, d'abord, en tout cas aux yeux de Proust, car la phrase commence par faire écran à sa perception : devant n'importe quel paysage ensoleillé Marcel cherche à se convaincre que la marine qu'il a sous les yeux est la même que celle qu'a figurée Baudelaire... ; il manque alors la dynamique interne du réel, sa force permanente de différenciation qui réclamerait une autre attention. Mais d'écran, la phrase se transforme progressivement en accès : « Me persuadant que j'étais "assis sur le môle" ou au fond du "boudoir" dont parle Baudelaire, je me demandais si son "soleil rayonnant sur la mer" ce n'était pas — bien différent du rayon du soir, simple et superficiel comme un trait doré et tremblant — celui qui en ce moment brûlait la mer comme une topaze, la faisait fermenter » (II,34)... Marcel a, si l'on veut, progressé, il ne cherche plus du Bergotte dans le réel, mais voit un coucher de soleil d'après la piste sensible et figurale d'un vers de Baudelaire, s'interroge sur son exactitude, poursuit sa figuration en un sens inédit — une topaze, une mer qui fermente. Il suit le poète dans sa phrase, et il la prolonge.

Ce « *d'après* Baudelaire » n'a pas le caractère buté du « *selon* Bergotte », et nous invite à prendre acte des différences subtiles qui s'établissent dans les comportements de lecture — fruition des livres, ou mésusage. Car le héros pousse plus loin en songeant, devant ce spectacle, à réinterroger le poème qu'il connaissait par cœur ; il révise sa lecture, se redispose, réfléchit à la convenance entre le vers et la circonstance ; en se rappelant le vers de Baudelaire il médite finalement sur la correspondance ou la distance entre la phrase et le moment, jouissant enfin de la variété des paysages... Comportement typiquement figural, à la fois appliquant et restylisant, où l'on reconnaît tout en ressaisissant et en infléchissant, sans s'immobiliser dans un habitus perceptif, mais en relançant justement la dynamique de stylisation d'une forme littéraire. Le héros a élargi son paysage esthétique, il sait faire « jouer les gonds assouplis de [s]a pensée ». Il ne voit pas « du Baudelaire » à la place de la réalité, mais revient grâce à Baudelaire sur les formes mêmes de son attention, les redouble de surimpressions, ou les augmente. En termes deleuziens, il produit un petit circuit attentionnel[53], déployant une certaine souplesse d'interprétation, passant de circuit de sens en circuit de sens. Cette expérience n'est pas liée à un affaiblissement de l'attention du sujet à la vie, mais à la force de cadrage d'un beau vers (Proust conçoit le beau vers comme une « sensation transposée » : il a d'abord fallu la justesse de perception d'un auteur, et la justesse de sa diction, pour ouvrir à un emploi), et à la force d'actualisation et de rephasage de son lecteur. On comprend alors que « les degrés d'art en plus » symbolisés par les gravures de la grand-mère puissent prendre un nouveau sens : certes une gravure-de-tableau-de-paysage (recouvrements successifs, altérations progressives), de surcroît noircie, a bien des chances de faire obstacle à la perception, et le narrateur avait dit toute la drôlerie de ces chutes dans le réel. Mais les degrés d'art en plus, ce sont aussi ces enchaînements de stylisations, ces stylisations de stylisations, ces relances d'une pratique attentionnelle, à la poursuite d'un devenir, d'une conquête sur soi, d'une justesse, d'un effet de propriété. La citation, ici, ne gauchit pas le perçu, elle prend acte de ce que la littérature est, comme le dira Barthes, un « codex de nuances », un art des différenciations fines, insubstituables, qui n'emprisonne pas notre regard dans des livres, mais nous rend sensibles à l'infinie distinction du réel lui-même, et nous dispose à *prendre en charge* ce mouvement. Pour Proust, c'est à cette circulation dans les nuances attentionnelles que l'art peut ouvrir, et les empiètements de l'esthétique sur la vie (écrans ou accès, tout est là) constituent son énigme centrale.

Si la lecture est bien une pratique du style, ce n'est donc pas parce qu'elle nous doterait d'une panoplie de souvenirs élégants, à la façon d'un capital inerte, mais parce que l'expérience cognitive qu'elle constitue implique, au cœur de notre activité attentionnelle, la relance de cette activité stylisante (dynamique, différenciante) qu'ont lancée les œuvres; et c'est sur la forme propre des sujets que nous sommes que cette stylisation s'exerce, dans la remobilisation au long cours des traces déposées par nos lectures dans notre vie mentale, conçues comme autant de puissances, de plis contraignants ou de rénovations. L'expérience littéraire en tant que telle — la conduite dans les œuvres — se prolonge et se ressaisit ainsi en pragmatique du rapport à soi et au monde sensible : en invitation à essayer de nouvelles dispositions cognitives, un autre corps, un autre rythme, un autre « soi ». Précisément parce qu'elle relève d'un *comment*, c'est-à-dire de l'exercice de manières d'être, la lecture ne se contente pas d'activer le texte comme un doigt lance une toupie : elle restitue aux sujets leurs capacités de stylisation. Façonnant des habitudes ou rénovant des habiletés, les lectures que l'on fait tout au long d'une vie peuvent aussi bien confirmer notre style individuel que le transformer et le faire bifurquer du tout au tout, rouvrant le jeu. L'institution esthétique de soi est ici tout intérieure, non spectaculaire : pas d'autre désir de se traiter comme œuvre que celui qui se vit, en silence, dans la capacité à sentir et à faire jouer des modes d'attention dans des situations quotidiennes; et c'est déjà beaucoup. Dans cette attention à des formes de langage, à leur précision et à leurs nuances, il y va décidément des formes de la vie : là réside la puissance subtile dont les lecteurs peuvent se réemparer.

Trouver son rythme

Le jeune Sartre n'éprouvait apparemment aucune difficulté à passer de ses romans préférés à la formation active d'une idée de sa propre vie : il les y intégrait, et s'intégrait à eux en une même dynamique narrative, dans un sentiment indéracinable de la *destinée*; il lui semblait, en lisant, « être ses propres possibles ». Emporté dans un cours temporel ordonnant idéalement celui de la vie, il ne levait les yeux des récits que pour se redisposer solidement dans les choses, lesté d'une expérience du temps qui renforçait le cours de sa propre aventure. Plusieurs décennies plus tard, lorsqu'on l'interrogeait sur ce qui constituait pour lui le propre de l'écriture littéraire, alors même qu'il avait voulu tourner le dos aux rêves d'aventure et régler son compte à l'illusion biographique, un Sartre vieillissant citait encore ce fragment de Stendhal extrait du *Rouge et le Noir* (il est faux, mais il n'en constitue pas moins la phrase fétiche de ce lecteur) : « Tant qu'il put voir le clocher de Verrières, souvent Julien se retourna... » Sans doute cette phrase préférée lui donnait-elle l'impulsion d'une conduite temporelle, l'élan d'une attitude qui lui convenait et qui s'était chargée de sens à mesure que passaient les âges de la vie : un désir de refaire, comme il le disait déjà dans ses *Carnets* de jeunesse, « un petit tour dans l'avenir » afin de se retourner sur son passé et de « hocher la tête ».

La lecture, ici, dispose à ce que l'existentialisme a nommé une « situation » : une place dans le temps, une posture face à l'écoulement orienté des événements, et par conséquent une possibilité d'action. Chez Sartre (comme chez Ricœur), la grammaire des formes de vie (et donc la promesse de transformation des styles littéraires en façons de vivre) a toujours renvoyé à la question *narrative*, en une conscience d'être-au-temps qui articule à elle seule une façon de lire et une manière d'être. C'est l'insistance d'une « émotion narrative » qui a ouvert Sartre à la figuration de soi ; cette émotion lui est en partie propre, elle constitue sa façon de se tenir dans les œuvres, les choses ou les rencontres, elle détermine les coordonnées des situations physiques, mentales, politiques dans lesquelles il s'est glissé ; et dans toutes ces situations elle désigne la frontière autour de laquelle il joue ses espérances, ses possibilités de vie, ses indécisions, ses contradictions ; sa manière d'être est ancrée dans des propositions romanesques et même calée sur elles, la lecture de romans lui offrant de véritables cadres expérientiels transportables tout autour de soi. De toute évidence, le sujet ne se tient pas ici devant les livres comme « face » à des objets, de part et d'autre d'une barrière ontologique qui séparerait la vie des œuvres, car il circule entre eux des médiations, des formes — en l'occurrence des formes du *temps*. Mais les dispositifs esthétiques ne sont pas également capables de conduire ce lecteur à se « situer », et à lui indiquer des formes de vie possibles. Devant les images ou les paysages par exemple, Sartre se conduisait avec bien moins d'aisance et de souplesse que dans les récits. Arrêté par un rythme poétique, l'image fixe d'un tableau ou le spectacle immobile d'un paysage touristique, vidé de sa vitesse et de sa direction intérieure, violemment projeté dans un univers de reflets et sans l'assurance d'y trouver son compte, il se trouvait au pied du mur, devant la tâche trop grande de prolonger des œuvres dans le monde pratique, ce monde d'actions et d'engagements nécessaires. Abandons, impossibilités, on est parfois conduit comme lui à sortir du cadre et à passer son chemin ; on se rend alors au réel en échouant à rapatrier telle ou telle expérience esthétique dans la vie, on se détourne d'une forme qui n'est pas « instrumentable » et qui vous a avant tout *entamé*.

Voilà un individu pris, au sein de sa propre durée et des coordonnées de sa conscience, entre des expériences du temps très divergentes : la modulation confortable d'un rapport au récit (qui nourrit l'espérance), l'inconfort et la difficulté à se temporaliser dans d'autres situations esthétiques. Je crois que les expériences ratées et les médiations impossibles, ici, ne sont pas moins déterminantes pour l'exercice d'un certain « style d'être » que les expériences confortables : une dynamique intime de subjectivation et de désubjectivation se joue dans le heurt de ces différentes façons de s'emparer des œuvres. Les mots qui surgissent sous la plume de Sartre lorsqu'il rapporte les épisodes de sa vie esthétique disent d'ailleurs la violence intérieure de ces façons contradictoires qu'il avait de prendre un objet et de se comporter avec lui : si la lecture romanesque lui apparaît comme une authentique « transfusion de durée », la poésie, le tourisme ou les expériences visuelles lui sont de véritables « hémorragies de temps ». Transfusion, hémorragie : on ne saurait mieux dire que tout est ici, et au plus profond du sentiment de soi qu'est le vécu temporel, question d'introjection d'une forme extérieure, d'*intégration* : la façon dont le sujet s'intègre à une forme, la façon dont cette forme s'intègre à lui et s'y relance. Ces métaphores rappellent les images de contagion qui décrivaient l'altération du lecteur de fictions dans l'imaginaire classique : infection ou *catharsis*, un non-soi agissait sur l'identité d'un soi en en franchissant les frontières. Sartre éprouvait ce mécanisme d'élaboration réciproque du sujet et du livre bien à sa façon, comme une circulation de situations temporelles.

Pourquoi cette priorité du récit, cette profondeur de la promesse narrative ? Pour un phénoménologue, la forme narrative présente une relation d'homologie évidente avec la structure intentionnelle de la conscience : modèle *de* temps, c'est un modèle *pour* l'action et pour la vie, et s'il existe une identité, elle est forcément à l'horizon d'une histoire. Ricœur a généralisé cette confiance en une narrativisation de soi par la lecture dans *Temps et récit*. La diffusion de la pensée de Ricœur nous y a habitués : nous considérons que seul le récit modélise la vie, en donnant sens et structure à une expérience autrement considérée comme pâteuse ; nous croyons à une identité exclusivement « narrative ». Rassemblement temporel, aiguillon d'action, c'est notre façon habituelle de nous représenter les promesses de la lecture. Pourtant, c'est aussi le récit qui, dans sa clôture et sa synthèse, informe à l'excès un vécu temporel que nous ne voulons pas toujours unifier ; on verra bien des lecteurs (Merleau-Ponty, Bourdieu, Sartre lui-même) chercher d'autres ressources littéraires de subjectivation, aspirer à changer de projet. Grâce à eux je veux entrer ici en débat avec ce que trop de philosophies de la littérature tiennent pour une évidence : la temporalisation de la vie par la médiation exclusive du récit, la narrativité du « soi » ; j'observerai, par exemple, la concurrence entre une « identité narrative » et des « identités stylistiques » à l'intérieur d'un même lecteur, ressources multiples et parfois contradictoires pour la configuration de soi. Sans s'en tenir aux promesses de suture du récit, il faut prendre acte non seulement des bonheurs, mais aussi des incertitudes de l'aventure des sujets dans le temps. Les conforts et les inconforts sartriens sont exemplaires de cette complexité du devenir, de la façon dont on parvient ou dont on ne parvient pas à se donner forme devant le fini des œuvres.

Observer l'évolution d'un individu dans ses capacités et ses incapacités à rapatrier des formes temporelles dans sa vie, cela suppose d'adopter l'échelle globale d'une existence, autant qu'il est possible — ce qui n'est pas le point de vue ordinaire des pensées de la lecture. La plupart des théories de la réception regardent la lecture comme un « moment » autonome, séparé et même un peu exorbitant : un comblement de lacunes, une suractivité sémiotique où, quelle que soit l'importance supposée du lecteur, il manque toute la part du devenir, de l'intériorisation lente, de la durée existentielle où reposent en réalité beaucoup d'enjeux de la lecture. Je voudrais, à l'inverse, comprendre la place des expériences esthétiques dans des aventures d'individuation prises dans leur globalité, dans leur construction et leur synthèse aussi bien que dans leurs vacillements. L'expérience de la lecture, de ce point de vue, est beaucoup plus universalisable que la vocation à l'écriture; Sartre en est exemplaire; il y est devenu ce « n'importe qui » après lequel courent les dernières lignes des *Mots* : n'importe qui, analysable dans sa situation propre, avec cette façon particulière et pas toujours cohérente qu'a chacun de nous de se tenir dans sa vie; n'importe qui avec lequel nous pouvons, justement, partager l'exercice d'un va-et-vient entre une vie énigmatiquement vécue et ses ressaisies symboliques.

« UN PETIT TOUR DANS L'AVENIR »

Les attitudes de Sartre devant les romans, et plus généralement devant les œuvres d'art, ont évolué en profondeur, faisant varier les postures existentielles dans une course jamais achevée vers sa propre identité. En guerre, les romans et les biographies offraient à Sartre des formes projectibles, des instruments pour figurer son propre avenir et s'y rejoindre lui-même imaginairement : ils l'assuraient qu'il rentrerait à la vie civile et aurait « un destin », par-delà l'horizon barré de la mobilisation. Mais la doctrine de l'engagement (en roman, en action) qui a succédé en 1945 à ce moment idéaliste a semblé liquider ce trésor narratif en propulsant le lecteur au milieu des hommes, hors de sa solitude mélodieuse, en l'obligeant à éprouver absolument sa liberté, hors médiations, et à en supporter l'indétermination. Pourtant, le désir de se donner une forme temporelle n'a pas été englouti par ce « redressement » de la machine narrative : il s'est reformulé dans les biographies existentielles (Genet, Flaubert) et dans une fidélité jamais démentie à la lecture romanesque.

La Nausée était le récit d'un procès du récit : roman de la contingence, qui identifie la réalité à l'informe et condamne dans la configuration narrative un « colmatage » mensonger. Roquentin y fait l'expérience d'une étrangeté fondamentale entre la vie et les narrations, dans un partage cristallisé autour de la notion d'*aventure* qui avait été associée, dans l'histoire de la littérature, au désir romanesque lui-même. Une telle position interdit de faire du récit une forme médiatrice, susceptible d'être restituée à la dynamique même de l'existence : « Quand on vit, il n'arrive rien. [...] Il n'y a jamais de commencements. Les jours s'ajoutent aux jours sans rime ni raison »[1]. La vie ou les formes, la mollesse ou le romanesque, la nausée ou les moments parfaits : le roman de 1938 postule des disjonctions, « il faut choisir : vivre ou raconter »[2]. Roquentin accuse le récit de raconter les événements à l'envers, depuis la fin, et renonce à exploiter les documents dont il dispose sur le marquis de Rollebon pour composer une biographie ; le récit ne lui offre aucune réponse, herméneutique ou pratique, à l'énigme de la vie, il aggrave sa solitude. C'est aussi un sentiment d'époque — après Nietzsche, Gide avait été le premier à opposer pratiques de vie et culture littéraire : « Nathanaël, à présent, jette mon livre »... Disposer face à face la discordance du vécu et la concordance du raconté, c'est aussi un geste auquel la diffusion (ou plutôt la simplification) de la pensée de Ricœur nous a habitués ; notre confiance en un pouvoir de réparation inhérent au récit et à son œuvre de mémoire est à la mesure de cette séparation première. Roquentin en durcissait par avance le principe, surestimant la capacité de suture des récits et sous-estimant l'énergie de signification et l'ordre temporel déjà imprimés à nos expériences quotidiennes. La chaîne ricœurienne des trois *mimèsis* (préfiguration, configuration, refiguration), qui tend sur un même arc la vie et les histoires et fait de la forme narrative l'outil de la subjectivation, se réduisait en lui à son maillon central, celui d'une synthèse mensongère ; en amont, le vécu n'était pas préfiguré, aucun réseau conceptuel de l'action ne préexistait ; en aval, le récit n'était pas appelé à être refiguré, mais repoussé comme illusion, acte de mauvaise foi dans une recherche rétrospective de sens et d'harmonie.

Mais une telle condamnation du récit est-elle longtemps tenable ? À vrai dire, elle laisse intacte la situation du lecteur, et met en quelque sorte son expérience à l'abri : le « mensonge » que dénonce le jeune Sartre est celui de l'auteur, il ne disqualifie pas la force de « l'expérience narrative » en tant que telle. « J'ai voulu que les moments de ma vie se suivent et s'ordonnent comme ceux d'une vie qu'on se rappelle. Autant vaudrait tenter d'attraper le temps par la queue »[3], soupire Roquentin ; « j'aurais voulu que chaque événement me survînt comme dans une biographie, s'avoue Sartre, c'est-à-dire comme lorsqu'on connaît déjà la fin de l'histoire. C'est cette *déception* que j'ai exprimée à propos de l'aventure dans *La Nausée.* Bref, j'ai toujours été hanté par l'idée de vie »[4]. Une « déception » n'est pas une condamnation, c'est même un peu le contraire, car du moteur du jugement on passe ici à celui de l'espérance, l'espérance de vivre « comme dans » une biographie en bonne forme, et en en suivant le modèle. Certes Sartre s'accuse d'avoir été pénétré jusqu'à la moelle par l'illusion biographique. Mais, même marquée comme illusion, cette croyance ne s'émousse pas. C'est vers cet aval du récit qu'il se tournera dans les *Carnets de la drôle de guerre,* retemporalisant le processus mimétique, s'attachant aux ressources narratives comme à une médiation active.

La « drôle de guerre », donc. En 1939, Sartre a trente-quatre ans ; il ne se sent pas encore tout à fait accompli, mais sur le point de l'être ; la guerre intervient à contretemps dans une biographie qui s'annonçait idéale, elle contraint le jeune homme à l'attente, à l'ignorance, à l'immaîtrisable ; sa pensée est occupée par l'ambition d'avoir une vie, l'espoir d'être un grand homme — il vient justement d'obtenir son premier succès littéraire avec *La Nausée* ; mais il s'est trouvé tout à coup mobilisé, et pris dans la molle attente du conflit véritable, soldat-météorologue (spécialiste du temps) près de Brumath. Tout se passe comme si la situation inédite de la drôle de guerre, cette guerre « à la Kafka »[5], mettait à nu pour lui l'énigme du destin, en exacerbait l'obscurité, manifestait ce qu'une vie a d'injustifiable. Car c'est une guerre sans forme et sans action, une irréalisation dont tout « horizon » est provisoirement « barré » ; « l'attente et la perte des possibilités propres »[6], voilà l'expérience imposée, une attente passive et une lente transformation de soi en chose. L'expérience est d'autant plus intense qu'elle coïncide avec cet âge particulier de la vie : Sartre se situe, comme il le dit ironiquement, aux alentours de « la page 150 » de sa propre biographie, « en chemin de [se] trouver »[7]. Ce n'est pas encore l'homme des grandes causes ; il ne croit pas au déclenchement d'une guerre véritable, il se demande surtout s'il y aura un « après », s'inquiète de revenir à la vie civile, et nourrit sa correspondance et ses cahiers de cet élan mal déterminé.

La mobilisation a été l'expérience de toute une génération ; elle a pesé fortement sur le rapport qu'écrivains et lecteurs pouvaient avoir avec les récits, et rendu suspects ceux qui trouvaient le temps de répondre à ce que Roger Caillois appelait « la sollicitation romanesque ». Mais celui qui deviendra après-guerre l'homme des projets et des engagements passe pour l'instant le plus clair de son temps à lire des livres, romans et biographies, et à en composer. Ces livres indiquent une sortie temporelle et affective, au cœur d'une saison obscure de la vie comme de l'Histoire : leur lecture saisit cet individu (celui-là) dans sa difficulté à habiter son monde (à ce moment-là), et suggère qu'une destinée reste à l'horizon, à portée de main. Dans ces années, le récit n'est pas seulement pour Sartre un objet de réflexion ou de critique, mais une modalité affective fondamentale. J'en associerais volontiers le processus à une formule de Raymond Queneau dans son propre

Journal : « On peut se situer dans le passé pour situer son futur (dans le passé) : le roman »[8].

On suit donc au long des *Carnets* (et des *Lettres au Castor*) l'aventure complète de la personnalité d'un jeune homme, traversée par les récits. Ce jeune homme se penche sur lui-même : tout ce qui lui advient « s'intègre »-t-il à un destin ? où en est-il de sa propre histoire ? Ses lectures puisent au répertoire lettré du moment, à Stendhal, à Barrès, aux voyages de Larbaud, au *Journal* de Gide, aux romanciers contemporains (Romain Rolland, Malraux, Saint-Exupéry...) et surtout à d'innombrables biographies historiques. Qu'infère-t-il de ses lectures ? Il s'émerveille d'abord de la façon dont Gide colle à son propre temps, et le jalouse : « Tant de jours vécus un à un »[9]... L'identification à Gide (qui va de situation à situation) a une vertu anticipatrice et, décidément, médiatrice ; elle lui enseigne la possibilité de se projeter dans l'avenir et la vraisemblance du retour : « en identifiant *ma* guerre avec la sienne, comme plus d'un épisode ou d'une réflexion m'y incitent, je fais de cet avenir incertain et inconnu, informe, une chose déjà vécue et qui a un *après*. Moi-même, je donne tout d'un coup à cet énorme monde présent où je stagne un horizon d'"après" et déjà je vis un peu cette journée pour ce qu'elle sera du point de vue de cet après »[10]. Sartre lit en fait ce journal comme un roman, pour sa force de rétrospection. C'est la catégorie du « destin » qui s'impose à lui.

Le destin, la vie engainée dans une forme belle, suppose à la fois ordre et rétrospection. Ce sera la question de Ricœur, celle de l'incorporation des événements à une histoire globale, de la nécessité et de la suture. Cette idée de destin, dit le jeune Sartre, est « profondément ancrée chez moi »[11]. « Elle m'aide à considérer mystiquement tout ce qui m'arrive comme des étapes nécessaires de ma destinée, que je dois transformer en miel »[12]. *Jean-Christophe* est, de ce point de vue, l'une de ses lectures préférées, indépendamment de sa valeur : « cet infâme laxatif, m'a fait venir plus d'un coup les larmes aux yeux quand j'avais vingt ans. Je savais que c'était mauvais [...] mais tout de même... Il y avait une façon de lever le doigt, à la fin des chapitres, une façon de dire : Vous verrez ! Vous verrez ! Ce petit Christophe, il souffre, il s'égare. Mais ses souffrances et ses égarements deviendront musique et la musique rachètera tout — qui me faisaient crisser des dents d'agacement et de désir »[13]. De désir : la lecture fonctionne ici comme une forme simple de l'espérance (ou l'aiguillon ironique de la déception, qui en est le revers). L'émotion de Sartre est solidaire des catégories littéraires de l'époque ; Thibaudet avait par exemple décrit, dans un article célèbre, la structure du « roman passif » qui déroule une vie, par opposition au roman « actif » qui « isole une crise » ; le roman passif est le récit destinal ordinaire : il a pour centre « un homme moyen, modifié du dehors par les événements de sa vie, d'une vie qui a pour fin naturelle une expérience moyenne, indulgente, et qui se termine quand le héros est "arrivé" »[14]. Sartre a la même conception de l'existence, et le récit lui sert d'abord de moteur existentiel : « je suis parti dans la vie comme pour faire un voyage mais d'une distance donnée et avec un terme fixé. Il faut y *arriver* avant le soir »[15].

Certes, la configuration destinale du roman passif est le symptôme de l'illusion d'anticipation d'un sens synthétique que dénonçait *La Nausée*. C'est pourtant aussi une ressource intérieure : expérience de l'expérience, la lecture accompagne ici le sentiment d'être sur les rails de quelque chose, le sentiment d'être, même momentanément, *orienté*. L'espace-temps du récit y est directement branché sur l'énergie intentionnelle : devant l'œuvre narrative, conçue comme une route, un paysage *avec horizon* (c'est-à-dire avec avenir), on espère, on se lance, on se projette vers un sens. La pratique des romans a été constamment associée pour Sartre à ces images concrètes du voyage, de la prospection, de l'intentionnalité en acte ; cette parenté justifie la permanence en lui de quelques figures temporelles, que l'on trouve dans toutes les régions de sa pensée, de son action et de ses désirs... Comme si les romans lui offraient non pas des objets, des entités auxquelles s'identifier momentanément, mais un répertoire d'espace-temps, une grammaire des conditions narratives, et même une intuition du bonheur-orienté-dans-la-durée. Une intuition, car le récit, ici, n'est pas seulement une forme belle, c'est une disposition affective, une image inchoative à placer au devant de soi pour s'y rejoindre — « À ces moments-là je me sens *poétique*, encore que ce soit un état en repos et non créateur — du type intuition (moins la plénitude) »[16].

Ce lecteur très représentatif de son temps ne se satisfait donc pas de la narrativité inchoative de la vie quotidienne, il lui faut la synthèse, l'émotion du complet : « Au fond, ce que j'ai toujours désiré passionnément, ce que je désire encore, [...] c'est d'être au centre d'un *événement* beau. Un événement, c'est-à-dire un écoulement temporel qui *m'arrive*, qui ne soit pas *en face* de moi comme un tableau ou un air de musique, mais qui soit fait autour de ma vie et dans ma vie, avec mon temps. [...] Et que cet événement fût beau, c'est-à-dire qu'il ait la nécessité splendide et amère d'une tragédie, d'une mélodie, d'un rythme, de toutes ces formes temporelles qui s'avancent majestueusement, à travers des retours réglés, vers une fin qu'elles portent en leur flanc »[17]. Un écoulement temporel qui soit mien : c'est la « transfusion » de temps qu'opère la lecture. L'idée d'une forme à soi s'est imposée parmi les catégories morales privilégiées de Sartre : « je sais qu'une vie est molle et pâteuse, injustifiable et contingente. Mais c'est sans importance, je sais aussi que tout peut m'arriver mais c'est *à moi* que cela arrivera. Tout événement est *mon* événement »[18]. Dans *La Nausée*, Sartre attribuait ce désir à la mauvaise foi des consciences effrayées ; ici il le tient pour sa nécessité, sa manière d'être dans l'Histoire.

En 1939, la littérature offre donc une réponse en pleine saison obscure. Nous voici au point où le lecteur, mû par l'espérance, s'insère à vif dans les formes. Comme si la clôture du récit suffisait à faire l'expérience de ce que c'est qu'un sens, à projeter figuralement sa propre vie. Cette esthétisation, cet espoir fondé formellement, justifie chez Sartre une comparaison musicale, un appel répété à la « mélodie ». Dans l'attente qui l'en sépare, il se figure par exemple sa Permission comme une ritournelle, régulée selon ce qu'il appelle « les formes élémentaires de la périodicité », qui l'« émeuvent » particulièrement : « Je l'envisage en son temps propre de dix jours qui ne m'apparaît pas comme une limitation arbitraire mais comme une qualité personnelle de cette beauté, exactement à la façon du rythme et de la durée d'une mélodie [...] ; *là-bas*, il me semble que je vais connaître un autre temps, le temps de la musique et des aventures, où la fin est déjà présente dans le commencement. C'est comme si je m'introduisais moi-même dans une impitoyable petite nouvelle qui ne finit pas très bien mais qui est belle. [...] Je voudrais que ces dix jours aient une certaine qualité, dans leur étoffe même, qu'on ne trouve à l'ordinaire que dans les livres, chez K. Mansfield, dans *La Chartreuse de Parme*, dans les meilleures nouvelles de Barrès »[19]. La beauté temporelle, cette qualité commune au roman et à la mélodie, est peut-être un irréel, mais c'est un irréel régulateur, et les *Carnets* en réévaluent l'expérience : « J'ai semblé dire, dans *La*

Nausée, [que l'aventure] n'*existait* pas. [...] Il vaut mieux dire que c'est un irréalisable, [...] un existant dont la nature est de n'apparaître qu'au passé à travers le récit qu'on en fait »[20].

Les dix jours de permission à Paris n'ont pas eu la qualité temporelle espérée, la forme pleine et ronde dont le sujet souhaitait faire l'expérience, cette densité affective et rythmique qu'on ne trouve « que dans les livres ». Imparfait, maussade, sans vibration d'avenir, l'épisode parisien si longtemps attendu et projeté dans les lettres à Simone de Beauvoir, n'a pas « pris ». La beauté d'un récit rétrospectif, songe Sartre, pourrait pourtant le corriger et le transformer, à la façon d'une mélodie : « si j'avais souci d'écrire une nouvelle intitulée “La Permission”, je pourrais la composer, cette permission, comme elle aurait dû être, avec sa nature pathétique et précieuse [...] Je pourrais faire en sorte que le lecteur la réalise comme une mélodie coulant implacablement vers sa fin »[21]. Si les romans ne nous disent pas ce qu'il faut faire, ils indiquent au moins *ce qui aurait pu être,* dû être, rouvrant et faisant vivre les possibilités du passé. Quelques semaines après son retour, Sartre réinscrit d'ailleurs l'épisode raté dans des régions mentales plus troubles : « je sens bien à présent que ces dix jours qui sont derrière moi, contractés, resserrés de telle sorte que leur fin touche à leur commencement, sont en train de devenir, dans ma mémoire, *La* Permission, justement celle que je voulais avoir, quand j'y rêvais »[22]. En fait, Sartre aurait préféré être le lecteur de « La Permission » ; il aurait aimé lire une histoire écrite par un autre, par quelque nouveau Stendhal, en sorte de pouvoir réaliser en lui-même l'épisode, faire librement l'essai d'un temps déjà configuré, comme Roquentin écoutant une chanson un peu triste et rejoignant la perfection temporelle d'une mélodie qui anticipe sa propre fin : « *Some of these days, you'll miss me honey* ». La vie prend forme dans l'éloignement — Julien chemine et se retourne sur le clocher de Verrières...

Ce regard en arrière conduit par un roman, ce panorama de soi-même est une disposition durable, que Sartre a par exemple revécue ou réinvestie lors d'un voyage. Le mouvement d'une route empruntée vers Capri y faisait l'objet d'une perception musicale et synthétique : « comme en une mélodie, les aspects antérieurs de la montagne s'organisent avec ce nouvel aspect »[23]. Sartre se mettait ici à l'écoute du paysage : « L'ensemble est saisissant car on organise dans le champ visuel les lignes comme les notes dans le champ auditif; en un certain sens, chaque ligne apparaît comme la répétition figée des autres, il y a une seule ligne qui se reproduit à des intervalles différents comme les phases d'une métamorphose. Embrassant ce rocher d'un coup d'œil, j'ai dans les yeux les trois phases successives d'une métamorphose »[24]... D'un seul coup d'œil, comme Julien : les formes sensibles de la lecture se sont transformées discrètement en façons de vivre, refigurables, qui réorientent la vie intérieure.

La pensée de la belle forme, ici, est directement associée à la poétique du temps renversé et des clôtures anticipées; elle dévoile une association profonde, dans l'esprit de ce lecteur, entre la réalisation esthétique et le regard en arrière. Ce que ce Sartre idéaliste infère du roman, c'est une imagination du sens, l'affection d'un destin. Se styliser, ici, ce sera se lire à même une histoire close, se figurer ce que l'on *pourra avoir été*, s'imaginer vieilli, regardant son destin en arrière, dans un procès à la fois prospectif et clos; « de temps en temps, conclut Sartre, j'allais faire un petit tour dans l'avenir, pour le seul plaisir de me retourner, de là-haut, dans mon jeune présent et de hocher la tête »[25].

En cela, la lecture a rapport au bonheur et non au choix, à « la vie » (comme forme) et non au vécu; elle associe la dynamique d'intégration à une beauté qui *affecte* le sujet plus qu'elle ne l'élucide; ce n'est pas une herméneutique active ou une justification, mais une façon d'être affecté, dans les formes même de sa subjectivité, par une forme littéraire. Sans préjuger de l'activité ou de la passivité de la conscience, le récit est ici l'outil même de la subjectivation, car seule sa clôture peut dessiner et assurer les contours du moi; sans doute est-ce cette homologie décisive du récit et de « la vie » qui explique que la bibliothèque de Sartre soldat soit en grande partie faite de biographies : modèle de vie, le récit devient un modèle pour vivre. Pour le jeune Sartre, le récit représente en fait ce que désigne, pour beaucoup de lecteurs, le « romanesque » : une interface esthético-existentielle avec tout son poids affectif et son ambivalence. Le récit est le romanesque de Sartre, son romanesque suffisant, un romanesque non des valeurs ou des motifs, mais des émotions temporelles et des formes de la périodicité, désirables en tant que telles. La lecture n'y donne pas seulement un modèle allégorique — un « voir en » à la façon de Proust — mais une énergie prospective, un *ethos* temporel qui enseigne une posture, une façon de se tenir dans le temps, l'énergie d'une intégration et d'une course. L'intérêt de l'aventure sartrienne tient à ce qu'elle donne ainsi des contenus cognitifs précis à la relation bijective qui doit définir les rapports de la littérature et de l'existence. Des contenus précis et surtout individuants : ces formes, ces médiations-là, cette vie, cette manière de prendre les livres et d'en attendre ce sens-là.

Le roman ne donne donc pas ici un sens fait, mais *l'émotion propre à une forme qui dispose* à ce sens. Et une disposition est un peu plus qu'une consolation; car l'émotion est une structure intentionnelle et directionnelle : une situation affective, et déjà une conduite. Devant le caractère obscur et immaîtrisable du destin individuel, l'affection romanesque est l'occasion d'une orientation de l'existence ; l'*Esquisse d'une théorie des émotions*, publiée par Sartre en 1938, avait déjà réfléchi à la valeur des émotions comme réactions, manières d'appréhender la structure d'un monde par définition « difficile », conduites magiques mais efficaces. « J'ai découvert en moi toute une couche d'images rassurantes et poétiques, qui viennent de temps en temps se glisser à mon horizon »[26], confessent les *Carnets*. Une émotion, explique Martha Nussbaum, est toujours le révélateur d'une conception de la vie bonne[27] ; elle ne se consume pas dans l'événement d'une affection, mais témoigne d'une idée de soi ; mieux, d'une idée générale de la vie que le sujet parvient ainsi à faire rayonner autour de lui-même — mes sentiments avaient un fumet d'idées[28], explique d'ailleurs Sartre dans les *Carnets*, au moment où il transforme la conscience de son émoi littéraire en disposition durable, en manière d'être.

CE QUI AURAIT PU ÊTRE

Regardée ainsi, la situation de Sartre en guerre paraît rêveuse et puissamment idéaliste ; mais c'est déjà pour lui une façon de s'orienter dans ses propres possibles. C'est bien à l'état de « possible », et plus précisément de possible rétrojecté, que s'offre cette médiation romanesque, comme un futur regardé dans le rétroviseur. Face à l'attente et à la perte d'horizons imposée par la guerre se dégage l'éclat d'un *ce que j'aurais pu être*. Cette possibilisation de soi n'est pas seulement conjuguée au passé : *dans* et *par* l'expérience de lecture, qui est une opération de réalisation temporelle, autrement dit un acte intentionnel, la vibration du possible est réintégrée aux orientations intérieures et aux pistes du moi. Un autre récit de lecture en guerre dessine cette dialectique des possibles existentiels, qui remplit le lecteur de promesses déjà conçues à l'état de souvenir. *Terre des hommes*, de Saint-Exupéry en fournit l'occasion inférentielle ; Sartre rapporte cette lecture dans une lettre à Beauvoir : « j'ai passé une soirée toute sentimentale et toute pure, parce que j'ai lu Saint-Exupéry. Ce n'est pas que cela soit si bon [...] mais ça m'avait dépaysé. Pour une fois je ne regrettais pas ma vie réelle et passée, vous autre, Paris, mon époque, les lieux que j'ai connus. C'était autre chose ; beaucoup plus tendre et plus résigné : je regrettais l'Argentine, le Brésil, le Sahara, le monde que je ne connais pas, toute une vie où ni vous ni personne n'aviez de place, une vie que je n'ai pas eue, que j'aurais pu avoir du temps que j'étais "mille Socrate" comme dit Lévy. Je me sentais seul et enfantin, ému comme un tout jeune homme pour un avenir qu'il entrevoit — et en même temps je savais que ça ne serait plus jamais mon avenir. C'était métaphysique et sans jalousie. [...] Je crois bien que c'est la première fois depuis dix ou douze ans que ça m'arrive de rêver à une tout autre vie que la mienne. [...] Je suis borgne et maladroit, voilà qui suffit à m'écarter pour toujours du métier de pilote de ligne. Mais c'était plutôt une sorte de réalité humaine générale, en moi, qui aurait pu être ça[29] ».

Une « sorte de réalité humaine générale, en moi, qui aurait pu être ça ». On écarte ici de la catégorie du destin, pour entrer dans une pensée des possibles, dont la prospection-rétrospection du récit romanesque, clos mais *emporté*, organise l'expérience. La lecture de *Terre des hommes* fait accepter de ne pas être soi-même le héros, elle conduit à considérer l'aventure du point de vue de la « capacité » humaine. Ce que rapporte Saint-Exupéry, c'est l'aventure d'un autre, mais sa lecture peut suffire comme nourriture morale; le lecteur y reçoit le récit comme l'occasion d'une mémoire-au-présent. Cette réalité humaine générale n'est pas l'avenir des décisions, le futur considéré comme destination, la réintégration de l'aventure à une vie réelle; mais la compréhension de soi comme homme moyen, homme parmi les hommes, participant d'orientations conçues comme un espace de capacités — un sentiment proche du thème de la « fraternité » qui a tant nourri la littérature des années 1930, pas si loin des philosophies du « *care* » qui font aujourd'hui retour.

Ce n'est pas le registre solipsiste de l'espérance qui domine ici, mais celui de la compréhension : un genre de conscience morale qui n'est pas orienté vers un futur pratique, mais qui est tout de même vectorisé (imaginairement inchoatif) par la modalité du possible : c'est la force directionnelle de toute parole, de toute phrase, qui oriente la scène du sens vers un horizon. Au risque de ne faire que rêver sa propre vie, au parasitage de l'action, fait place l'emportement intérieur vers une sorte de vie générale, une augmentation ou un prolongement de soi vers l'ampleur de l'humain, dans une expérience morale où le personnage fictionnel n'est pas seulement un inexistant, mais aussi le semblable du lecteur. Le possible, ici, est le capital dont le *moi* est l'intérêt; une existence ordinaire amplifiée, une participation au dehors mais sans reflux vers l'action.

Cet usage du récit, dans ce qu'il a d'activement rétrospectif, est déjà un peu différent de celui que réglait l'espoir d'un destin individuel; il constitue par exemple pour Sartre un outil herméneutique pour comprendre ce que pouvaient, ce que s'apprêtaient à devenir les années 20 : « J'ai toujours pensé que quelque chose, en 1920-25, avait failli naître : Lénine, Freud, le surréalisme, les révolutions, le jazz, le cinéma muet. Tout ça *aurait pu* s'accrocher. Et puis chaque chose a suivi son destin sporadique. Elles n'ont fait un monde que dans ma mémoire »[30] : elles ont fait une totalité existentielle *a posteriori*, une histoire qu'on se rappelle. Pour Sartre, et pour beaucoup d'autres, le sens n'est concevable que sous une forme temporelle, associé au récit comme énergie d'intégration, de totalisation, d'« accrochage », dans un processus certes infini, mais orienté. Ce que *La Nausée* dénonçait comme illusion est décidément vécu comme la forme même de l'élan humain, l'humanisation du temps.

Mais le lecteur éprouve et décrit ici une douce mélancolie, « tendre et résignée », qu'il infère encore de la temporalité romanesque. Avoir des possibles devant soi, c'est ce que Sartre a ressenti au cours des années 30, il appelait cela « être mille Socrate ». L'expérience du roman offre l'occasion d'*être* ses propres possibles, de s'augmenter en une vie plurielle, de tirer en soi-même les fils de l'humain et d'y essayer une forme qui vous devance ; mais aussi bien d'éprouver le rétrécissement de ces possibles, de voir tomber derrière soi les orientations vitales comme des feuilles mortes ; le cours de la vie est alors la course de chacun devant le resserrement de ses propres voies narratives. Le jeune soldat l'éprouve lorsque la guerre lui impose un nouveau regard sur le passé récent — le futur n'est pas venu, et la grande émotion de l'imminence à laquelle en appelait par exemple « Le roman d'aventure » de Rivière a fait place à d'autres constellations affectives : « Toute cette époque de ma vie de jeune homme et d'homme dont je pensais qu'elle embrasserait aussi ma vie de vieillard — et qu'elle la dépasserait, même, pour se continuer longtemps après moi, voici qu'elle est, à présent, enserrée entre deux guerres, historique déjà. [...] Elle vient de tomber de moi comme une vieille peau. [...] J'imagine que, pour une époque quelconque, être présente c'est avoir des horizons.

Passer c'est perdre ces horizons »[31]. Disposer un « horizon », c'est précisément la tâche du récit; reste à savoir comment l'individu, tel individu en tel point du cours singulier de sa vie, peut sentir la puissance de s'y redisposer lui-même.

Le possible peut en effet aussi constituer ce que Deleuze, après Spinoza, appelait une « passion triste ». La passion triste n'est pas suscitée par ce qui est différent, altérant, ou même impossible (Sartre en aviateur), mais par ce qui est « sans rapport » avec moi. Une passion triste, c'est le désir d'un devenir que je constitue, en même temps que je le désire, comme sans relation avec moi, une force ininstrumentable — que je ne saisis pas comme employable : « Ce même corps, si vous arrivez à le saisir sous l'aspect où il a quelque chose de commun avec le vôtre, à ce moment-là, il ne vous affecte plus d'une passion triste. Tant qu'il vous affecte d'une passion triste, c'est parce que vous saisissez cet autre corps comme incompatible avec le vôtre »[32]; incompatible, c'est-à-dire sans relation, sans médiation, sans « comme », dirait sans doute Michel Deguy. La force pragmatique de la littérature réside justement dans sa capacité à instituer du « comme »; le possible, authentique puissance, n'y est pas sans rapport, il *est* le rapport. Et la force du lecteur est dans son acquiescement à ce rapport.

Juste avant Sartre, Thibaudet s'était déjà intéressé aux transformations du goût des possibles selon les âges de la vie, et à la modification des enjeux de la synthèse destinale; il faisait du sens du possible l'émotion romanesque elle-même, mais comprenait que tout était question ici de situation existentielle : « La volupté suprême de la conscience consiste en une certaine possession de possibles, soit dans la jeunesse où la vie s'ouvre devant nous, soit dans la vieillesse, lorsqu'une lumière d'arrière-saison, éclairant tout ce que nous aurions pu être, le confond, dans le même chœur harmonieux et illusoire, avec ce que nous avons été »[33]. Cette question des âges de la vie et des points de l'existence n'est pas indifférente à une pensée générale de la lecture, surtout lorsque celle-ci recouvre essentiellement une opération de subjectivation temporelle ; ce n'est pas la même direction de modélisation, ni donc la même possibilité de restylisation de soi qui est en jeu dans la lecture (ou la relecture) au long de ce que Thibaudet appelait une « ligne de vie ». Avant lui, Hegel parlait déjà des rapports de la subjectivation et des âges de la vie à propos de la poésie lyrique : « dans la vieillesse [...] les intérêts de la vie existent encore, mais ce n'est plus avec la vivacité ardente des passions juvéniles ; c'est plutôt sous la forme d'ombres. Les objets, dès lors, se prêtent plus facilement aux conditions de la pensée contemplative que désire l'art »[34]. Le temps de l'existence n'est pas le fil homogène d'une réalisation pacifiée, c'est un vaste milieu où peut s'élancer aussi bien que se perdre ou se dégrader le désir de vivre plusieurs vies.

On le voit, pris dans la précision d'une situation où un individu quelconque, comme disait Apollinaire, « s'attend » lui-même, le roman ne met pas ici en jeu l'initiative, la justice, la décision, mais l'idée même de vie et la forme affective qui lui est associée : imagination de la vie belle, intégrée, associée à la forme close et destinale d'une biographie réussie (*Jean-Christophe*) ou à la projection-rétrojection de la capacité humaine (*Terre des hommes*), qui ne débouche pas dans ce que Nizan appelait « l'univers des solutions ». Ce que l'on observe chez Sartre est assez différent du lien entre littérature et morale postulé par toute une partie de l'éthique contemporaine, par exemple par Stanley Cavell, qui suppose un processus de progrès moral, et inscrit sa philosophie dans un perfectionnisme qui aurait nécessairement lieu *au contact* des fictions. Sartre nous oblige à songer au contraire que les romans ne nous rendent pas forcément meilleurs, ni plus heureux, mais simplement plus aptes à nous « situer » et à nous mouvoir dans d'autres formes du temps, comparables et incomparables à la nôtre. Son contemporain Malraux aurait par exemple tout autrement conçu sa situation ; un peu comme Cendrars, il regardait la « vie » comme une puissance de développement de l'aventure humaine (faite d'exemplarité, d'intensité, d'héroïsme, développée en mythes et en fictions de soi-même), et non comme l'espace de déploiement d'une individualité dans la durée. Aventure d'émergence souveraine et non de suture : *je ne suis pas mon nom, j'irai agir là où on ne me connaît pas*, qui justifiait un tout autre rapport à l'action, au sentiment d'identité, et à la fictionnalisation. C'est cette promesse héroïque sans assouvissement que Malraux plaçait à l'horizon de son expérience, une action dirigée vers un but inconnu, une activité sous laquelle rôdait le hasard. Les récits que l'un et l'autre ont donnés, qui se proposaient à peu près le même objet — que peut-on savoir d'un homme aujourd'hui ? —, étaient en quelque sorte sommés de se tourner le dos. Des ruptures littéraires et morales se jouent dans ces rapports incompatibles à la narrativisation de soi.

La lecture est donc l'occasion d'un dialogue complexe et toujours *situé* avec la question de la vie comme *forme*, et comme forme motivée. Ricœur a repris les termes de ce dialogue et proposé son propre modèle des enjeux de la lecture romanesque, en faisant déboucher toute l'entreprise narratologique de *Temps et Récit* sur le moment de la « refiguration » et sur l'hypothèse d'une « identité narrative ». La refiguration est l'aboutissement de la lecture elle-même ; elle invite à ne pas regarder les récits comme des dispositifs narratologiques inertes (des configurations), mais comme des supports d'opérations mentales : l'œuvre a une capacité dynamique de retentissement existentiel, elle projette devant elle « la proposition d'un monde susceptible d'être habité ». Le lecteur fait l'expérience de ce monde, qui est d'abord une « expérience fictive du temps », une « variation imaginative » sur sa durée propre. Ces opérations structurent non seulement la réalité du temps et la théorie de l'action, mais, également la subjectivité qui est à l'œuvre dans ces opérations, ce que je regarde comme la « forme » du lecteur. Pour Ricœur, comme pour le jeune Sartre, il n'est de temps humain que configuré par l'activité mimétique et refiguré (réapproprié) par le lecteur. Les exemples convoqués par *Temps et récit* concernent d'ailleurs tous des fables du temps, et plus précisément des expériences faites sous la menace et sous le signe de la mort : *Mrs Dalloway, La Montagne magique, À la recherche du temps perdu.*

Sous le signe de la mort : cela repose à la fois sur une idée du récit, et sur une idée de l'identité. Ricœur conçoit le récit comme une configuration de concordance et de discordance, et l'identité comme une force de fidélité. Quoique mobile sur ces questions, il privilégie en fait les puissances de suture, de réparation, de synthèse rétrospective. À l'énigme du temps vécu posée par Augustin (la « *distentio animi* »), *Temps et récit* répond par la poétique aristotélicienne de la composition et la confiance en une récollection narrative du temps : c'est par la vertu de la mise en intrigue (c'est-à-dire de la synthèse d'un récit rétrospectif) que des buts, des causes et des hasards sont rassemblés sous l'unité temporelle d'une « action » totale et complète. Cette synthèse de l'hétérogène, ce « prendre ensemble » de la configuration, est associée au travail de l'imagination productrice, à ce que Ricœur appelle, après Kant, le « schématisme ». Dans l'expérimentation fictionnelle qu'en fait le lecteur, en réponse au schématisme de l'œuvre, peuvent s'éprouver à leur tour, comme en miroir du texte, la consistance du moi et la consistance du monde. L'effet-retour de la lecture narrative sur le « soi » survient une fois le livre lu et refermé, lorsque l'on se trouve devant l'histoire comme devant un objet achevé, qui invite analogiquement à porter un regard synthétique et rétrospectif sur soi : interpréter le texte c'est « se comprendre *devant* le texte »[35].

Conception fondamentalement réparatrice, dans laquelle le jeune Sartre se fût sans doute reconnu, mais l'aventurier Malraux pas du tout. Cette idée du roman est en fait calquée sur les enjeux éthiques du récit factuel : un donné hétérogène (passé informe ou in-signifiant) s'offre rétrospectivement à une mise en configuration et à une interprétation; loin des désirs d'altération du « mensonge romanesque », c'est l'*attestation* du monde et du soi qui fonde ici le sens. La passion de la concordance est l'un des aspects de la pensée pacifiante de Ricœur. Ricœur avait conscience de la difficulté qu'il y a à associer la clôture du récit à « l'ouverture par les deux bouts » de la série des choses et de la vie. Mais il n'en défendait pas moins la vertu de schématisation, c'est-à-dire de sens, de la rétrospection. Les objections qu'il a pu formuler à l'encontre de sa propre pensée ont au fond renforcé sa confiance en l'unité narrative, et intégré les menaces de la discordance à cette unité : « le récit littéraire n'est rétrospectif qu'en un sens bien précis : c'est seulement aux yeux du narrateur que les faits déroulés paraissent s'être déroulés autrefois. [...] Or, parmi les faits racontés à un temps du passé, prennent place des projets, des attentes, des anticipations, par quoi les protagonistes du récit sont orientés vers leur avenir mortel [...] En un sens, (le récit) ne raconte que le souci. C'est pourquoi il n'y a pas d'absurdité à parler de l'unité narrative d'une vie, sous le signe de récits qui enseignent à articuler narrativement rétrospection et prospection »[36]. L'unité narrative serait ce composé dynamique de fabulation et d'expérience vive, par lequel la littérature nous enseigne à fixer les contours des épisodes et les séquences de sens de notre propre vie : commencement, fin, milieu, à la façon de la composition aristotélicienne. « C'est précisément en raison du caractère évasif de la vie réelle que nous avons besoin du secours de la fiction pour organiser cette dernière rétrospectivement dans l'après-coup, quitte à tenir pour révisable et provisoire toute figure de mise en intrigue »[37]. C'est parce que Ricœur plaçait à l'horizon de l'aventure humaine les valeurs de la reconnaissance et de l'attestation, c'est-à-dire un souci de la mort qui doit habiter toutes nos conduites morales, que le récit qu'il envisageait était avant tout concordant, réparateur, et même « consolateur » : sa saisie comme modèle d'intelligibilité est indissociable de ce choix moral initial, qui dépose l'unité du soi dans la possibilité d'être fidèle, de tenir ses promesses, de se reconnaître le même que celui qu'on était, de (se) relire. L'empire actuel de « la mémoire » et les efforts pour renouer les fils de l'histoire collective, expliquent sans doute que nous y reconnaissions notre propre désir de sens et de réparation.

TRANSFUSIONS DE TEMPS

Je crois qu'il faut faire nôtre cette dynamique directionnelle, l'arc temporel de la pensée de Ricœur, qui comme le jeune Sartre ne se satisfait pas d'une poétique des histoires mais exige de passer au plan de la refiguration ; faire sienne cette dynamique, cela revient au fond simplement à reconnaître le caractère fondamentalement dialectique du vivre, et l'avance des formes qui s'offrent comme des médiations efficaces à l'exercice de notre propre liberté. Mais le goût ricœurien de la synthèse et du destin contraint fortement les enjeux moraux de la refiguration. Il y a pourtant d'autres attentes et d'autres usages du roman, qui m'encouragent à envisager d'autres modèles de refiguration temporelle et donc de subjectivation littéraire. L'attente destinale n'a par exemple pas résisté à la découverte par Sartre de sa propre « historicité », et l'a conduit à demander autre chose aux romans, par conséquent à vivre autrement les rapports entre la lecture et la temporalisation de soi. Avec la guerre surgit en lui un autre sentiment du temps, une autre idée de l'événement, de l'avenir, de la communauté, et donc une autre façon de se rapporter aux récits. Il faut y voir une force de transformation de soi, dans la propulsion d'une conception ouverte et politique de la subjectivation lectrice qui voudra désormais tourner le dos à la « théorie de l'homme seul ». La croyance à l'homologie du *lire* et du *vivre* n'y perd rien de sa force. Simplement, l'idée de ce qu'on peut attendre des récits et en remobiliser (l'idée de « la vie ») se rejoue entièrement.

Dans la série des articles critiques que Sartre a donnés dès 1939 à la *NRf*, et dans la synthèse théorique que constitue *Qu'est-ce que la littérature ?*, ce n'est plus du tout la forme destinale, ni la conscience d'une humanité générale qui domine, mais le « pâtir » narratif : une soif de liberté, l'avancée tendue du lecteur dans l'indétermination, la course dans un temps fondamentalement ouvert, la vibration interne d'un présent qui fait le cœur de la narrativité. C'est de toute évidence la transformation de son idée de la vie (la transformation de sa pensée de ce que « doit » être une vie « libre ») qui a dicté à Sartre cette transformation de son usage du récit, et de ses attentes de lecteur : ce n'est plus l'espoir d'une synthèse rétrospective (à la Ricœur), mais l'*emportement* narratif qui devient l'émotion modélisatrice, le patron dynamique d'une entre-stylisation du sujet et des romans. Le mode d'accrochage du récit à la vie change en profondeur, mais pas la certitude que c'est *là*, dans la lecture et ses enjeux temporels singuliers, que se jouent les formes de la subjectivation.

Aux risques de « transformation de soi en chose », Sartre oppose désormais les vertus de retemporalisation inhérentes à l'acte de lecture, qui opère une authentique transfusion de temps, une « transfusion de ma durée »[38], comme il le dit contre Mauriac, une injection non de contenus d'existence mais de dispositions temporelles, en particulier de dispositions à la liberté. Sartre se figure à présent la lecture romanesque comme une allégorie de la vie libre, du mouvement projectif et prospectif qui constitue, à ses yeux, la temporalisation même de la conscience ; il dévalue au passage la relecture ou la remémoration, qu'il conçoit comme des façons de nier la liberté et l'opacité du temps vécu ; il jette ainsi les bases des pensées actuelles de la tension narrative et de la dynamique du « lire », qui critiquent le sens ricœurien de la suture et de la concordance du « lu », et placent l'essentiel de l'expérience narrative dans les phénomènes d'incertitude, de surprise ou de suspense qu'active la lecture des récits « intrigants ». Les admirations de Sartre vont donc aux romanciers qui lui font éprouver l'élan et les failles de sa liberté, soit qu'ils en fassent leur morale, soit qu'ils la tordent et la compliquent, comme Dos Passos, pour la lui faire vivre en un *corps à corps* inédit. L'engagement exigé du romancier se mesure exactement à sa capacité à faire de la lecture une aventure de liberté. On connaît la raideur des critiques apportées par Sartre à Mauriac, précisément au nom de l'ouverture, de l'avenir non encore fait, du sentiment que « tout peut encore être autrement » qui est la marque du temps *humain* : on ne fait du roman qu'avec des consciences libres et avec de la durée ouverte.

Parallèlement, Sartre renvoie l'idée de « destinée » au domaine de la poésie et à la contemplation d'une forme, là où le romancier et son lecteur doivent occuper le terrain de l'action. En 1946, la vie sartrienne n'est plus une mélodie, mais une dynamique *discordante* dont la lecture de récit est encore la meilleure image, et la plus simple occasion. Cette lecture « se compose d'une foule d'hypothèses, de rêves, suivis de réveils, d'espoirs et de déceptions ; les lecteurs sont toujours en avance sur la phrase qu'ils lisent, dans un avenir seulement probable qui s'écroule en partie et se consolide en partie à mesure qu'ils progressent, qui recule d'une page à l'autre et forme l'horizon mouvant de l'objet littéraire »[39]. L'auteur construit un monde possible pour que le lecteur puisse exercer sa liberté en cheminant au long du récit vers un horizon qu'il ignore, mais qui est bien là. Une émotion proprement projective nourrit désormais le désir de bondir ailleurs, une vision de la conscience comme capacité d'arrachement au déjà fait et de jaillissement d'un « projet » toujours remis sur le métier ; la lecture schématise ainsi l'injonction existentialiste à « se faire » homme dans un temps qui s'ouvre et se totalise dynamiquement. Les biographies existentielles (*Saint Genet*, *L'Idiot de la famille*) se composeront selon cette dynamique « spiralée », relançant sans cesse la discordance et la nécessité d'intégration, « comme si chaque nouvelle agression de l'extérieur cosmique apparaissait en même temps comme disparité à absorber et comme la chance peut-être unique de recommencer sur de nouvelles bases le grand brassage totalisateur qui vise à assimiler les antiques contradictions jamais détruites »[40].

L'idée de vie a changé, mais le sentiment d'une homologie entre les *manières d'être homme* et les ressources propres du récit n'a rien perdu de son évidence.

Dans une lettre à Beauvoir, Sartre enfonçait le clou en décrivant ce qu'était pour lui un « classique » et en précisant ce qui l'éloignait désormais radicalement de cette façon de se rapporter au monde; le classique est ici une catégorie psychique, un style de vie, une manière de viser le réel et d'être au monde. L'émotion classique est identifiée à un type de plaisir particulier, celui que procure un objet conçu comme une donnée inerte et un paysage inépuisable. Voilà ce que Sartre écrit à propos de son ami Bonnafé : « il lit Corneille ou Mallarmé ou il se promène, presque toujours sur la même montagne au-dessus d'Hyères. J'ai compris là ce que c'était qu'un classique : c'est un type qui relit. Voilà comment est Bonnafé, c'est-à-dire qu'il n'a pas une perpétuelle envie d'aller plus loin, mais un bout de terrain, une page de livre lui suffit : c'est une chose en face de lui qui vaut comme un thème inépuisable et rigoureux. Et alors on rêve un peu à n'importe quoi en face de cet objet nécessaire et fixe qui de temps en temps luit à travers les rêves comme le soleil entre deux nuages »[41]...

Le classique définit une attitude choisie à contretemps : une petite scène touristique, façon Hubert Robert ou caprice italien : « je n'avais jamais senti que le classique n'est pas une doctrine ni une direction de la volonté ni une formation historique mais un type d'homme méditerranéen, avec ses passions, ses rêveries, son vague à l'âme, etc., mais le tout "classique", c'est-à-dire qu'il faut 1° que ce soit rabâché, c'est-à-dire recuit, 2° que ce soit rabâché en présence d'un objet inépuisable; (en ce sens les colonnes d'un temple me paraissent les plus inépuisables qui soient, parce qu'elles ne veulent rien dire — et les plus classiques),

3° qu'on goûte une certaine volupté jusque dans l'absence de changement de certains objets, pendant qu'on change mollement et doucement en face d'eux »[42]. Pendant qu'on change mollement *en face* d'eux : le classique retrouve la refiguration ricœurienne, il s'interprète *devant* le texte, mais devant un texte relu et rendu inerte. Il y a, de ce point de vue du rapport au passé, beaucoup de « caractères » classiques dans la critique littéraire de Sartre. Les « types classiques » sont en particulier nos poètes modernes, fascinés par ce qui est venu avant eux, et qui se conduisent à rebours de leur situation historique objective. Baudelaire ou Mallarmé sont associés dans les essais critiques par une même scène viatique, une allégorie bien connue des sartriens, celle du passager emporté à toute allure par une automobile (qui figure le progrès et la flèche de l'Histoire) mais qui garde comme Julien « l'œil fixé dans le rétroviseur ». La course effrénée du wagon-lecteur s'oppose terme à terme à ces pièges de la rétrospection, ces deux scènes disposent l'une en face de l'autre deux façons de se mouvoir, deux conceptions du passé, deux emplacements dans l'histoire, dans l'existence individuelle, dans la politique : des manières d'être, des *habitus* complets, des styles d'individuation dans et par l'opération temporelle de la lecture.

L'Idiot de la famille présentera de belles réflexions sur cette question de la relecture, toujours conçue comme le symptôme d'une posture existentielle de plus large portée. L'échec vital de Flaubert est associé à son goût pour la reprise immobile des livres et des conduites. Sartre cite quelques passages de la correspondance : « Si tu ne revenais ici que dans dix ans... tu me retrouverais sans doute à ma table, dans la même posture, penché sur les mêmes livres ou me rôtissant les jambes dans mon fauteuil et fumant une pipe, comme toujours [...] Il n'y a que moi qui reste, qui ne change pas de lieu, qui ne change pas d'existence ni de rang »[43]. Et Sartre de commenter : « On voit comment le thème de la relecture et celui de l'immuabilité sont liés. Il se penche sur les mêmes livres parce qu'il est le même homme ; il est le même homme parce qu'il se penche sur les mêmes livres [...]. Le temps de la lecture — quand il dévorait des livres nouveaux, où il s'initiait dans l'enthousiasme à Goethe, à Byron, à Shakespeare — c'était celui de l'adolescence et de la jeunesse. Il s'est "fermé" en janvier 44. Le vieillard survivant *relit ce qu'a lu* le jeune mort », en un mirage d'activité. Un mirage d'activité et une humiliation de soi-même, car « *[a]près* la lecture, c'est la retombée, l'exil, l'écrasement. Mais le livre est là pour panser les blessures qu'il a faites : il suffit de le rouvrir »[44]. Sartre est stupéfait par ce style de lecture et cet emploi des formes : Flaubert « sait déjà quels sont les passages qu'il veut retrouver, il y va droit — et peu importe qu'ils soient situés au milieu ou à la fin de l'ouvrage. Il *communique* avec l'auteur en se plaçant *hors du temps* devant la scène qu'il juge sublime et qu'il connaît assez déjà pour prévoir les sentiments qu'elle lui donnera ». En d'autres termes, « ces contacts mystiques détruisent la temporalité de l'œuvre, son développement interne et sa dialectique. Gustave, éternel, vit dans un moment d'éternité »[45]. C'est ainsi qu'il voit la vie, c'est ainsi qu'il lit : *façon de lire, manière d'être.* Et Sartre veut justement être le contraire de Flaubert.

On retrouve cette inertie « classique » dans la façon dont il conçoit le rapport qu'entretient un écrivain avec son propre livre, dans une expérience de perte de liberté identique à celle du relecteur — celui qui sait où il va : « Vous savez, quand on est au milieu, on en a deux cents pages derrière soi, deux cents pages devant, on a l'impression que c'est un monde et puis, quand on est vers la fin, comme c'est mon cas (il [me reste à écrire] environ quatre chapitres après celui-là) le monde s'ossifie et on a l'impression d'une grande machinerie bien montée mais sans trop de chair. On connaît toutes les avenues et jusqu'aux ruelles, on a l'impression de *fini.* [...] Mais j'ai réfléchi qu'aux lecteurs il fera plus longtemps qu'à moi indéfini — surtout à la première lecture, qui est pour moi celle qui compte le plus (pour l'ex- ou l'im-pressionniste — et nous en sommes — c'est la première, parce que nous voulons que les mots se brûlent, pour le classique — dont est Gide — c'est la seconde ou la troisième) »[46]. Mais Sartre est aussi un autre Flaubert, relecteur infatigable de Stendhal et de *Madame Bovary*, qui dans ces analyses a manifestement un compte à régler avec la contradiction de ses propres désirs temporels et littéraires, désir de destinée et désir de liberté, désir de forme et hantise de la fin. Dans le débat qu'il entretient avec lui-même, avec l'homme destinal qu'il a été et qu'il pourrait redevenir, Sartre est *en lutte* avec ses lectures, et par ses lectures.

En 1964, invité à débattre de la lecture avec les Nouveaux Romanciers, il pose une dernière fois la question de ce que l'on cherche dans les romans, de ce qu'ils requièrent de nous, de ce qui s'y passe pour nous. Sa réflexion se conjugue au présent, dans le présent d'une rencontre entre l'objet narratif et l'attente existentielle, en situation : quand un livre est devant moi et que je vais le prendre, je me demande, dit Sartre, comme devant n'importe quel objet du monde, n'importe quel événement de la vie : « qu'est-ce qu'il réclame de moi et qu'est-ce que je vais devenir ? »[47]. La question est particulièrement frappante, et nous emmène encore ailleurs, loin des aiguillages narratifs et des plaisirs de la surprise : le lecteur ici ne vise pas essentiellement la fin de l'histoire (que va-t-il arriver, de quoi cela sera-t-il suivi ?), mais un phénomène de refiguration immédiatement redirigé vers lui-même, un rapatriement de l'expérience dans l'ampleur de sa propre ligne de vie. Qu'est-ce que je vais devenir? c'est-à-dire, sans pathos nécessaire (quoiqu'il y ait bien ici la composante inquiète d'un « que me réserve la vie? »), comment vais-je devenir autre dans l'expérience de cette forme-ci? ou, comme Gustave, rester le même?

L'expérience littéraire du temps, ici, est une promesse de sens, un véritable instrument herméneutique. Pourquoi lit-on des romans (ou des essais)? s'interroge Sartre avec insistance en 1964. C'est qu'il y a « quelque chose qui manque dans la vie de la personne qui lit et c'est cela qu'il cherche dans le livre. Ce qui lui manque, c'est un sens, puisque c'est justement ce sens, total, qu'il va donner au livre qu'il lit; le sens qui lui manque c'est évidemment le sens de sa vie, cette vie qui est pour tout le monde mal faite, mal vécue, exploitée, aliénée, dupée, mystifiée, mais dont en même temps ceux qui la vivent savent bien qu'elle pourrait être autre chose; où, quand, comment? Ils l'ignorent. [...] [Des lecteurs de romans, n]ous voulons dire simplement que ce sont des hommes qui n'ont pas encore trouvé leur signification; ils cherchent un sens »[48]. Voilà qui entre tardivement en résonance avec les soucis du jeune Sartre (pourtant bien éloignés des valeurs explicites de l'intellectuel engagé), un jeune homme qui attendait de sa vie qu'elle acquière une forme, et s'efforçait de donner un sens à sa drôle de guerre. Avec le « Conteur » de Walter Benjamin, contemporain de Roquentin, le roman s'était déjà affirmé comme le récit toujours plus troublé d'une vie « mal faite », d'un individu effectivement mal « intégré », qui pose au temps la question de La Boétie à Montaigne : « Mon frère, mon frère! Me refusez-vous donc une place? »

Sartre a en fait déployé toutes sortes de conduites narratives, des conduites contradictoires qui mettent aussi bien en avant la force destinale et suturante du récit clos, que la puissance disruptive du devenir et de la liberté. Son usage des livres dépendait en grande partie de ses différentes situations existentielles, et des conditions de la vie littéraire de son temps — genres, figures, attentes romanesques. Les narratologies ou les sémiotiques veulent figurer la lecture comme un cheminement clos sur lui-même, selon une sorte d'imaginaire ferroviaire que Sartre n'a pas peu contribué à nourrir, une aventure cahotante où le petit wagon qu'est le lecteur, engagé sur les rails narratifs, dirigerait essentiellement son activité vers une anticipation des pistes du récit, formulerait des hypothèses qui se trouveraient ensuite confirmées ou démenties par le texte, et s'orienterait ainsi librement vers un futur qui est avant tout la fin de l'histoire. Le livre refermé, il ne resterait qu'à en ouvrir d'autres. Pourtant (et les contradictions de Sartre le confirment), le futur visé par le lecteur n'est pas seulement la fin de l'histoire, c'est aussi le sien ; les pistes envisagées par le lecteur ne sont pas les voies du texte, ce sont aussi les orientations de sa vie propre ; les aiguillages auquel il se confronte ne sont pas les virtualités narratives infirmées ou confirmées par la suite, ce sont aussi ses propres choix ; bref le temps de la lecture dépasse largement celui d'une réalisation sémiotique ponctuelle qui serait séparée de la vie quotidienne.

On pourrait dissiper cette difficulté en séparant strictement les phases et les positions : au jeune homme idéaliste, cherchant son salut dans une adhésion synthétique aux destinées romanesques, dans le goût des « moments parfaits » au sein d'un temps « pris à l'envers » et ultra-concordant, un temps clos d'avance qui n'est pas celui de la protension du vécu, succéderait en effet un Sartre « déniaisé », qui a découvert sa condition historique, qui s'est voué aux formes narratives de l'intentionnalité et de l'ignorance de l'avenir, un Sartre, donc, qui a remis le temps à l'endroit et la lecture sur ses rails. Le philosophe a d'ailleurs été le premier auteur de ce récit de sa propre conversion intellectuelle et littéraire (« J'avais la berlue... », diront *Les Mots* en 1964). On pourrait aussi régler cette hétérogénéité en dissociant fortement deux « moments pratiques » dans la lecture de tout roman : d'abord le temps de l'immersion narrative, de l'interaction proprement dite, dominé par une dynamique d'ignorance, d'hypothèses et de projections vives d'éventualités, dans cette vision ferroviaire où le lecteur est en marche au long d'un parcours vectorisé ; ensuite, et seulement ensuite, le temps du sens, de l'usage et de la « refiguration », qui commencerait une fois le livre refermé (une fois le temps « retrouvé »), en une réorganisation de l'œuvre mémorisée dans l'expérience du lecteur, un rapatriement qui tient à la dérive d'une histoire désormais close à l'intérieur d'un sujet engagé dans le processus de sa propre individuation ; les pensées actuelles de la tension narrative accentuent d'ailleurs cette opposition, en faisant du moment de l'immersion le *vrai temps* narratif et vécu, opposé à une sorte de *faux temps* qui serait incarné par l'herméneutique ricœurienne et son point de vue fondamentalement rétrospectif et suturant.

Les choses, prises au ras de l'exemple sartrien, c'est-à-dire d'une pratique quelconque de l'individuel, sont pourtant moins dissociées ; d'abord parce qu'on observe des fidélités au long cours dans les conduites et les plaisirs de lecture de Sartre (quelle valeur aurait d'ailleurs l'idée que l'on puisse se tromper de temps dans une expérience esthétique ?). Ensuite parce que ses ambivalences même, et la façon dont Sartre a été amené à penser et repenser les rapports entre la temporalisation narrative et la temporalisation vécue, entre l'intentionnalité des récits et les formes « spiralées » de la vie individuelle, invitent à ne pas disposer face à face, ni surtout l'un après l'autre et comme des massifs expérientiels sans communication, le lire et le lu, le prospectif et le rétrospectif, l'intrigue et sa refiguration, le procès de lecture et sa décantation, le dynamique et le mémoriel... Il ne sert à rien de commencer par dissocier la littérature de la vie pour l'y réintégrer ensuite. Il faut comprendre la continuité du monde sensible, fait de sujets, d'objets, mais aussi de formes qui les attachent et les traversent ; il faut aussi changer de dimension temporelle et mettre au premier plan le mouvement d'échange entre le temps existentiel et le temps narratif ; la lecture n'est pas un moment isolé de constitution de sens suivi d'oubli ; le lecteur *a le temps*, il est pris dans une aventure qui commence bien avant la lecture et se poursuit longtemps après elle. Cette aventure saisit la lecture dans son propre cours, et en fait l'occasion d'une rencontre continue entre des situations existentielles et des objets narratifs, dans une dialectique esthétique qui déborde largement le moment de la performance sémiotique : on ne quitte pas sa vie en devenant lecteur, on ne quitte pas son âge, son attente, sa situation. Là où une sémiotique de la lecture narrative, aussi bien qu'une pensée de l'immersion, se concentrent exclusivement sur l'acte ponctuel de lecture et laissent la dynamique de rapatriement des objets esthétiques dans un *après* incertain, là où un partage de l'expérience (esthétique) et de l'herméneutique divise les durées et abandonne à un deuxième moment la charge de l'application des lectures dans la vie, je veux souligner l'immédiateté de la remobilisation, l'immédiateté de l'évaluation vitale du sens et de l'appropriation de ce sens à un « soi », c'est-à-dire l'élargissement à toute la lecture de cette « refiguration » que Ricœur plaçait plutôt au terme du processus mimétique, mais dont il faut penser la force permanente de médiation et de relance.

Sartre théorisait d'une façon assez dogmatique en 1946 l'expérience de lecture et la temporalité qu'il « fallait » y éprouver; mais il pouvait la vivre ou l'observer tout autrement chez d'autres, mettant justement en lumière la concurrence des situations existentielles et temporelles. Comment pourrait-on d'ailleurs dicter ce qu'il « faut attendre » des romans? Chacun de nous a à tout moment une question inéchangeable à poser aux livres. Sartre témoigne, dans ses lectures successives, de l'expérimentation en situation de multiples *modes d'être* dans le temps; dans chacune de ces conduites, qui n'ont pas à s'agencer logiquement entre elles, ce lecteur traçait et tirait le fil d'un possible à l'intérieur de soi. Tout se joue dans le *comment* toujours individué d'un devenir, dans les formes conditionnées d'une appropriation : quel besoin de sens, quelle requête de symbolisation, quelle disposition temporelle et quelle possibilité d'action se trouvent précisément barrés ou requis par tel ou tel moment de la vie et de l'histoire, et trouveront des ressources dans l'expérience narrative? L'aventure changeante de Sartre, comme les hésitations de Ricœur, invitent à prendre acte (contre eux) de cette pluralité des formes de l'homologie, essentielle à l'expérience lectrice, entre les modes de temporalisation esthétiques et les formes vitales, entre les émotions narratives et les styles d'individuation, c'est-à-dire à s'intéresser à l'élaboration toujours neuve de situations, de postures, de possibilités, de sens. L'un veut trouver dans la lecture des récits l'occasion d'éprouver sa liberté, l'autre de garder à l'esprit le souci de la mort. Il ne sert à rien de dévaluer une proposition théorique en dévoilant la façon dont un penseur, Sartre ou Ricœur, s'y est secrètement attendu. Mieux vaut prendre acte de ce que toute conduite de lecture engage et infléchit un *style d'être*, une décision sur le temps et sur l'idée de soi que « tel » lecteur risque dans les choses.

Et souligner qu'il y en a de toutes sortes, et que c'est dans cette pluralité des médiations qu'est l'opération même de la lecture. L'individuation n'est décidément pas une coordonnée secondaire, mais le moteur et l'horizon de l'expérience de lecture. Le face-à-face de divers styles de temporalisation de soi oblige à mesurer l'ampleur du spectre des expériences littéraires, et donc des ressources pragmatiques d'une herméneutique du sujet.

HÉMORRAGIES DE DURÉE

Des premières lettres de guerre au corps à corps final avec Flaubert dans *L'Idiot de la famille*, de la réflexion sur l'attente de signification qui occupe toute vie à l'exigence impérieuse d'une liberté en acte, le sens accordé par Sartre à la flèche du temps et à ses enjeux a donc beaucoup évolué. Et pourtant la « poche d'irréel » qu'est la lecture de romans n'a jamais été expulsée de cette existence et de sa pensée au travail, même si elle s'est justement trouvée associée à des attitudes fort différentes. Différentes « situations » allégoriques, formes simples de l'être-au-monde et de l'être-au-temps se sont déposées dans des images contradictoires, mises en branle par l'acte de lecture lui-même : la fin présente dans le commencement, le cercle mélodique, l'association du prospectif et du rétrospectif, mais aussi la propulsion de l'aventure, l'exercice rythmique d'une liberté, la confiance active du lecteur en un emportement organisé... Ce qui est demeuré, c'est la capacité sartrienne à s'emparer des romans comme d'autant de forces, d'occasions de « transfusion » de temps et de sens : du temps ajouté à son temps, qui est immédiatement compatible avec lui, qui circule dans le même sens et s'y intègre. La certitude d'une concordance du lire et du vivre, qui « s'écoulent » pareillement, a pu appuyer toutes ces représentations sartriennes du « soi » et de l'existence : Sartre y a cherché sa forme-maîtresse.

Élargissons encore le spectre des refigurations ; élargissons-le, en particulier, à des expériences apparemment ratées. À de telles transfusions de temps et de sens, je voudrais en effet opposer des situations esthétiques qui ont à l'évidence mis à mal l'attente sartrienne, blessé sa pensée du temps, arrêté ou compliqué le processus orienté d'une subjectivation et le mouvement de totalisation d'une vie. Ce qui s'y joue, c'est une difficulté à faire face au « beau » lorsque, médusant, il apparaît comme une charge d'arrêt et de contestation pour cet homme-bolide. Poésie, images, certaines formes contredisent en effet le sens du *projet.* Elles offrent une sorte de repos à la course de Sartre vers lui-même, mais le défient dans sa capacité à les assimiler et à avancer. Cas exemplaires de vacillements où un individu est contraint de moduler sa manière de se tenir dans le temps, de changer son *habitus* temporel : Sartre se bat ici contre lui-même, à la façon dont chacun de nous lutte pour affirmer ou abandonner le pli de sa durée intérieure, dont des occasions esthétiques et vitales inédites le conduisent à douter. On a vu Marcel désorienté par de nouveaux cadres perceptifs ; l'aventure de Sartre élargit ces trébuchements à toute une représentation de la rythmicité de la vie ; et ces déséquilibres ne le font pas sortir de la sphère de l'usage de l'art, ils sont encore une ressource.

Venise a joué pour lui ce rôle déroutant ; et Venise, on le verra, c'est un autre nom pour la poésie, médusante. Sartre a longuement voyagé en Italie en 1951-52, et laissé des notes, publiées de façon posthume sous le titre qu'il avait envisagé : *La Reine Albermarle ou le dernier touriste*, que Beauvoir considérait comme « *La Nausée* de son âge mur ». Dans ces notes, il fait crédit à l'opacité de sa propre expérience, lui donne son poids sensible, sa nuance, son style propre. De la fenêtre d'un hôtel, par exemple, il observe ce paysage déphasant : « Venise ne se tient pas à distance de ville, à distance respectueuse : elle se colle à nous et nous frôle, relents féminins, promiscuité maternelle. Tout est beaucoup trop facile »[49]. Trop facile ? Quel est cet effort qui vient à manquer, et qui pourrait emmener Sartre ailleurs ? C'est évidemment l'effort du « projet », cette définition vectorisée de la subjectivité, cette intention modelée sur une traction permanente de soi dans ce qu'elle peut avoir, chez Sartre, de plus épuisant et de plus lourd, interdisant de se reposer dans la stabilité de l'être. Souvenons-nous de ce que Sartre disait de la course de Genet : « s'il s'arrête, il est perdu ». Le touriste se trouve, au pays des images, pris dans une autre forme de temporalisation, celle des métamorphoses, des changements de cap extérieurs et intérieurs (tourisme du vivre : je pourrais rester à Venise, arrêter ici ma course), des anachronismes et des vacillements optiques, c'est-à-dire dans une expérience perceptive et temporelle inédite. Les textes consacrés « à la bonne, à la délicieuse Italie » donnent un sentiment d'allègement ontologique et existentiel, et entraînent l'écrivain loin de ses propres sommations : « Vivement la littérature dégagée ! » Sa durée intérieure se trouvant contestée, c'est la charge, mais aussi la chance, d'adopter un autre style de temporalisation.

Cet arrêt sur images contredit en effet non seulement l'engagement idéologique, mais aussi la vectorisation du roman ; 1952 est d'ailleurs le moment où Sartre a mis en déroute *Les Chemins de la liberté*, abandonnant le « véhicule » romanesque. L'espace et le temps vénitiens protestent directement contre la structure narrative de l'intentionnalité ; c'est le contraire de New York où le regard « tout entier s'engouffre dans une avenue, nous renvoyant l'image de notre pouvoir infini »[50]. Venise est privée d'horizon, et la courte vue à laquelle on y est condamné empêche les projections, les amorces d'action. Dans l'espace non vectoriel de Venise, le néant et l'irréel ne sont plus contenus, limités à leur place dialectique ; on s'y enfonce, on s'y « indéfinit » soi-même. « Nous tournons dans l'espoir informulé qu'un panorama va se découvrir, mais non, c'est pour redécouvrir un mur à trente mètres [...], on est toujours captif »[51] ; la pesanteur des palais barre le regard, et bloque le temps : « Ici mon avenir rétrécit comme une peau de chagrin. [...] Ça ne me dit rien qui vaille : le champ visuel, c'est l'avenir immédiat. Toujours un peu prophétique, la vue »[52]. Venise rejoue ces moments où Sartre a senti sa vie barrée — celui de la « drôle de guerre » évidemment — dans une situation qui n'a rien de tragique, mais qui le requiert. La ville oblige Sartre à recaler son sentiment du temps ; percevoir, à Venise, ce n'est plus forcément prendre les devants et bondir vers soi-même, c'est accepter de marquer le pas.

C'est en fait une « hémorragie » de temps que Sartre éprouve dans ce « labyrinthe pour escargots », et dans cette belle Italie qui lui impose une déperdition d'énergie : « je suis en perte de vitesse [...] Quelquefois, en rase campagne, les trains s'arrêtent sans raison connue et le voyageur sent quelque chose s'écouler de lui, invisible hémorragie : c'est qu'il se vide de sa vitesse acquise ; progressivement le froid aigre de l'immobilité remonte de ses pieds à son ventre »[53]. On mesure ce qu'il y a de désorientant pour l'homme des projets dans cette impossible intégration, loin des expériences narratives qui « transfusaient » le projet originel et enveloppaient une temporalisation où Sartre pouvait reconnaître les formes de l'intention et leur régulation.

Une semblable hémorragie marquait déjà pour Sartre la poésie, plus précisément l'incapacité des poètes, ces écrivains dégagés, à s'inscrire dans le cours vibrant de l'histoire politique, à vivre une liberté en acte. Perte de vitesse, hémorragie de durée. Voilà ce que Sartre disait de Baudelaire, l'« homme penché » sur son passé comme le touriste à son balcon, un mélancolique aux prises avec l'Histoire et les réquisitions du projet : « Baudelaire s'est tourné vers le passé pour limiter la liberté par le caractère. (Il) a horreur de sentir le temps couler. Il lui semble que c'est son sang qui s'écoule : ce temps qui passe, c'est du temps *perdu* »[54]. À Venise, Sartre a sans doute songé à la « Fontaine de sang » des *Fleurs du Mal*: « Il me semble parfois que mon sang coule à flots, / Ainsi qu'une fontaine aux rythmiques sanglots. / Je l'entends bien qui coule avec un long murmure, / Mais je me tâte en vain pour trouver la blessure ». Devant les paragraphes biseautés du *Parti pris des choses* Sartre avait eu la même impression d'une déperdition de mouvement : « ni Ponge ni le lecteur ne profite de l'élan acquis »[55]... On pourrait relire l'opposition entre la prose et la poésie, si fameuse et au fond si étrange (c'est-à-dire : si individuelle, si propre aux conduites intérieures, aux désirs et aux impossibilités de ce lecteur-là, qu'on ne devrait peut-être pas prendre pour une théorie) à la lumière de ces deux modes de temporalisation esthétique, de ces deux appels à l'individuation et au risque d'une altération de soi.

Le système des genres littéraires proposé par Sartre y prend un sens tout existentiel car la lecture de la poésie, chez lui, engage toujours une perte de soi-même, face à une forme qu'il conçoit comme ininstrumentable. En 1944, Sartre avait fait crédit à Ponge de savoir « faire venir » les choses après avoir « supprimé en soi-même le projet », muselé « la voix sociale et pratique pour que la chose se dévoile »[56], établi l'esprit hors de soi au cœur de la chose. Intuition déshumanisante, concluait-il : désubjectivation. À Venise, le « rouleau de ses perceptions »[57] se déploie selon une logique poétique tout à fait solidaire des descriptions de Ponge, et en particulier de la peinture pongienne de « l'eau folle », de l'onde informe qui comble elle-même son contenu. Sartre fait parler l'eau et les reflets, il leur prête une âme hésitante, une volonté incertaine, une difficulté à apparaître et à définir leurs contours dans un écoulement informe et indéfini ; c'est ce qu'il appelle la « pensée de l'eau », et, tout comme Ponge, sa « folie » : « Sans arrêt on voit une matière subtile, hésitante, recommencée, toujours recommencée mais aussi toujours inachevée, les reflets plombés : je veux, je ne veux pas [...] voilà une pensée d'eau, embarrassée de son contraire, s'en écartant, le rejoignant, oscillation perpétuelle »[58]. Cette hésitation infinie, qui ne distingue pas le oui et le non ni le possible du réel (de là l'abondance des points de suspension dans ces notes italiennes, si peu sartriens), c'est la logique du rêve incarnée dans le monde. Un *je* « nauséeux » s'y débat. Loin des refigurations narratives et des triomphes temporels, c'est l'épreuve d'une coulée hors de soi, un véritable moment de désubjectivation. Libre à Sartre de ne pas s'y essayer davantage : le beau, c'était une chose de le placer comme modèle à l'horizon de la vie pour avancer vers lui, dans la croyance ferme à un destin intégrateur ; c'en est une autre de le voir vous tomber dessus, ou de s'y engloutir. Ces eaux séductrices imposent un impossible *usage* du beau, un horizon barré, celui de la lecture poétique qui, contrairement à la lecture romanesque, entame Sartre sans le « situer », le conduit à se vider de son temps et à se perdre hors de l'élan d'un projet. Question de transformation d'un habitus, c'est-à-dire des possibilités de conduite, question d'ouvertures et de limitations d'un agir dans un style d'être.

Sartre parle en fait à Venise la langue de Mallarmé, d'un Mallarmé avec lequel il avait comme avec l'être-au-temps de Flaubert un « compte à régler », pris entre résistance et attirance, familiarité et inquiétude. Sartre décrivait la « situation » de Mallarmé exactement comme celle de Baudelaire et de Faulkner, selon l'allégorie du passager emporté à toute allure par une automobile mais qui garde l'œil fixé dans le rétroviseur; dans cette posture le passé gagne « une sorte de surréalité » et prend la forme de « constellations affectives » inertes, comme à Venise. Et à Venise Sartre laisse remonter en surface, comme une eau ancienne, le souvenir du « Coup de dés » : « ces maisons sont des calices clairs, des Idées, et je les regarde avec une secrète perversité, comme le Maître de Mallarmé, heureux d'être sur l'abîme "sous une inclinaison plane désespérément d'aile par avance retombée d'un mal à dresser le vol" »[59]. « Envols de pigeons », « rien », « cascade », chute inverse dans le bleu du ciel, « flaques d'azur » qui se reforment sous les yeux, c'est le lexique mallarméen d'un naufrage avec spectateur, où Sartre est momentanément relecteur, réminiscent, poète, et se tient autrement dans les choses, dans le temps, en lui-même. Comme dans *L'Idiot de la famille*, la qualité de l'écriture est ici proportionnelle à l'importance du compte que le lecteur cherche à régler — conception réactive et belliqueuse de la pratique littéraire, réponse virtuose du sujet de parole à une forme qui l'a intimement *affecté*. Sans doute cette expérience convoque-t-elle l'idée amère que ce lecteur constamment surveillé se faisait d'une poésie qu'il peinait à faire sienne : « J'enrage de n'être pas poète, d'être si lourdement rivé à la prose », écrivait le jeune Sartre. Car la poésie est aussi le genre littéraire que sa théorie de l'engagement a su, au fond *mettre à l'abri.* Dans une nouvelle de 1937, intitulée « Dépaysement », Sartre faisait déjà de la vue de Naples, colorée elle aussi par le souvenir de Mallarmé, l'occasion d'adopter une manière « poétique ». Difficilement intégrable mais malgré tout requérante, la poésie fut l'une des lignes où ce lecteur joua ses propres impossibilités, les promesses et la butée répétée de sa propre stylisation.

Soucieux du *projet* de la personne et de sa totalisation, Sartre n'a pas voulu voir dans la poésie une promesse durable de temporalisation, qui puisse nourrir les exigences d'une subjectivité collective et politique ; il n'y trouvait pas une ressource d'individuation *libre*, une manière d'être homme en étant lecteur ; il déclarait amèrement, se comparant à Bataille, qu'il ne savait pas « se perdre ». Le « balcon » sartrien ouvre ici, comme une fenêtre, sur d'autres individualités et d'autres manières. Pas plus que Sartre Gracq n'aimait par exemple les écrivains à l'œil fixé dans le rétroviseur. C'est avec la même protestation devant l'affaiblissement de l'emportement temporel, et par conséquent devant l'impossibilité pour le lecteur de se redisposer, c'est-à-dire de se « situer » dans le poème pour se resituer dans son monde propre, qu'il lisait la poésie de Saint-John Perse ; le monde que célèbre *Anabase* était pour Gracq « un monde arrêté, un monde bloqué pour toujours à l'heure de son solstice », sans lignes et sans Histoire. Dans l'imaginaire discrètement existentialiste de l'essayiste, cette forme pose le même problème qu'à Sartre, celui de la *directionnalité* : « Cette poésie singulière est un discours sans orientation et sans pente, une pâte plutôt, une matière verbale fondamentalement exclamative. [...] Sa malaxation, indéfinie et ressassée, une fois commencée peut durer indifféremment pendant dix ou deux cents pages : rien dans son mouvement circulaire ne permet au lecteur de se repérer ni de se *situer* jamais au voisinage du commencement ou de la fin »[60]. Question de situation, c'est-à-dire d'emploi : situation conjointe d'une conscience et d'un objet esthétique empiétant l'un sur l'autre, que ces lecteurs phénoménologues ont su substituer au registre de la « réception ». Gracq reproche à cette poésie, comme Sartre, d'être sans histoire; en littérature il est lui aussi fidèle à autre chose : à l'inchoativité surréaliste, à la vibration d'imminence de la prose de Breton, au « vent de l'éventuel », au plaisir des recommencements fragmentaires, à la vitesse et à la gaîté stendhaliennes, au romanesque et aux récits intrigants; comme Sartre il manifeste une antipathie foncière pour Proust, pour le roman de la reconnaissance et des retours dont les personnages lui semblent dopés à la résurrectine... Les centrages et les valeurs d'une bibliothèque personnelle nourrissent ici aussi la permanence d'une attitude individuelle dans la perception et dans le temps. Comme chez Sartre, la lecture figure pour Gracq une forme simple de l'intentionnalité, en sorte que voyage, intention et lecture en viennent à s'entre-figurer et à se prêter mutuellement force : « souvent le plaisir que peut me donner le paysage est augmenté par une attente précise qui vient de la lecture. »[61]

Dans la déroute poétique, l'expérience de Sartre restera donc malheureuse. Il peine à se reprendre et à intégrer le moment vénitien à la forme propre de son individualité, et cherche à replacer fermement ses aventures intérieures sous surveillance : « Je marche, je regarde, je m'épie : comme si j'avais eu peur de me laisser aller à cette volupté oubliée. Un faux innocent et un tribunal qui le juge : me voilà au complet »[62]... Sartre est assez loin de « suivre un nouvel auteur dans sa phrase » et d'accepter d'y trébucher longuement, comme faisait Marcel — le narrateur de la *Recherche* reste d'ailleurs présent comme un fantôme dans ce paysage vénitien. Il tente, en dialecticien, de se redisposer, mais le moment est sans issue dialectique : « c'est un peu la pensée maudite d'un type égaré par la mauvaise foi, qui s'embrouille en soi et qui n'en sort pas. C'est le contraire de la délivrance par la réflexion et on s'y sent comme un homme qui ne pourrait connaître la délivrance de se voir et de se juger »[63]. Ici, le sujet de l'expérience reste interdit, il ne trouve pas d'emploi aux formes qui l'attirent.

Le texte vénitien alterne donc les scènes de cauchemar et les images de fascination, les moments de retrouvailles du familier, qui met à l'aise, et d'accueil fait au perturbant, l'identification d'un soi-même connu, et l'observation d'un autre soi-même. L'auteur de *L'Imaginaire* avait déjà médité sur cette complexité des réponses apportées par un individu aux images, dans son temps et dans son corps. La difficulté à adopter une attitude juste face au beau se résolvait mal dans *L'Imaginaire*, en un étrange ballet que nos émotions forment devant une œuvre d'art, en l'occurrence devant une statue : « Les danseuses (les émotions du spectateur) ouvrent les bras, tendent les mains, sourient, s'offrent tout entières, se reprennent et s'enfuient; mais la statue n'en est point affectée : il n'y a pas de relation réelle entre elle et le corps de ballet »[64]; nous nous irréalisons nous-mêmes, soulignait Sartre, dans cette danse mentale « devant l'irréel », nous plongeons dans l'image bien que l'image nous chasse. La difficulté de Venise, c'est que la réalité elle-même encourage ce ballet de notre indéfinition et de notre irréalisation, cette danse devant l'irréel : l'image enjoint le sujet à se recomposer sans cesse, souplement, dansant : « je veux, je ne veux pas, je veux JE VEUX, je ne veux pas je veux DANSER Je ne veux pas danser Je veux DANSER, DANSER, DANSER »[65]... On touche d'ailleurs à plusieurs reprises à cette anomalie de l'expérience intime et des formes de l'attention qu'est la sensation du « déjà vu » (cette association troublante de la reconnaissance et du démenti, qui renvoie à un « démaillage sans gravité du tissu du moi »[66] où semble se présenter devant le regardeur le théâtre de sa propre vie, et s'ouvrir *en arrière* la profondeur d'un décor inaperçu), qui s'imposait chez Proust, et qui détourne violemment Sartre de la flèche du projet : « Est-ce que je perçois ou est-ce que je me rappelle ? »[67]. L'excès de l'expérience tient à ces dérèglements du temps. Sartre souligne l'ambivalence qui en résulte : « [u]ne inquiétude acide se mélange à mon plaisir ». À la proue de son propre corps, il avoue une incapacité persistante à lire en lui-même; effectivement embrouillé dans sa propre durée, il est pris de vertige : « le paysage tourne et je tourne avec lui »[68]; un peu plus loin et il est tombé : « ce n'est pas sans gêne que je reprends pied sur le quai des Esclavons »[69]...

La beauté de ces images à la fois comble et blesse Sartre car il ne peut pas s'y unir; au mieux il y tombe, mais il ne les rejoint pas et ne s'y rejoint pas. Délivré du projet, il est aussi emprisonné dans l'opaque auquel il ne peut plus donner, comme il l'avait fait en 39, la réponse vectorisée du récit : « mon regard dérape sur un vitrage, glisse et va se perdre »[70]. Voilà la véritable « passion triste » : le face-à-face avec la beauté d'une forme qui reste « sans rapport » avec le corps de ce sujet-là, qui s'éprouve incapable, sans promesse de puissance et de possibilisation. La réponse, pour s'en délivrer, est de sortir — sortir d'un spectacle qui, de toute façon, vous a sorti. On croit d'abord suffoquer, puis respirer et renaître dans les derniers mots de « Venise de ma fenêtre » : « J'ai besoin de lourdes présences massives, je me sens vide en face de ces fins plumages peints sur vitre. Je sors »[71]. Il faut sortir, sortir du tableau et du cadre de sa propre fenêtre. Si c'est bien dehors que cet individu est chez lui (veut être chez lui), sortir sera reprendre pied en soi-même, retrouver son pli.

On imaginerait volontiers une autre réponse à la sollicitation de situations déphasantes. Michaux, par exemple, était souverain en ce genre de circonstances. Aux risques mais aussi aux tentations d'une désubjectivation, il répondait par « la voie des rythmes ». Faiblesse ontologique, assauts de l'extérieur, il avait su apprendre à retourner la force qui s'exerçait sur lui, à s'y glisser pour se redisposer : « *Le mal, c'est le rythme des autres* / Pourquoi je joue du tam-tam maintenant ? / Pour mon barrage / Pour forcer vos barrages / Pour franchir la vague montante des nouveaux empêcheurs / Pour m'ausculter / Pour me tâter le pouls / Pour me précipiter / Pour me ralentir / Pour cesser de me confondre avec la ville avec EUX avec le pays avec hier / Pour rester à cheval... »[72]. Michaux relançait sans cesse en lui l'euphorie de l'accélération et les ressources de « la ralentie ». Attentif aux batailles tour à tour livrées à l'intérieur de lui, ou livrées aux frontières de lui et du monde, il faisait dire à l'un de ses personnages, Pollagoras, que c'est « par cette accumulation » de conflits qu'il avait « de l'âge »[73] : non seulement dans tel moment de déphasage et de rephasage, mais dans leur série infinie : « Avec l'âge, dit Pollagoras, je suis devenu semblable à un champ sur lequel il y a eu bataille, bataille il y a des siècles, bataille hier, un champ de beaucoup de batailles [...] Encombré de batailles déjà livrées, horloge de scènes de plus en plus nombreuses qui *sonnent*, tandis que je me voudrais ailleurs »... Devant un poème, tout lecteur exerce sa capacité plus ou moins grande à suivre une configuration temporelle, à y répliquer, et à réinvestir cette expérience dans l'élaboration de sa propre temporalité intérieure. C'est ainsi que lui aussi peut « avoir de l'âge ».

Sartre s'est parfois confié à la « voie des rythmes » : mais c'est un autre Sartre, un Sartre possible, une version épisodique de ce qu'il pouvait être, dont on ne saurait suivre les apparitions que par intermittence — durer dans cette voie eût été un authentique changement de projet. Il lui arrive d'adopter un autre comportement perceptif, une autre conduite, en se reposant par moments « en soi ». Ainsi, en Italie, il est momentanément dégagé des carrefours existentiels : le monde sans ordre ni assise ne précède pas son expérience, il est devenu un chantier ouvert devant lui. Délivré de l'horizon par les reflets, délivré de l'arrachement à soi que ces reflets supposent, il peut « être là » sans se projeter, sans s'expulser hors de soi-même. Sartre saisit cette occasion pour retracer son chemin : « partout ailleurs vous *empruntez* une direction, ici on la fait. Mes pas sonnent sur ces dalles mortes, je tire une ligne, je ramasse et regroupe par mon passage une infinie divisibilité qui aura tôt fait de retomber derrière moi dans son éparpillement »[74]... Mieux que dans une histoire déjà configurée, ses pas lui appartiennent, le temps n'est pas fléché, il est à disposition et se configure en même temps que le marcheur. Désorienté, privé d'élucidation narrative, Sartre est aussi véritablement requis. Il se laisse glisser sur cette pente à laquelle il ne nous a pas habitués, vaguement proustienne : tracer son chemin, changer de disposition attentionnelle, changer de style cognitif comme Proust en indiquait le loisir et le labeur. C'est la chance d'une autre expérience, dans une situation motrice toute nouvelle, celle d'un « glisseur » pris dans le devenir — la chance d'une conduite inédite dans les cheminements ontologiques de Sartre, l'allégorie d'une indéfinition de soi que ne saurait plus saturer la force de traction du projet. Si Beauvoir considérait les pages de *La Reine Albemarle* comme « *La Nausée* de son âge mûr »[75], c'est peut-être en raison de l'accueil fait dans ces notes à l'expérience de l'énigme et de la méconnaissance de soi, selon une interrogation d'allure proustienne : que veut-on de moi ?

À vrai dire, Sartre a pris le parti de vivre tout à fait cet autre temps ailleurs, dans un autre univers de formes. Il se mettait tous les jours au piano pour jouer, imperturbablement, du Chopin. Il vivait dans cette pratique musicale quotidienne de toutes autres formations temporelles que celles auxquelles l'invitait sa pensée de l'engagement. La dynamique de la totalisation narrative y était contredite par la répétition d'une *manière* romantique, où l'harmonie mélodique contestait la force d'avancée active des récits. Roquentin avait déjà vécu cette situation d'unisson à l'écoute d'une chanson : « Ce mouvement de mon bras s'est développé comme un thème majestueux, il a *glissé* le long du chant de la Négresse. Il m'a semblé que je dansais »[76]... Sa manière d'être au piano régulait un rapport au temps et aux formes de la périodicité que Sartre ne trouvait pas dans le roman. L'expérience n'y était plus une opération directe de subjectivation, mais l'occasion d'un déphasage qui impliquait, comme pour Marcel, une redisposition, une réorientation de sa propre ligne de vie.

UNE HISTOIRE À SOI, UN STYLE À SOI

Comme tout le monde, mais à sa manière, Sartre suivait donc en lui-même plusieurs tempos. Il est important que ces instruments de temporalisation aient coexisté même en lui sans qu'aucun ne s'impose comme seule expression authentique. Plusieurs pistes, plusieurs formes d'être-au-temps peuvent se contredirent en nous, notre manière d'être étant justement définie par leur agencement particulier. De proche en proche, on a vu se multiplier les modes de temporalisation narrative, mais on a aussi vu émerger des manières d'être-au-temps façonnées bien autrement, parfois contradictoires, tout aussi décisives. L'homologie du destin et du récit n'épuise pas la force de médiation des formes littéraires. Sartre a témoigné concrètement de ce que toutes sortes d'expériences mettaient en jeu la constitution temporelle d'un sujet, mais il n'en pas fait l'horizon de sa pensée littéraire, entièrement canalisée par la théorie de l'engagement, autrement dit par la propulsion du wagon narratif.

C'est à ce plan qu'il faut élargir et assouplir cette idée d'« identité narrative », aujourd'hui dominante dans nos représentations de la lecture comme de la morale puisque, parmi les tempos de l'expérience littéraire, certains s'accommodent mal de la recherche d'une unité narrative rétrospective, s'en écartent ou même la contestent. Il faudrait dégager la réflexion sur la lecture de l'analyse narratologique, cesser de dissocier le roman de toutes les autres ressources et de déposer en lui le monopole de la refiguration de soi, pour étendre les promesses de médiation à de multiples façons d'être. Même dans une pensée aussi accueillante que celle de Ricœur, il manque la conscience du « maniérisme » de l'individuel et des pratiques, c'est-à-dire du caractère décisif du *comment.* Il faut élargir à un chiasme général des sujets et des œuvres cette articulation entre formes littéraires et formes de vie que Ricœur a réservée au genre narratif. Ouvrons une discussion avec Ricœur, dont la confiance en la littérature, pourtant si vaste, ne l'était peut-être pas encore suffisamment.

À vrai dire, Ricœur offrait des outils pour cet élargissement; il notait par exemple ceci, en marge de sa propre réflexion : « l'interprétation de soi trouve dans le récit, *parmi d'autres signes et symboles,* une médiation privilégiée »[77]; mais il n'a pas prolongé sa propre piste. On aurait pourtant toutes sortes de raisons pour envisager, à côté d'une vie en forme de récit, une vie en forme de figure : Ricœur a d'ailleurs constamment affirmé la solidarité de ses deux ouvrages littéraires, *Temps et Récit* et *La Métaphore vive*, en plaçant justement à l'horizon de ces deux livres une même puissance de médiation, la force d'« innovation sémantique » qu'offre aussi bien la métaphore que la narration; à la refiguration temporelle engagée par les romans répondrait ainsi la « redescription » des expériences dans le discours figural, constituant deux modalités comparables, ou parallèles, de l'effet-retour de la lecture sur le réel. Au fondement de cette pensée se situe une parenté précieuse entre le *sens* et le *soi*, entre l'intelligibilité du sens et la réflexivité du soi. La dynamique de la lecture y est centrée autour du passage du texte à l'agir, ce passage d'une configuration linguistique à un programme d'action, où le « modèle de » devient un « modèle pour ». Les œuvres y sont d'authentiques laboratoires de formes par lesquelles nous essayons des configurations de l'action pour en éprouver la consistance et la plausibilité. Ricœur aurait pu affirmer, à côté des formes d'une identité narrative, les voies de ce que j'appellerai bientôt une « identité stylistique », par exemple d'une pensée des rythmes et des formations figurales du moi. Mais ce n'est que dans le cadre du récit qu'il a envisagé le retentissement de la lecture sur l'individu, sur les formes de cet individu. Le parallèle de ses deux livres s'arrête en effet brusquement en deçà de la réflexivité identitaire et de l'herméneutique du sujet; seul le plan du récit emporte avec lui la question du « soi » et mène à l'identité; comme si la narrativisation couvrait à elle seule toutes les modalités de la subjectivation.

L'ouvrage le plus explicite de ce point de vue, *Soi-même comme un autre*, est conçu comme la suite logique de *Temps et Récit* et prend résolument le parti de l'identité narrative ; via le concept d'« action », la démonstration scelle la solidarité entre narrativité et subjectivation, et colore les enjeux moraux qui y sont associés : attestation, confiance, promesse... De même que la synthèse aristotélicienne du récit répondait à l'énigme augustinienne du temps vécu au seuil de *Temps et Récit*, de même « l'identité narrative » est la réponse apportée à l'énigme de l'identité, c'est-à-dire à la dialectique de mobilité et de maintien de soi qui anime toute vie humaine. La pensée littéraire de Ricœur aurait pu prolonger ensemble ces deux directions, une direction narrative et une direction figurale ; la logique du « comme » ouvrait même puissamment cette voie dans les dynamiques de subjectivation. *Soi-même comme un autre* laissait d'ailleurs la porte entrouverte, et historicisait la question en témoignant de la perte de configuration des narrations modernes, et de la possibilité d'observer d'autres prises en charge esthétiques de la constitution de soi : « La décomposition de la forme narrative parallèle à la perte d'identité du personnage, fait franchir les bornes du récit et attire l'œuvre littéraire dans le voisinage de l'essai [...] Ce n'est pas un hasard si maintes biographies contemporaines, celle de Leiris par exemple, s'éloignent délibérément de la forme narrative et rejoignent, elles aussi, le genre littéraire le moins configuré »[78]. Mais cette pensée a finalement débouché sur les thèmes de la « reconnaissance », de la mémoire et de l'attestation, thèmes ontologiques et moraux fondamentalement narratifs, qui privilégient la voie mémorielle. Cette piste que Ricœur n'a pas tout à fait empruntée, je veux la suivre activement ; en étendant la dynamique de la refiguration au-delà de la narration, en ouvrant à une considération plus générale de la formation des formes, et donc des possibilités (des manières, des profils) de stylisation de soi devant les œuvres. Car ce sont toutes sortes de configurations esthétiques qui s'offrent en modèle, en miroir ou en obstacle au mouvement de notre propre individuation.

Si la phénoménologie de Ricœur (comme celle de Sartre) est avant tout une pensée du temps vécu, et donc des transfusions ou des hémorragies d'être dont toute expérience est l'occasion, celle de Merleau-Ponty offre déjà d'autres pistes, dégageant d'autres idées de l'avance des formes et des structures de l'intentionnalité, dans une phénoménologie de l'expression, de la parole et de la perception plutôt que du rassemblement narratif. À la fin des années 40, l'auteur de *Signes* avait d'ailleurs projeté d'étudier une série de situations individuelles où il voyait autant de « perceptions littéraires »[79] singularisées. Dans cette pensée, l'individu ne se reconnaît pas aux lignes de force d'une histoire qu'il s'efforce de regarder par-dessus son épaule, mais comme « une manière d'être très particulière » ; la lecture peut alors engager un « rapport d'être », proposant dans un texte (qui n'est pas nécessairement une fable du temps), comme dans toute expérience, « une autre manière d'être homme » soudain imprimée à ma conscience, qui me déstabilise et m'emmène ailleurs.

Essayons cette idée : quels élargissements l'idée de « style » apporte-t-elle à la puissance que Ricœur, et toute la réflexion littéraire contemporaine à sa suite, dépose dans le récit ? Si Ricœur a pris le parti exclusif de l'identité narrative, c'est pour mettre au premier plan la dimension *temporelle* de l'existence, c'est-à-dire la dynamique permanente de changement et de maintien qui touche l'être. Mais la narrativité n'a pas le monopole de la temporalisation de l'individu, ni même celui de « l'échelle de la vie entière » à laquelle cet individu cherche son identité. Penser l'identité comme style n'implique en fait pas un oubli du temps ; c'est un autre parti pris que celui du récit sur les rapports de l'individu au temps, sur la façon dont l'individu se tient dans le temps, et sur les enjeux éthiques de sa mutabilité ou de sa permanence. (Dans une réflexion intitulée « Against narrativity », un critique actuel s'élève d'ailleurs avec humeur contre ce monopole ; il proteste — suivant sa propre idée des formes désirables de l'existence — contre la description de la vie comme une histoire, et contre la normativité éthique qui enjoint à conduire sa vie comme un récit, selon les valeurs de la vie bonne impliquées par la forme narrative[80].) Là où le récit insiste sur une synthèse rétrospective d'actions hétérogènes, le temps stylistique est centré sur d'autres temporalisations. Certains héritages philosophiques encouragent d'ailleurs cet élargissement des *manières* de la refiguration ; Merleau-Ponty ou Leroi-Gourhan aident par exemple à fonder l'individuation sur la question du *rythme*, sur la rythmicité fondamentale des pratiques individuelles, sur la qualification et la modulation rythmique de tous nos gestes.

La rythmicité est un aspect essentiel de l'institution des sujets ; elle tourne le regard vers ce qui fait des formes éprouvées des forces de subjectivation mais aussi, et c'est tout un, de désubjectivation. Les inconforts de Sartre ont confirmé combien la lecture de la poésie, en particulier versifiée, met en jeu cet aspect (cette ressource) de la temporalisation de l'individu ; dans un aller-retour permanent de discordances et de rééquilibrages rythmiques, la poésie éprouve notre *tempo* intérieur, elle nous fait hésiter dans notre propre langue puis nous réassurer et, au cours de cette expérience, elle nous fait nous éprouver — et nous décider — comme êtres temporels. Le vers est cette façon particulière de découper le flux continu de la parole qui entre en concurrence avec les règles de la grammaire ; il crée des seuils là où l'on n'en perçoit pas habituellement, et produit donc un espace de tensions, de déphasages, en organisant pour le lecteur un jeu complexe de concordances et de discordances rythmiques, qui ne se synthétise pas en une forme destinale homogène. Toute vie est aux prises avec plusieurs rythmes; la multiplicité des relations possibles entre le temps littéraire et les situations existentielles rend précisément compte de cette mobilité intérieure. L'ampleur de l'aventure sartrienne (la sienne aussi bien qu'une autre) doit nous encourager à chercher partout l'occasion de telles épreuves. Il faut donc envisager dans les situations esthétiques une pluralité de conduites temporelles, qui sont autant de promesses d'individuation, à travers lesquelles un lecteur module son attitude dans le temps, se façonne *dans* et *par* les manières dont il se conduit dans la durée propre de sa lecture.

Barthes, par exemple, a eu dans son corps à corps avec des phrases littéraires le sentiment de trouver un rythme, une manière de se tenir dans le temps; et de le trouver dans un rapport de lutte, de composition avec les formes. On connaît son antipathie pour le récit — il se méfiait de la troisième personne, de la rigidité des noms propres, de la « nappe » d'une histoire; il concevait les âges de la vie comme des plans « mutatifs » et non pas « progressifs »; la totalisation romanesque l'effrayait, et son goût du fragment incarnait avec évidence ce refus de considérer sa propre vie comme une totalisation, substituant au sentiment du destin le goût des ruptures, des départs et des recommencements. Barthes rappelait que Bachelard entendait par « rythme » la force qui vise à « débarrasser l'âme des fausses permanences des durées mal faites ». Une petite anecdote incarnait ce besoin : il racontait à ses étudiants avoir regardé attentivement, pendant quelques minutes depuis sa fenêtre de la rue Servandoni, marcher une mère et son enfant ; la mère faisait avancer devant elle une poussette vide, et tenait l'enfant par la main en marchant d'un pas trop rapide, l'obligeant à courir, le contraignant à son rythme — « et pourtant c'est sa mère ! », s'amusait Barthes (aujourd'hui, dans leur désir de penser l'émancipation sensible et la régulation fine des « rythmes du politique », beaucoup s'appuient volontiers, y trouvant une bonne image, sur cette allégorie barthésienne). La trouvaille d'un tempo juste, celui « qui s'accorde à ma demande intérieure »[81], a fait l'objet d'une longue méditation sur ce que Barthes a appelé, dans l'un de ses cours, « l'idiorrythmie »[82], cette forme de solitude régulièrement interrompue que connaissent les moines de certaines communautés religieuses, qui vivent selon des règles, mais des règles souples.

Or un fragment poétique a discrètement intercepté ce désir et dicté à Barthes l'image attirante d'une manière d'être dans le temps. Dans son cours sur le Neutre, pour avancer dans sa description des états subtils de la conscience, Barthes rapporte plusieurs fois, comme s'il y percevait une clé obscure, un passage de Thomas De Quincey qui évoque le « calme alcyonien » : « ce calme alcyonien sur toutes les angoisses, cette tranquillité qui, loin de paraître le résultat de l'inertie, semblait l'effet d'antagonismes puissants, énergies sans limites, repos sans limites »[83]... Alcyon est le nom poétique du martin-pêcheur, dont on pensait qu'il nidifiait en mer, porté et menacé par les vagues, installé dans un temps vibré. En faisant entendre le nom d'Alcyon, cet oiseau des poètes romantiques (qu'il a retrouvé chez Baudelaire, Chateaubriand et Proust), Barthes acquiesce à la force d'emportement d'une *idée* de rythme. Sans doute pour Barthes le rythme d'Alcyon figure-t-il le rêve profond d'une paix des formes, une paix mobile et énergique, en état de variation, bercée mais toujours menacée, à la fois protégée et « cernée ». Alcyon sur l'eau s'installe dans la nuance, la variance ; il vit des modulations du proche, d'espacements légers, de compositions de forces. Ce calme bercé de la scène alcyonienne a offert à Barthes une allégorie à usage personnel, un véritable style de subjectivation ; il figure avec une grande force sensible le type très particulier d'unité intérieure (emportée, combattue) à laquelle il aspire. Sans doute son envie d'un « moi » mouvementé, lancé au long d'une ligne de risque plutôt que d'une ligne de vie, n'est-elle pas plus émancipatrice que le désir destinal du jeune Sartre... Mais il faut accepter d'y voir une autre attitude à l'égard de soi, un autre effort de subjectivation, emporté d'une autre façon par les formes extérieures — faisant place à plus de négativité. La quête d'une « unité composée », ni divisée ni simplifiée, insistait à l'intérieur de Barthes comme un véritable horizon existentiel. C'est la moire du sujet ballotté dans l'océan des violences et des empiètements, une note changeante, altérable et précaire, mais *tenue.*

La force du récit, pour Ricœur, était ensuite de permettre de « penser l'initiative », de donner toute sa place à la capacité de réflexivité de l'agent, impliquée dans un « pouvoir faire », une puissance de changement. Ricœur opposait le « caractère » et la « promesse » comme deux pôles de l'identité personnelle, deux modèles de permanence dans le temps. Pour lui c'est la possibilité de la promesse qui incarnait pleinement la capacité réflexive, où l'individu ne se reconnaît pas lui-même comme une substance inchangée, mais engage un acte prospectif de maintien de soi dans la parole tenue, une permanence sans substrat : « quand même mon désir changerait, quand même je changerais d'opinion, d'inclination, "je maintiendrai" »[84]. On pourrait souligner qu'il s'agit là d'une identité très paradoxale, sans traits ni contenus, auto-imputation, identité non descriptible, « performée » plutôt que qualifiée, et justifiant même assez peu le recours à la forme narrative et à son orientation rétrospective. Peut-être la notion de caractère mériterait-elle d'être ici réévaluée, comme celle de *disposition*, d'*ethos*, ou d'*habitus*. L'idée d'*habitus*, on l'a déjà évoqué avec Mauss ou Bourdieu, implique une dialectique de donné et d'inflexion du donné, une relance de manières héritées et de modulations de ces manières; elle conduit à s'intéresser à la façon dont un sujet *maintient* et *infléchit* sur le temps long l'ensemble de ses « pratiques » autour d'un certain pli, une disposition qui est durable mais aussi muable, à la fois une « habitude » et une « habileté »; cela dirige la temporalisation des individus stylistiques vers un double rapport à l'héritage et à l'intention : question de relance, de tension sans cesse rejouée entre équilibre et déphasages. Parler d'identité stylistique supposerait ainsi de réévaluer la notion de « pratique », ce mixte d'activité et de passivité abandonné au cours de *Soi-même comme un autre* au profit de celle d'« action », qui reconduit inévitablement à la narrativité.

Ricœur s'intéresse certes au caractère comme à une notion authentiquement dialectique : le caractère, précise-t-il, est ma « manière d'exister selon une perspective finie, affectant mon ouverture sur le monde des choses, des idées, des valeurs, des personnes »[85], c'est « l'ouverture finie de mon existence prise comme un tout », faite à la fois de *désir* et de persévération des *habitudes*. Je dirais décidément : mon style, qui n'a effectivement rien d'immuable mais qui dure — ce que Montaigne appelait la « forme-maîtresse ». Mais Ricœur abandonne rapidement la perspective descriptive du caractère, en l'associant à la pure répétition, et en expliquant que si le caractère est temporel, c'est simplement qu'il a une histoire et que l'on pourrait décider de raconter cette histoire : « ce que la sédimentation a contracté, le récit peut le redéployer »[86]. Je crois qu'il faudrait pourtant s'intéresser au fait très spécifique de cette *contraction* du temps, qui est une toute autre forme d'existentialité. C'est justement ce qu'incarne le style : une façon non narrative d'impliquer du temps, de contracter un passé et un projet, quelque chose de reçu et une façon particulière de le restituer. La dynamique de la figure, qui consiste à voir quelque chose ou à se voir soi-même « comme un autre », engage en fait fortement un être « en projet », qui fait l'expérience vive de sa puissance d'agir — mais aussi de sa puissance de pâtir, de sentir, de désirer. Songeons ici à la poétique de Michel Deguy, justement fondée sur une logique généralisée de la « figure », sur laquelle on pourrait appuyer une conception de l'identité comme jeu du « même » et du « comparable » (l'*homoion*). Une reconception métaphorique de soi ferait éprouver à un individu ce qu'il a de comparable et d'incomparable avec un autre et avec soi-même, ce qu'il a aussi d'altérable, elle tirerait en lui les fils d'une existence possible, légèrement autre. Ce que je pouvais devenir, ce *comme quoi* j'étais presque — Sartre en Mallarmé.

Pas étonnant qu'un poète comme Michaux ait confié l'aventure du « moi-foule » à la variation des styles d'être d'un sujet. J'ouvre par exemple ce poème terrible et drôle de *La Vie dans les plis* intitulé « Quelle usine ! »[87], et j'y trouve de bien singulières réserves de subjectivation. Le poème figure la modulation brutale des formes de vie (précisément des « formes » de vie, c'est-à-dire des manières possibles d'être ce que l'on est) d'un sujet ballotté, malmené à l'intérieur de lui-même, parmi ses propres lignes de force et ses propres possibilités. Ce sujet devient d'abord machine à torture (et le torturé c'est lui), puis il devient pot sous les doigts d'un potier (et le potier c'est lui) ; enfin il devient crapaud et se repose un instant dans cette manière animale, avant de modifier encore ses possibles et ses postures : « Ne coïncidant plus (par mes lignes de force intérieures, flageolantes à présent ou même détruites) avec mon organisme bipédique, je trouve meilleur appui sur quatre pattes. [...] Puis ne suis ni homme, ni sable, mais plus sable qu'homme. Puis plus sable que tout autre chose. Puis extension. Fatigue. Fatigue »... Le sujet est traversé de champs de forces, occupé par des conflits qui ne sont pas seulement les siens. Tout le mouvement de la figuration du moi est ici fait de désorientations et de réorientations dans le travail des qualifications grammaticales, dans le jeu sur les seuils catégoriels qui est si puissant chez Michaux : « plus sable » qu'homme, plus sable « que tout autre chose » : être ça, être ça plus qu'autre chose, moins que cette autre, être ça de cette façon-là, et non pas autrement, ne pas être autre chose de cette façon-là, et non pas ne pas l'être autrement... Au cours de cette lecture, je me trouve à mon tour orientée, contrainte à couper autrement en moi les qualifications, à changer mes articulations intérieures et mes seuils, à bifurquer dans mes propres possibilités d'être.

L'homologie du destin et du récit n'épuise pas les formes de l'individuation. Je crois qu'il faut décidément dégager le rapport entre *les formes, le sens et le soi* du seul cadre narratologique (et des méthodes afférentes), et cesser de déposer dans le roman le monopole d'une herméneutique de soi pour envisager la pluralité réelle, extraordinaire, des ressources et des modèles de subjectivation esthétique. Les formes, les images et les forces qui traversent notre monde sensible sont innombrables, et constituent autant d'appels. Identités rythmiques, identités figurales : ce sont d'autres promesses d'individuation, d'autres capacités d'être. Penser l'identité avec les instruments du style ne conduit pas seulement à une opération de réidentification, où une individualité resterait identique dans la multiplicité de ses occurrences. Non : la stylisation est justement cette opération générale par laquelle un individu *ressaisit* d'une façon partiellement intentionnelle son individualité, répète toutes sortes de modèles mais aussi les module, redirige, infléchit des traits, dans le maintien et la transformation desquels cet individu s'atteste et se reconnaît activement, en s'exposant, en engageant son identité dans sa façon même de la dégager.

UN LECTEUR EN COLÈRE

Proposons donc de tenir compte de toutes les façons, à certains égards concurrentes, de saisir les êtres temporels et mutatifs que nous sommes, et de comprendre les ressources très richement différenciées qu'offre l'expérience littéraire (dans la médiation de formes multiples) aux dynamiques de constitution et d'interprétation des individus. Je trouve un exemple un peu inattendu de la façon dont les poussées d'une « identité stylistique » ont pu protester à l'intérieur d'un lecteur contre la ligne de vie et l'horizon simplifié d'une identité narrative : celui de Bourdieu. Bourdieu avait sur ces questions destinales un compte à régler avec Sartre (il a fait après lui son « Flaubert » : *Les Règles de l'art*) ; mais il trouvait lui aussi dans la littérature des ressources existentielles auxquelles sa propre pensée ne faisait pas toute leur place.

On connaît la sévérité décourageante de l'approche de la lecture défendue par Bourdieu, lorsqu'il s'applique avant tout à dissiper les mirages de l'*illusio* associée à la lecture distinguée, à la « lecture pure » du *lector* lettré : « S'interroger sur les conditions de ce type de pratique qu'est la lecture, c'est se demander comment sont produits les *lectores*, comment ils sont sélectionnés, comment ils sont formés, dans quelle école, *etc.* Il faudrait faire une sociologie du succès en France du structuralisme, de la sémiologie et de toutes les formes de lecture, "symptomale" ou autre, [...] reconversion d'une certaine espèce de capital littéraire »[88]. La haine des rapports de pouvoir qui se jouent dans les institutions (l'école au premier chef) nourrit les sarcasmes de Bourdieu. Elle décide de son incrédulité devant la reconnaissance de la force culturelle de la littérature ; il n'y voit pas tellement une *valeur*, une capacité de singularisation qu'on pourrait tenir pour une chance (la chance d'une stylisation de soi, partagée par tous, car tous peuvent trouver dans la littérature une puissance de nuance), mais la fatalité d'une violence symbolique : « le mythe de l'exception créatrice [...] n'aurait pas une telle fortune littéraire s'il ne permettait aux écrivains et aux critiques les plus communs de se sentir uniques »[89].

Bourdieu écarte ainsi la singularité comme simple « coordonnée » injectée aux pratiques, et même comme obstacle épistémologique à leur compréhension objective ; il pense devoir sacrifier la variance individuelle à la dimension sociale des expériences esthétiques : « Une des illusions du *lector* est celle qui consiste à oublier ses propres conditions sociales de production, à universaliser inconsciemment les conditions de possibilités de sa lecture ». Je préférerais conclure à la nécessité de penser les enjeux de cette singularité des lectures — Sartre en 1946, Ricœur avec *Temps et récit*, ont certainement tendu à « universaliser » leur façon de lire et de s'attendre eux-mêmes dans la lecture, mais c'est précisément cette « façon » qui m'intéresse, parce qu'elle engage des valeurs. On peut négliger ces variations bien sûr, et trouver secondaire que même les lettrés attendent des choses très différentes des livres ; on peut ridiculiser même, comme un préjugé d'esthète, cette attention aux manières d'être et de faire. Mais ce serait abandonner la question même des *formes de la vie*, le fait qu'il y va dans les manières de vivre de la vie elle-même, et ce serait autant de perdu pour notre propre tâche d'être, pour notre chance de nous faire individus.

Lorsqu'il s'agit de lui-même, l'idée de « manière » joue d'ailleurs chez Bourdieu contre la conscience unifiée de sa propre histoire, contre la reconnaissance sans reste de soi-même dans une trajectoire sociale conçue comme une suite de rapports de force. C'est peut-être mon histoire, semble-t-il dire, mais il reste la manière que j'ai eu de la traverser ; c'est sans doute ma place, mais il y a la façon dont je l'ai occupée, dont je l'occupe, dont je pourrais l'occuper. Cette protestation de Bourdieu contre une compréhension rétrospective de soi (je ne pouvais donc être que cela ?) lui vient peut-être de quelques expériences littéraires ; en tout cas elle s'exprime dans des lectures et s'en nourrit, en laissant au sein de l'expérience littéraire le sujet réfuter sa propre pensée, se réapproprier sa destinée, et vivre la littérature un peu autrement. Dans sa lecture de Flaubert, d'Apollinaire, de Ponge, Bourdieu a vraiment laissé la puissance de singularisation de la littérature agir en lui comme une promesse.

Il a fait sien, ainsi, le désir flaubertien de « vivre plusieurs vies » ; il l'a par exemple constamment affirmé dans cette violente autobiographie intellectuelle qu'est l'*Esquisse pour une auto-analyse* : désir de penser une échappée, d'être aussi « insituable » que l'auteur de la tournoyante *Éducation sentimentale*, de ne pas être tout à fait à la place où on l'attend (à la place où sa propre pensée attend Bourdieu) : ce « qui est sûr, en tout cas, c'est que si je ne suis pas insituable en tant qu'agent empirique, je n'ai pas cessé de m'efforcer de l'être autant que possible en tant que chercheur », « comme Flaubert », insiste Bourdieu[90].

C'est à une variation active et subjectivante sur sa propre position sociale que l'expérience romanesque l'a ici invité. *Les Règles de l'art* étaient déjà en grande partie consacrées à *L'Éducation sentimentale*; elles montraient comment Flaubert avait écrit le roman d'un personnage qui occupait la même position que lui dans l'espace social et qui, parce qu'il occupait cette position, n'arrivait pas à écrire un roman. Bourdieu s'était amusé de voir combien sa lecture révoltait les amoureux de Flaubert. Il y voyait, forcément, la marque de l'*illusio* de la lecture pure : « Pourquoi ce qu'ils acceptent comme "merveilleux" — je pense que *L'Éducation sentimentale* est un des romans qui implique le plus de passion littéraire —, quand c'est retraduit sous la forme plate, objectivante, du discours scientifique, ça leur répugne ? »[91] Peut-être parce que « la forme » a, en tant que telle, une force et une valeur existentielle. D'autant que lui aussi s'était confié au merveilleux du romanesque, révolté par la nécessité d'occuper sa place : « Je n'ai pas de peine à éprouver cette expérience, d'ailleurs... » En quelque région de lui-même, ce lecteur a fait dans la lecture romanesque l'expérience d'un rapport à soi assez différent de celui que sa pensée de la reproduction impliquait. Contre la logique toujours plus ou moins bégayante de l'*habitus* décrit par Bourdieu, qui fixe les sujets à eux-mêmes, et renvoie la stylisation de soi à la mauvaise foi de l'*illusio*, la lecture, ici, indique l'issue au moins temporaire d'un autre tempo. *Les Règles de l'art* culminent sur une belle analyse du temps de la lecture et de la lecture du temps qui en fait la relance des mouvements de structuration sociale de l'existence temporelle : la lecture, conclut Bourdieu, nous « oblige » à découvrir en nous le « sens du jeu social », et peut-être à changer d'*habitus*. Cet aboutissement d'allure phénoménologique n'a rien d'étonnant pour un penseur qui se réclamait de Merleau-Ponty et qui, jeune homme, avait commencé avec Canguilhem une thèse sur « Les structures temporelles de la vie affective » pour laquelle il devait s'appuyer sur Husserl.

Bourdieu a aussi consacré une petite explication de texte à « Automne malade », un poème d'Apollinaire extrait d'*Alcools*[92]. Ce poème ne l'encourage pas cette fois au grand écart d'une échappée, mais à la « tristesse douce », comme aurait dit Sartre, d'un acquiescement singulier au réel, d'un apaisement, d'une assomption consolante de son propre corps en paysage choisi, et par conséquent d'une réappropriation de son rapport à soi-même. Voici Apollinaire : « Automne malade et adoré / Tu mourras quand l'ouragan soufflera dans les roseraies / Quand il aura neigé / Dans les vergers / Pauvre automne / Meurs en blancheur et en richesse [...] Et que j'aime ô saison que j'aime tes rumeurs / Les fruits tombant sans qu'on les cueille / Le vent et la forêt qui pleurent / Toutes leurs larmes en automne feuille à feuille / Les feuilles / Qu'on foule / Un train / Qui roule / La vie / S'écoule ».

Écoulement de vie, décidément, au long d'une voie qui rappelle celle sur laquelle se tenait Sartre : hémorragie et transfusion, affaiblissement d'un rythme vital jusqu'à la mort de l'automne et du poème, injection froide et destinale faite au lecteur... Le commentaire qu'en donne Bourdieu est étonnamment dégagé de tout enjeu sociologique ; en fait sa lecture semble encourager, et faire exister au moins pour un temps à l'intérieur de lui, un autre rapport à la littérature, et par conséquent un autre rapport à soi, un acquiescement « en beauté » au destin où le lecteur ressaisit quelque chose de ses propres possibilités : « Le poète dit le *fatum*, mais il est aussi celui qui exhorte à l'*amor fati*.

[...] Meurs, accepte ton destin, qui est de mourir. *Ama fatum.* Mais accepter son destin c'est, pour l'automne, mourir en beauté, c'est-à-dire "mourir en blancheur et en richesse". » Bourdieu réévalue, grâce à Apollinaire et en l'éprouvant autrement en lui-même (en l'éprouvant « en beauté », dans une forme augmentée de valeurs), toute sa théorie de l'*amor fati,* cette capacité désespérante des sujets sociaux à ajuster leurs espérances aux limites objectives de leur situation, à ne pas vouloir être autres que ce qu'ils étaient appelés à être. Comme si Apollinaire lui permettait de ressaisir affectivement, activement, l'expérience de la nécessité, et lui offrait une façon de vivre un peu autrement l'idée principale, et à vrai dire décourageante, de sa propre pensée.

Et à propos de nécessité, on peut encore songer à un bref article consacré par Bourdieu à Francis Ponge, lui aussi très étonnant. Il s'intitule « Nécessiter »[93], et s'ouvre sur une déclaration de gratitude au poète, le « souvenir affectueux d'un bienfait reçu, avec le désir de s'acquitter en rendant la pareille ». C'est un mot de Ponge, « nécessiter », qui a encouragé Bourdieu à reconnaître son propre projet, celui qui consiste à déceler la raison d'être des choses, à les « nécessiter » : nécessiter les choses, les hommes, l'étranger, c'est-à-dire les rendre nécessaires. La poésie de Ponge semble porter intimement le même pouvoir d'acquiescement (c'est-à-dire aussi de paix) que celle d'Apollinaire, et permet elle aussi à Bourdieu de colorer autrement son réalisme social, de l'infléchir ; sans changer de pensée, puisqu'il y reconnaît la sienne, il déplace simplement, un instant, sa manière d'être d'accord avec lui-même, il s'augmente d'un style un peu différent, d'une manière poétique : « Ni exaltation (au sens subjectif et objectif), ni résignation, une forme d'*acquiescentia animi,* d'adhésion de l'esprit à ce qui est et qui est bien ainsi :

"Ainsi soit-il", païen de Ponge, *Amor intellectualis rei*; assimilation de l'objet au sujet et immersion du sujet dans l'objet ». Le lecteur se soumet activement à la « nécessité singulière » produite par le texte. Il se trouve dupliqué — accordé, traversé par le même style — dans l'éloge pongien de « ceux qui plongent vraiment dans le monde, dans la nature, dans la terre, moi d'abord ». Bourdieu en tire la conclusion, consolée, que la reconnaissance peut « devenir une arme, une arme assez terrible ».

Flaubert le guidait donc dans un désir de vivre plusieurs vies ; sa colère, l'aiguillon de son action, Bourdieu la devait en partie à Flaubert ; Apollinaire et Ponge lui permettaient aussi de se réapproprier, comme une disposition émotionnelle positive, l'*amor fati* que sa sociologie le conduisait à haïr ; cette émotion s'est muée en capacité, en acte d'individuation guidé par des formes, restituant activement la façon dont la littérature l'a *affecté.* C'est une variation légère sur la conscience et les données de sa propre histoire ; elle ne change rien au contenu social de sa vie (à sa position), mais elle infléchit son rapport à ce contenu ; l'habitus, ce pli du corps, se ressaisit dialectiquement en habileté ; et le poids du destin se double de la liberté toute stylistique d'une « manière ».

Cette possibilité d'une ressaisie du rapport à soi, d'une « manière » singulière et « belle », intervient d'ailleurs souvent sous la plume de Bourdieu, dans des textes coléreux, lorsqu'il entre en lutte contre ses propres déterminations ou contre sa propre histoire, et qu'il sent en lui-même la force d'affirmation d'une individualité. Je ne cherche pas, ici, à jouer la dimension individuelle contre la dimension sociale, mais à voir comment agit partout une force de modalisation, comment un pouvoir d'écartement enseigné par la littérature insiste à l'intérieur d'un sujet social contre ses contraintes, ses douleurs, et sa propre incorporation des rapports de pouvoir. Processus assez sartrien, où la liberté du sujet se limite à sa capacité à relancer ce qu'on a fait de lui, mais qui chez Bourdieu se confie à un espace de singularité assez précis : l'action d'un style. Lorsqu'il retrace son parcours dans l'*Esquisse pour une auto-analyse*, Bourdieu ne cesse ainsi d'affirmer l'isolement de son style d'être et de son style de pensée, la constance en lui d'une manière d'agir, de travailler, d'écrire, d'entrer dans l'arène — toujours la même, du Bourdieu tout craché. L'effort final pour affirmer sa propre existence se dit justement au long de l'*Esquisse* dans l'omniprésence du mot « style », plutôt « protesté », si je puis dire, qu'élucidé, et qui culmine sur la description d'une œuvre-performance (il parle d'une « sorte d'"intervention", au sens des artistes ») — qui fut l'incarnation de cette manière : la leçon inaugurale au Collège de France. « La préparation de cette leçon me fera éprouver un concentré de toutes mes contradictions »[94] : une manière colérique, une façon contradictoire qui lui est propre, la « schizophrénie » par laquelle Bourdieu commente un message par un autre message qui le contredit sur l'essentiel.

L'individu proteste ici vigoureusement de la puissance irréductible de ses possibilités, de sa capacité de vie, de son style : ce style qu'il pousse devant lui, qui lui ressemble, l'attache à soi ou le met en porte-à-faux, son style comme impossibilité, qu'il affirme pourtant en toute pratique, cette réappropriation de soi dont Bourdieu lui-même cherche la force et la beauté émouvante au miroir des livres. Pas comme un artiste en quête de prestige, mais comme tout un chacun. Contre sa propre pensée, c'est l'affirmation d'un besoin non sceptique de « valeurs », qui trouve dans l'expérience littéraire (qui est une expérience de différenciation, et en cela un guide efficace) les instruments de sa différence.

« LA VITESSE DE MON ÂME »

Une même incrédulité devant la possibilité d'être vraiment un individu, dans un regard impitoyable posé sur les déterminations, et pourtant dans le désir de changer de « projet » et de vivre « en beau », associait Sartre et Bourdieu. C'est la manière intime, et contradictoire, de ces grandes intelligences surveillées. Et c'est pour mener ce combat de soi contre soi que chacun d'eux s'est emparé des livres. Chez Sartre aussi une manière très particulière — là encore du Sartre tout craché — est entrée en lutte avec l'effort permanent de synthétisation d'un récit de soi. Cette manière est la fuite, la vitesse, l'envie d'un mouvement qui ne s'appesantirait sur aucun trait d'individualité, que n'arrêterait aucune histoire, et qui ferait vivre sans fin l'emportement romanesque. Ce que la lecture lui a fait éprouver et ressaisir, c'est rien moins que « la vitesse de son âme » ; quelques écrivains l'ont guidé vers ce désir d'essayer en soi ces lignes de fuite, des décisions non identifiantes, une légèreté de surface. J'y viens, conduite encore une fois par ses difficultés — lui comme un autre, mais justement celui-là.

La fuite, la vitesse, la glissade, celles que vit le lecteur embarqué sur les rails du récit, répondent en fait à la méfiance de Sartre devant la possibilité d'être singulier, à son incrédulité face à l'idée d'être quelqu'un, fait de préférences et de subtils reliefs intérieurs, à sa peur aussi de reconnaître en lui-même des permanences et des contours trop bien arrêtés. Chez Sartre, toute tentative d'individuation est un risque d'imposture : s'essayer à être ou s'essayer à faire être quelque chose, se donner une forme ou inventer une forme, c'est toujours risquer d'en faire trop, c'est-à-dire, comme il le dit souvent, d'« appuyer ». L'emphase, l'accentuation, régissent pour lui la comédie de l'individu, ou, plus clairement, font de toute individuation une comédie, un jeu qui commence dès l'enfance et s'incruste, comme un pli trop marqué, dans les pratiques artistiques comme dans la vie quotidienne. Dès l'ouverture des *Mots* le grand-père « appuie » ses effets, « pousse le petit », lui fait lire « le pesant Corneille »... Sans mots à lui, « sans forme ni consistance », l'enfant sait qu'il est lui aussi un « imposteur », et qu'il ne peut plaire aux autres qu'en emphatisant son jeu.

« Appuyé » est aussi le mot qui qualifie la conduite du garçon de café dans *L'Être et le néant* : « Il a le geste vif et appuyé, un peu trop précis, un peu trop rapide, il vient vers les consommateurs d'un pas un peu trop vif, il s'incline avec un peu trop d'empressement [...] Il joue, il s'amuse. Mais à quoi joue-t-il ? Il ne faut pas l'observer longtemps pour s'en rendre compte : il joue à être garçon de café »[95]. L'histoire du garçon de café, c'est celle d'une accentuation de soi à laquelle personne n'échappe, une fatalité de l'emphase qui est notre fardeau et vient de ce qu'« il nous faut *faire être* ce que nous sommes ». Voilà naturalisée la logique du faux et de la gesticulation. Le dandysme noir du *Baudelaire* était tout aussi net : « rappelons-nous, si nous voulons entrevoir les paysages lunaires de cette âme désolée, qu'un homme n'est jamais qu'une imposture », une tentative de qualification sur fond de gratuité. « Un homme n'est jamais un individu », posera encore *L'Idiot de la famille*, un homme n'a jamais fini d'essayer de devenir « soi-même », de trop en faire, non pas d'émerger comme singularité mais de s'appliquer avec un excès maniéré à *se faire être*.

Son écriture est aussi, pour Sartre, un langage sur lequel on a « un peu trop appuyé », une liberté alourdie. Il voudrait avoir le style sec, vif, léger, glissant de Stendhal, de Gide ou de Nizan ; mais il écrit spontanément comme Flaubert, dont la phrase épaisse, dit-il, « meurt en faiblesse », « marbre » frappé d'un « avachissement secret », tout à fait comme sa propre prose qui lui semble avoir un « aspect massif d'immeuble, avec une secrète faiblesse »[96]... Masse secrètement avachie, inertie qui s'écroule, comme le petit Poulou volant d'imposture en imposture, vif comme une toupie mais « s'affalant » dès qu'il bute contre un obstacle. La pensée et la pratique du style sont le lieu de la contradiction intime de Sartre ; car le style est la vie, la présence, l'incarnation, mais le style est aussi pour lui la mort, l'arrêt, le figement, l'écrasement. Sa manière n'est donc pas faite d'accents intérieurs, d'infléchissements subtils, de reliefs, de valeurs vivantes et nuancées ; elle est à la fois lourde et écroulable.

Dans cette famille, seule la grand-mère veut qu'on n'appuie pas ; elle a percé à jour le petit comédien : « elle ne m'admirait pas assez », elle « blâmait ouvertement en moi le cabotinage ». Et la grand-mère est une lectrice, d'un genre particulier : « Elle lisait beaucoup de romans lestes dont elle appréciait moins l'intrigue que les voiles transparents qui l'enveloppaient : “C'est osé, c'est bien écrit, disait-elle d'un air délicat. Glissez, mortels, n'appuyez pas !” »[97]. Pour Sartre cette légèreté serait la possibilité d'ouvrir en soi un autre profil d'existence, d'essayer une autre manière, en vivant une histoire à la Stendhal.

« Glissez, mortels, n'appuyez pas ! » Cette phrase de la grand-mère a ouvert *Les Mots*, elle les refermera. Elle a longuement accompagné Sartre, comme s'il y avait entrevu l'horizon d'un changement de projet ; on la retrouve... dans le voyage italien bien sûr : « Venise est sa propre admiration (narcissique) et sa propre contestation. Une ville double. La ville des glissements — glissez, mortels, n'appuyez pas — de l'effort couronné de succès, qu'une nature poursuit »[98]. Avec *Les Mots,* Sartre cherche à écrire sa vie comme un « roman leste ». Mais le récit se saccage, asserte, martèle, gesticule sans trouver ses nuances. La joie de la glissade et des échappées verticales ne l'emportera pas. « Pour finir, mon altimètre s'est détraqué, je suis tantôt ludion, tantôt scaphandrier, souvent les deux ensemble comme il convient dans notre partie : j'habite en l'air par habitude, et je fouine en bas sans trop d'espoir »[99].

Pour ce Sartre pris dans la contradiction de l'énergie et du figement, la seule issue est la *vitesse.* Les dernières pages des *Mots* sont, à cet égard, vertigineuses, entièrement construites autour du motif de la course, d'un être qui s'élance et vise à s'échapper hors de son pli, hors de ses déterminations. Sartre a constamment vécu en avant de lui-même, rien ne le retenant, la vitesse se marquant justement à ses yeux par son pouvoir d'arrachement. Cette démarche qui est dans son corps, cet élan que l'écriture transmet et qui fait dire : « c'est du Sartre »[100], c'est donc la vitesse, la vitesse comme échappée hors du choix, la vitesse comme fuite de comédie en comédie. Cette vitesse pourrait être le rêve d'une harmonie et d'un autre tempo si Sartre était Stendhal ; mais elle est arrachement à l'être, saccage de soi, contre-individuation, perte où l'individu prend le risque de rester sans qualifications ; c'est l'autre face du désir d'être « n'importe qui », une marque de l'incroyance au façonnement de soi.

Sartre voit bien qu'il s'applique à piétiner ses espoirs d'autrefois, à piétiner une folie qu'il aime. Au moment où il perce ainsi à jour sa manière d'être, il bifurque, passe son chemin, s'en va : « Laissons cela. Mamie dirait :

"Glissez, mortels, n'appuyez pas" »[101] — glisser, continuer, changer, se tenir enfin, ainsi qu'un éternel fugueur, dans la liberté du devenir et de l'ouvert. Mais la vérité sans cesse observée et accentuée dans les biographies existentielles comme dans *Les Mots*, c'est celle d'une étonnante répétition du sujet, d'une stabilité désespérante de caractère, d'une force de confirmation du projet originel (l'*habitus* de Bourdieu, si pesant, qui postule un corps si peu labile, ne disait pas autre chose), dans une lucidité contre laquelle l'individu s'élève : « Naturellement, je ne suis pas dupe : je vois bien que nous nous répétons. Mais cette connaissance plus récemment acquise ronge mes vieilles évidences sans les dissiper entièrement »[102]. Ce qui est en cause ici dans la temporalisation narrative, c'est tout simplement la relation que l'on entretient, et plus précisément que l'on accepte d'entretenir, avec la successivité de l'existence — « Notre existence est successive et ne peut être conçue autrement », écrivait Maine de Biran. La manière de se tenir dans cette successivité ou de refuser de le faire est une décision forte et première sur l'être. Sartre a en fait trouvé une façon de pousser à son comble l'émotion narrative en la niant, en relançant sans cesse et impulsivement l'emportement romanesque sans clore son récit, fuyant toujours. Le fait de se reconnaître dans sa propre histoire est aussi ce qui empêcherait de bondir ailleurs, et Sartre (comme Bourdieu) ne s'est finalement pas satisfait de la forme narrative pour rendre compte de la multiplicité de ses possibilités d'existence ; en revenant à soi dans *Les Mots*, il s'agissait aussi d'éviter de se retrouver dans le dessin d'une « ligne de vie ».

Sartre a risqué cette manière qui est un pur mouvement, une course sans contenu, toujours susceptible de le faire retomber dans l'emphase d'un « trop en faire », et dans le vide d'un être sans qualités : négation du style, injonction d'informe qui est pourtant devenue son style d'être, sa forme-maîtresse. Peut-être l'ambivalence du rapport de Sartre à la littérature réside-t-elle dans ce double besoin d'avoir une vie en forme (en l'occurrence, en forme narrative) et de garder toujours en réserve la possibilité de fuir pour réinventer sa manière et rediriger son projet. L'émotion narrative était sa manière, et elle était aussi sa manière de protester contre sa manière, de s'arracher à ce qu'il voyait se confirmer et se répéter en lui, annulant la possibilité même de *l'expérience.* La lecture romanesque était l'exercice d'un rapport à soi, d'un rapport aux autres qu'il y a en soi, que parfois l'on regarde comme des pistes abandonnées, et que parfois l'on fait tout pour maintenir comme une vibration de possibles à l'horizon de l'action. Que Sartre se soit cherché en Stendhal, c'était la chance d'un changement de style. Non qu'il y ait eu là la vérité de son être, un secret mal gardé; mais plutôt parce qu'un sujet est fait de l'accord dissonant de plusieurs rythmes, du droit imprescriptible à la contradiction et au non-choix.

L'essentiel de l'herméneutique de soi chez Sartre s'est justement joué dans un conflit entre unité d'un destin et échappées stylistiques — un conflit entre plusieurs modes de temporalisation qui sont entrés en concurrence à l'intérieur d'une individualité, et dans sa façon de s'interpréter, sans souveraineté. Dans les dernières pages des *Mots,* Sartre se débat littéralement entre ces deux modes de figuration de sa propre identité. Après un minutieux récit de soi, se retournant une dernière fois sur son passé comme Julien sur Verrières, il décroche et n'atteste rien : « Allez vous y reconnaître. Pour ma part je ne m'y reconnais pas »[103]. Il ne s'y reconnaît pas, mais il éprouve quelque chose comme une saveur fondamentale, ce qu'il nomme « la vitesse de (s)on âme », cette vitesse que la forme haletante et épuisante de sa phrase nous fait sentir à nous aussi en permanence... Sartre a aimé le wagon narratif, y a éprouvé sa vitesse propre, mais s'est détourné de l'idée de destin. Il a trouvé son rythme dans un romanesque jamais achevé, une envie de lecture toujours recommencée ailleurs et poussée plus loin. L'amour de la littérature était bien l'impossible de cet individu, qui s'est battu avec elle et grâce à elle contre l'insistance en lui-même d'un projet originel.

« Pour ma part je ne m'y reconnais pas ». Mais nous l'y reconnaissons, dans sa lutte avec ses déterminations, sa vitesse et sa course, cette façon qu'il avait de se contester et de se refuser à lui-même, de se fuir toujours en se retrouvant toujours. En le lisant, nous sommes violemment conduits, comme pris en cordée, à éprouver les formes, les directions, les contradictions de notre propre élancement, notre conscience de tendre une corde dans les choses, à notre façon, à notre rythme, et parfois de protester aussi vivement que lui devant le sentiment d'une permanence dans notre rapport au monde ou à nous-même.

Chez tous ces lecteurs, la lecture mettait donc en jeu l'effort complexe d'une élaboration de soi dans le temps ; là où d'autres se placent dans l'existence comme sur une scène ou devant un tableau, la ligne de vie, la flèche du temps était bien leur forme-maîtresse, le pli autour duquel ils jouaient leur destinée, leur façon de se réapproprier leur rapport à eux-mêmes. Mais entre la fermeté au moins promise d'une identité narrative, placée à l'horizon de la vie par l'acte de lecture, et la protestation à l'intérieur du lecteur de rythmes, de styles d'être et de manières qui pourraient défaire cette unité, les conduites se contestent, le sujet lutte sur plusieurs fronts. La lecture engage des régimes de temporalisations très divers, faits de vitesses, de bifurcations et d'arrêts hétérogènes. C'est une hésitation profonde que sa vie de lecteur a fait éprouver à Sartre ;

transfusions narratives et hémorragies de durée, totalisation de soi et libres échappées se contrariaient en lui ; elles luttaient aussi en Bourdieu, quoiqu'un peu autrement ; chez Ricœur en revanche, la foi en un pouvoir d'intégration et d'attestation inhérent au récit rétrospectif n'a jamais été démentie (un sentiment moral et une idée de la littérature s'y informaient l'un l'autre), alors que chez Barthes le désir de fragmentation et la rythmicité du vivre ont opposé un refus brutal à la « nappe » narrative... Autant de façons de se situer dans le temps des livres, autant d'idées de la vie à pousser devant soi. La plupart de ces lecteurs font confiance aux romans pour guider leur propre temporalisation, mais beaucoup hésitent malgré tout à se reconnaître, à s'attester dans leur propre histoire : je ne suis pas tout à fait ma vie, je pourrais être ailleurs. On se prend facilement à leur ressembler, et Michaux leur donne violemment la parole, proclamant cette scission au début de *La Vie dans les plis* : « Je crache sur ma vie. Je m'en désolidarise. Qui ne fait mieux que sa vie ? »[104]

Se donner des modèles

« La vérité emphatique du *geste* dans les grandes circonstances de la vie... » C'est encore Baudelaire qui a dicté à Barthes l'une de ses citations préférées, dans une formule qui dévoile une passion ambivalente des formes. Barthes a souvent mobilisé ce fragment du *Peintre de la vie moderne* (jusque dans son essai sur le catch, cette tragédie de consommation courante) ; dérivant en lui pendant trente ans, ce souvenir de lecture a exercé sa force plastique sur sa vie, dans une pluralité de circonstances d'écriture et de pensée. La phrase ici n'a pas fonctionné comme un cadre de perception, dans lequel il fallait apprendre à se mouvoir, mais comme une véritable « idée de conduite ». Et pas seulement cette phrase-ci, mais toutes celles qui ont pu arrêter le lecteur, l'emporter et, justement, le « conduire ». Chez Barthes la lecture n'engage pas tellement l'œuvre comme milieu habitable, invitation à changer d'univers perceptif, ou schéma global de destinée ; non, dans une conception mobile, exploratoire et instable de la subjectivation, c'est chaque phrase qui se présente comme une invitation gestuelle, la requête ou la promesse d'activation d'une manière de se conduire.

Qu'est-ce qui fait du fragment baudelairien la citation

par excellence, celle qui le fait « partir » et lui impose sa force ? Sans doute l'attrait d'un style de vie : Baudelaire indique la pente et le registre de quelques attitudes, il enseigne une esthétique active de l'existence, la créativité de postures inséparables d'une accentuation de soi. Décrivant sa bibliothèque comme il aurait fait son autoportrait — comme Nietzsche, ou Huysmans — Barthes affirmait ainsi dans ses lectures une volonté d'esthétisation de ses goûts et de sa pensée : « j'ai assumé de ne pas contrarier ce que j'appellerai une esthétique du travail [...] j'ai toujours envie que le matériel soit “racé” »[1]... Réénoncée par Barthes, l'invitation baudelairienne à l'auto-stylisation est en quelque sorte portée à la puissance deux : désir d'un désir, projection d'une force dans des situations concrètes, elle lui apprend (nous apprend) à se transporter énergiquement dans l'artifice ; ce style de lecture est un véritable style d'action enseigné par des œuvres — un dandysme des signes. Mais l'énoncé baudelairien recèle aussi toute l'ambivalence du rapport de Barthes avec les formes et les codes ; car si toute phrase lui est un appel désirable et un guide en gestes de l'existence, elle constitue aussi une force d'arrêt à laquelle il se heurte.

L'aventure de la lecture est apparue jusqu'ici sous la figure de l'accès, de la prise de contact, d'une expérience mentale qui s'accomplissait dans la participation à des univers perceptifs ou temporels et qui progressivement, par la rencontre de nouvelles formes, augmentait les capacités de circuler du lecteur ; c'était le grand thème du « suivre » et du « prolonger ». Acquiescer en lisant à une conduite fait en revanche passer du registre de l'expérience à celui de la *performance*, d'une culture (phénoménologique) de la sensation à une culture (pragmatique ou constructiviste) de la simulation ; ce qu'on lit ne mène plus à affûter des perceptions ou des rythmes, mais à retourner la pratique de modélisation de la littérature vers soi-même. Le caractère médiateur des formes continue de s'imposer (c'est la structure même de notre univers sensible) mais les conduites qui se placent au centre de la vie esthétique sont d'une autre tonalité : imitation, allégorisation, appropriation, exposition de soi — exercice de forces et questions d'usages. La question n'est plus tellement celle des états attentionnels, mais de la relance pratique : quelles activations, quelles traductions le lecteur invente-t-il, ou échoue-t-il à inventer? Ce registre de l'*usage* implique un changement de plan, une activité délibérée sur le réel et sur soi, qui s'appuie sur le livre pour inventer de toutes pièces des modes d'être. On élargit le domaine de la vie intérieure, pour entrer dans celui, contigu, des comportements, qui deviennent autant d'« interprétations pratiques » et d'applications. La littérature suscite en effet des gestes verbaux qui se glissent en nous et dans lesquels nous voulons nous glisser à notre tour, pour essayer d'autres façons de répondre à la vie, ou même changer de vie. L'usage des livres consiste en la relance de ces attitudes, de ces propositions formelles que les œuvres ont avancées comme de véritables manières d'être. *Lire en levant la tête*, ici, consiste à répondre à ces propositions, à en éprouver violemment l'attrait, la force de capture, et à en rappeler les initiatives dans sa propre vie — pour Barthes, dans sa vie de pensée.

En reprenant un mot de Foucault, je définirais volontiers ce style de lecture et ce genre d'attitude à l'égard des œuvres comme une activité « éthopoiétique »; ce qui est *ethopoios* est ce qui a la qualité « performative » de transformer « le mode d'être d'un individu », et ouvre à l'exercice ascétique et souverain d'une stylistique de l'existence. Transformant effectivement ses lectures en idées de conduites du corps ou de la pensée, Barthes a formulé le désir d'avoir une « Vie en forme de Phrase », une vie « selon la littérature », non seulement guidée mais même dictée par la puissance des modèles littéraires. Sans doute est-ce aujourd'hui une tâche importante que de comprendre les ambivalences de l'imitation, pour faire la part de l'activité (la performativité du soi) et de l'aliénation (la facticité des identités) dans notre acquiescement à des modèles : chacun dispose en effet du pouvoir d'accepter ou de refuser ce qui s'empare de son désir, et éprouve fortement ce pouvoir ou cette impuissance à agir sur soi-même au cœur d'un assujettissement esthétique. Notre façon d'être touchés par des œuvres doit en effet aussi être reconnue comme notre puissance de sujets, qui se projettent hors de soi, s'aliènent mais aussi s'approprient ce qu'il y a au-dehors, l'intégrant à ce qu'il y a pour eux de plus intime. La capacité d'action d'un sujet réside aussi dans la manière dont il se transforme en s'identifiant à une image, mieux, en « assumant » une image extérieure et en lui demandant témoignage de lui-même. Lacan a médité sur ce mécanisme, transformant radicalement les enjeux de « l'imaginaire », faisant de notre commerce avec les images la structure même de notre être. On conçoit bien (on ne conçoit que trop), dans l'univers médiatique qui est aujourd'hui le nôtre, ce que c'est que s'emparer d'une image pour y façonner son propre corps ; il est plus délicat sans doute de comprendre que ce mécanisme est aussi à l'œuvre dans notre rapport à nos propres mots, c'est-à-dire de comprendre ce que c'est que « vivre » dans une phrase ou dans un poème, et en quoi il y a effectivement pour chacun de nous, dans la réappropriation décidée d'un rapport au langage, de grandes ressources de subjectivation.

BOVARYSME DES FORMES

C'est donc un désir de désir, une certaine modalité de l'imitation, qui guide ici la constitution du sujet. Dans une ambivalence qu'il a mis longtemps à décrire mais dont il a toujours fait l'expérience, la pratique des formes et les vacillements de la subjectivité qui s'y jouent mettaient en jeu chez Barthes quelque chose de profondément affectif. Son style de lecture est assez proche d'une catégorie ancienne de la psychologie de la réception, une modalité du « lire » saisi dans sa dimension pratique, existentielle et sentimentale, une figure un peu fruste qui sert généralement de repoussoir aux herméneutiques savantes : le bovarysme. Baptisé et décrit par Jules de Gaultier dans un essai de 1892 devenu rapidement célèbre (*Le Bovarysme. La psychologie dans l'œuvre de Flaubert*, publié une trentaine d'années après *Les Œuvres et les hommes* de Barbey d'Aurevilly qui parlait déjà de « bovarisme »), le bovarysme a d'abord désigné un excès d'identification et d'empathie qui touche les lecteurs de romans, de Don Quichotte à Emma Bovary; c'est un mouvement psychologique qui repose sur un renversement des priorités de l'action et des modélisations du destin : la vie désirable y est désignée par l'idéal que le lecteur peut inférer des œuvres qu'il a lues, cette vie répond moins aux lectures qu'elle ne s'y conforme, en épouse les valeurs, les répète et semble par conséquent s'y aliéner. Au plus péjoratif, le bovarysme désigne un état d'insatisfaction devant la réalité qui se traduit par une fuite dans l'imaginaire et dans des ambitions vaines; c'est ainsi que la notion a pu entrer dans le vocabulaire médical, pour désigner, selon les termes du *Grand Dictionnaire de la psychologie*, une « conduite névrotique narcissique s'accompagnant d'une perturbation de la fonction du réel et d'une exagération des activités imaginatives »...

Le bovarysme a pourtant lui aussi sa part inventive et surtout son universalité ; il se trouve alors défini comme un pouvoir qu'a le lecteur de « se concevoir autre qu'il n'est ». Il est en ce cas tout entier *en avant*, et fait de la lecture un espace de resubjectivation. Ce n'est pas un pur mouvement de participation psychologique qui domine, mais une capacité à s'altérer imaginairement, une puissance de projection et de déplacements, associée à cette coloration euphorique des imaginations qu'est l'idéalisation (dont le rôle positif dans la lecture des romans a été réévalué par Thomas Pavel). Jules de Gaultier ne présentait d'ailleurs pas seulement le bovarysme comme une pathologie (féminine), mais aussi comme une « tendance essentielle » de la psychologie humaine[2]. Il distinguait de ce point de vue un « bovarysme empirique » et un « bovarysme essentiel ». Dans le bovarysme « empirique ou pathologique » on se dupe soi-même, et l'on se dupe de tout cœur, pleinement et sans réserve ; dans le bovarysme « essentiel ou métaphysique », en revanche, on choisit une attitude romanesque, on modèle une conduite selon ce que Gaultier définissait déjà comme un « pragmatisme esthétique », qui consiste à « dramatiser, esthétiser et styliser l'existence ». Entendu comme puissance imaginative et ouverture aux « possibles » du moi, ce bovarysme est la chose du monde la mieux partagée. Un commentateur précoce de son livre, le bergsonien Georges Palante (*Le Bovarysme. Une moderne philosophie de l'illusion*, 1903) insistait particulièrement sur ce pragmatisme de l'imagination, d'ailleurs accentué dans la deuxième version du livre de Gaultier parue en 1902, et encouragé par son voisinage avec la « fonction fabulatrice » que Bergson décrivait comme la faculté psychologique de « créer des personnages dont nous nous racontons à nous-mêmes l'histoire », et qu'il trouvait « à quelque degré chez tout le monde »[3]... L'impasse d'Emma n'est alors pas tant sa tendance à se voir autre qu'elle n'est, que son impuissance à incarner durablement cette personnalité qu'elle projette ou à laquelle elle veut adhérer, son incapacité à devenir cet autre et à se donner une forme souveraine d'après ses lectures. La possibilisation de soi exige en effet une véritable force, force à la fois d'altération imitative et de ressaisie, qui ouvre à une subjectivation pluralisée, active, exploratoire.

Dans cette version performative, la notion a été successivement adoptée par Remy de Gourmont, par Segalen (qui parlait de cette capacité à « se concevoir autre » dans sa correspondance avec Gaultier et son *Essai sur l'exotisme*), ou encore par Musil (qui réfléchissait à l'utopie d'une vie en forme littéraire). Aujourd'hui, les interrogations de la philosophie morale et de la psychologie cognitive permettent elles aussi de prendre le bovarysme un peu plus au sérieux : éclairé par l'*empathie* (le *love's knowledge* de Martha Nussbaum), par l'analyse de l'*immersion* (ce moteur de toute activité de réception fictionnelle exposé par Jean-Marie Schaeffer), par l'hypothèse d'un *mimétisme* fondamental de l'humain (qui est au principe de l'anthropologie, ou de la pensée de René Girard qui a dégagé tout un désir d'être-en-ressemblant), c'est-à-dire par la tendance affective de toute lecture et les formes ordinaires de l'identification, le bovarysme pourrait redevenir la figure incontournable d'une psychologie de la littérature. Et pourquoi pas, d'une politique de la lecture : Emma Bovary (comme Don Quichotte) est en effet l'une des héroïnes de la pensée littéraire de Jacques Rancière, une Emma moins aliénée qu'inconvenante, révoltée, qui va là où elle ne devrait pas aller, qui écoute des mots qui ne lui sont pas adressés, qui aspire à des styles qui ne sont pas de son rang et va s'en emparer furieusement, une Emma dont le seul désir d'être « autre » et d'esthétiser sa vie incarne l'audace des subjectivations démocratiques : « La critique de la société de consommation est d'abord une critique effrayée devant toutes ces formes nouvelles d'expérience, et peut-être y a-t-il un lien entre Emma Bovary qui cherche à savoir ce que peuvent vouloir dire les mots qu'elle a lus dans les livres comme *félicité*, *extase* et *ivresse*, et puis ces prolétaires qui veulent aussi donner réalité à des mots comme *liberté*, *égalité* et *émancipation des travailleurs* »[4]... C'est une « capacité » que Rancière veut révéler chez des lecteurs qu'on suppose trop vite, comme Emma, captifs et incapables de maîtriser la multiplicité des formes que l'âge esthétique disperse autour d'eux : une capacité à laisser traîner leurs yeux ou leurs pas, à perdre du temps de travail à se faire « individus », à errer là où leur condition ne les attendait pas — une ressource de subjectivation dans l'emportement imprévisible et inconvenant vers des mots, des images et des fragments d'expérience.

Les ambiguïtés de la lecture bovaryste sont en fait symptomatiques d'un vaste tournant dans les philosophies de l'identité qui, à partir de Nietzsche ou Freud, en passant par Théodule Ribot, Gabriel Tarde ou Bergson, ont su dégager une identité pluralisée, démultipliée, mais aussi « écroulable ». C'est pourquoi l'on a constamment oscillé entre une interprétation du bovarysme comme piège tendu à la fragilité du moi, impuissance de subjectivation, pathologie et ridicule, et sa valorisation comme ressource du devenir, puissance de conquête, de multiplication et de spectacularisation du sujet — « la vérité emphatique du *geste*... ». Je crois que cette oscillation est justement constitutive de la lecture, et qu'elle constitue une description réaliste des pratiques. Faire taire le bovarysme, ce ne serait pas rendre la lecture à la pureté supposée d'une expérience sérieuse, c'est-à-dire indemne d'individualité (comme s'il existait de telles expériences, comme si l'individualité n'était justement pas le milieu, voire l'opération, de toute expérience), ce serait éteindre le foyer actif de la subjectivation lectrice. Il faut reconnaître dans le bovarysme une forme simple des impuretés de la subjectivation. Cela ne consiste pas à réhabiliter une vieille notion, en exaltant l'aliénation ; mais à cesser de renvoyer dos-à-dos l'empathie et l'interprétation, le pâtir et l'agir, l'expérience affective et la distance herméneutique ; et sur cette base, à prendre acte, dans les rencontres individuelles avec les formes ou les destins d'autrui, d'un travail permanent entre plusieurs rapports à soi-même, entre plusieurs façons de rapporter les modèles à sa propre subjectivité.

« Nous sommes tous des Bovary », posait Barthes en 1978, qui nous « laissons mener » par les phrases d'autrui « comme par des leurres » : Emma est le modèle du personnage dont la vie, « au sens le plus brûlant, le plus dévastateur, est *formée, façonnée* (téléguidée) par la Phrase (littéraire) » ; et « *à même le leurre,* la Phrase littéraire est initiatrice : elle conduit, elle enseigne, d'abord le Désir (le Désir, ça s'apprend) »[5]. Qu'une forme littéraire « conduise », autrement dit dirige la vie mentale, Proust (et avec lui les approches cognitives de la simulation mentale) nous en a convaincus : lire une configuration c'est déjà, en miroir, la réesquisser en soi-même, en essayer l'élancement, la tenir pour un possible de notre être propre vers lequel nous pouvons nous orienter. Et Barthes nous aide à faire de ce mimétisme inhérent à la cognition la seule vraie promesse de subjectivation : c'est justement parce que le désir s'apprend, parce que les formes auxquelles nous sommes confrontés sont les premières ressources et les premiers modèles de notre auto-façonnement, que nous faisons tous comme Emma, voulant être *conduits* par des phrases. Comme si notre style, celui que nous avançons comme notre mode d'être le plus propre, était sans contenu (sans rien à exprimer) tant que nous n'avons pas été *emportés* par une forme, par l'appel d'un modèle, par exemple par le dynamisme et la singularité d'une forme littéraire. La façon même dont on est affecté par cette forme est l'ouverture à une restylisation de soi, dont les lectures les moins émancipées, les plus empathiques, offrent à la fois l'occasion et les instruments.

Un livre peut en effet acquérir la force d'une autorité, montrer qui ou quoi désirer, et doubler en cela notre formation intérieure d'une antériorité active ; il devient une sorte de conseil, et même d'oracle, un passé choisi qui a tout à la fois la magie de la prophétie, l'inquiétante étrangeté du pressentiment, et la justesse d'une préfiguration. Cela ne peut pas avoir lieu sans excès, sans emportement complet du sujet, car le désir témoigne, comme c'était le cas pour Marcel, d'un véritable entêtement : « Lire, c'est désirer l'œuvre, c'est vouloir être l'œuvre, c'est refuser de doubler l'œuvre en dehors de toute autre parole que la parole même de l'œuvre »[6]. Possibilisation de soi et acquiescement à l'injonction d'un dehors, ici, sont volontairement mêlés.

Une phrase peut donc conduire le désir. Barthes a décidé de tout un régime d'être d'après celle-ci, qui est loin d'être sublime : « Pendant 15 jours, au calme, sur une plage marocaine, me nourrir de poisson, de tomates et de fruits. » C'est très Club Med, « sauf le programme culinaire, qui est *précisément* littéraire »... sans doute parce qu'il renvoie à ces fruits d'écrivains que Barthes rappelle de temps à autre dans ses essais — les oranges de Flaubert ou de Werther, les poires de Gide, et plus encore parce qu'il retrouve la diète méditerranéenne de Nietzsche, puissant modèle du dernier « moi » barthésien. Comme leurre, la clôture de la phrase abolit tout le reste : « le temps, l'ennui, la tristesse des cabanons, le vide des soirées, la vulgarité des gens »[7]. Il ne s'agit pas simplement ici d'accepter de faire entrer des phrases dans la vie, mais par elles de donner forme à tout un épisode de subjectivité, de le phraser ; le prosaïsme un peu vide de la situation dit bien que ce n'est pas la mesure d'un destin qui est en jeu, mais de simples « moments » d'être... dont le sujet tout entier est pourtant tissé. Ces dépôts de phrases sont l'avenir d'un sujet qui s'individue *à même le leurre*, dans une définition de soi collée aux textes aimés ; là où le paradigme structural fondait le sens sur un jeu de distances, sur des phénomènes sémiotiques de coopération et d'interaction lectrice, ce désir de lecture vit au contraire du proche, du même, de l'obstination. Il faut faire droit à cette passivité du lecteur, force de saisissement et d'abandon aux modèles.

Car il y a de l'émancipation dans l'acquiescement à une influence que l'on subit et où l'on risque au-devant de soi (comme on projette un pas ou une phrase) une nouvelle idée de soi-même, en augmentant sa propre étendue, en se continuant en une sorte de vie « générale », traversée d'impersonnel ; il y a de l'activité dans le choix de ce dont on consent à suivre l'injonction, c'est-à-dire la puissance. Pierre Pachet parle au sujet du devenir individuel de « ce pouvoir nu de dire oui ou non, de désirer ou de repousser »[8], en des termes qui rappellent la forme stoïcienne de « l'assentiment », que Jacques Brunschwig décrivait comme cette action « où s'expriment à la fois le genre de personnes que nous sommes et la responsabilité qui est la nôtre d'avoir consenti »[9]. Nos conduites quotidiennes à l'égard des choses — objets, lieux, vêtements, images dont on s'entoure et dont on s'encourage — le montrent volontiers ; on rejoint en eux cette force des formes, qui nous subjuguent, auxquelles nous nous suspendons. Voilà des points d'identité moins réflexifs qu'effectivement performatifs, qui se jouent dans la façon dont chacun configure et aménage le décor d'un espace où il s'engage. Ici l'émergence individuelle doit être regardée partout — pas seulement dans les opinions ou les choix de vie, mais aussi dans les manies, les préférences furtives, les façons de se confier aux affections aussi banales qu'intenses d'une chanson, d'un bijou, qui sont encore de la pensée : une création exercée sur la vie dans la proposition d'une véritable *idée* de ce que cette vie peut être, et de la façon dont elle choisit d'apparaître. On peut y dénoncer, comme le font Flaubert dans *Madame Bovary* ou certains lecteurs des *Choses* de Perec, une « occupation » et un siège de l'intériorité par les lieux communs; mais aussi y voir l'énergie d'une orientation, la poussée d'un désir et d'un possible qui se nourrit de médiations. Ernst Bloch, philosophe de l'utopie concrète, proche de Benjamin, avait déjà médité sur ces « images-souhaits » qui sont le moteur de ce qu'il appelait le « principe espérance »[10] : habits neufs, monde coloré des magazines, lointain du merveilleux ou des voyages, aura des meubles antiques, fables, édifices qui figurent un meilleur habitat, utopies religieuses... Pour tout sujet à la recherche de soi-même, ces contenus de désir ne sont pas des forces d'arrêt, mais des dispositions et des latences.

C'était déjà l'expérience de Marcel — Marcel qui, en réponse à la question « Qui suis-je ? », cherchait des livres — et c'est sans doute celle qui habite beaucoup d'amoureux de la littérature, qui comprennent qu'il y aura toujours ici une injonction à suivre une piste qu'on est seul à voir, une injonction à s'enfermer dans cette voie en acquiesçant à sa singularité et en cherchant à la faire rayonner autour de soi comme un nouvel environnement expressif, transportable. Ici l'élan de subjectivation ne peut avoir lieu que dans le champ d'aimantation des formes, forces d'appel et d'orientation ; et avec quoi, sinon les signes et les phrases que Barthes a mis au centre de sa pratique, dont il a fait les seules instances capables d'indiquer des modèles, se diriger ?

LA VIE EN FORME DE PHRASE

Ce bovarysme, on le voit, est un bovarysme des formes de langage, non des destinées ou des personnalités. C'est la forme du dire qui conquiert massivement et conduit le désir : « À ces bonheurs je ne résiste pas, ils me paraissent "vrais" : la forme "m'a eu" » (II, 1106). Chez Sartre déjà, je décelais un « romanesque » des formes temporelles, narratives ou mélodiques. Barthes aimait à rappeler avec Valéry que « la forme coûte cher » ; la question n'est plus seulement celle, identifiée par Gaultier, d'une idéalisation des contenus de vie, mais d'une vie vécue à même les formes, à la fois guidée et tourmentée par leur pouvoir d'intensification. Ce déplacement change tout : la « Vie en forme de Phrase » nous tourne vers une stylistique de l'identité, une activité dans la langue, qui justifie que l'expérience littéraire puisse être créatrice de formes de vie.

Ce bovarysme des formes a trouvé chez Barthes son foyer précis, qui constituait un dossier stylistique souvent rouvert (il avait en projet un livre sur la question), et dont l'ambiguïté dit toute la difficulté d'une pratique de subjectivation dans son rapport aux codes ; ce foyer, c'est la *Phrase*, qu'il conçoit en bloc, après Flaubert et Mallarmé, comme une « unité de forme » et une « unité de vie », et qui est pour lui un autre nom de la littérature. Elle s'est progressivement imposée comme l'objet à aimer : « j'idolâtre la Phrase », dira Barthes, amoureux d'une forme comme Néron de Junie. La phrase est le lieu où ce lecteur trouve son plaisir, l'échelle sensible à laquelle il se situe (ce qu'il retient de ses lectures, ce sont des « idées-phrases » ou des « phrases-chants ») ; elle est aussi la forme que Barthes poursuit comme écrivain, qu'il souhaite produire et offrir au plaisir des lecteurs dans ces unités originales que sont le « romanesque », le « notable », ou « l'incident » ; elle est enfin l'image d'une vie qui aurait enfin trouvé son allure, son *air*; se tenir à l'échelle de la phrase, vouloir l'inchoativité et la clôture, c'est se donner la chance d'une forme *et* d'un éternel recommencement — la promesse incessante d'une *Vita Nova*, d'un être-autre. Fragmentaire, c'est-à-dire toujours recommençant, mais phrasé, doté de contours : voilà le plaisir de Barthes ; « *une forme passagère, mais une forme tout de même* », dira-t-il au sujet du rythme souple et mobile de certaines règles de vie communautaire, en rappelant la célèbre analyse de Benveniste sur « La notion de "rythme" dans son expression linguistique ». L'échelle de la phrase, contrairement à celle du récit, autorise cette discontinuité d'une subjectivation jamais transformée en destin et pourtant contrainte, conduite, « informée ».

L'imaginaire de la phrase a donc fourni à Barthes le modèle stylistique, le patron formel, le « calibre » et la figure physique, pour ainsi dire chorégraphique, du mécanisme même de la subjectivation, avec ses pressions et ses paradoxes. Dans l'ambivalence de ses enjeux, la lecture d'une phrase ne provoque pas exactement la quête de destinées complètes, de contenus d'existence, mais l'occasion de transformer, sous la pression des modèles littéraires, ce que Simondon appelait « la grammaire d'une forme de vie ». Les catégories de la syntaxe (le sujet, l'assertion, et surtout « le neutre »...) ont d'ailleurs toujours allégorisé, chez Barthes, des possibles de vie ; c'est par la grammaire que lui est venue une existence dramatique, sur un terrain où les problèmes vitaux se déploient en une sorte de théâtre verbal.

Certes la phrase a d'abord représenté pour Barthes le mauvais objet, et à ce titre, l'obstacle à l'élan de la subjectivation. Comme forme finie, compacte et contraignante (phraséologie politique, combinatoire autoritaire qui oblige un sujet à se « situer ») elle a d'abord été le lieu de la *peur*, cette passion centrale de la vie de Barthes. Chez Sade, par exemple, l'agent « n'est pas fondamentalement celui qui a le pouvoir ou le plaisir, c'est celui qui détient la direction de la scène et de la phrase » (II, 1062). C'est la complaisance de la phrase, la complicité de la syntaxe avec la violence d'une *rection*. En elle, dans sa force de prédication, sa clôture et sa solitude, l'individu court le risque de se fixer, de s'enfermer, de consister. Dans l'imaginaire sensible de Barthes, solidaire des « lignes de fuite » de Deleuze (et de la liberté sartrienne), il a d'abord fallu fuir tout ce qui « prend », poisse et englue, tout ce sur quoi l'on bute comme sur un cran d'arrêt et qui interdit l'échappée d'un « plus tard »... Barthes a donc d'abord poursuivi le bonheur d'une sorte d'infra-stylisation — un plaisir à ne pas finir ses phrases, à cultiver une disponibilité intérieure qui est le corrélat d'une résistance à prendre forme, comme il l'éprouvait sur un banc à Tanger, à l'écoute de tous les langages qui se présentaient à lui : « En moi aussi cela parlait [...], et cette parole dite “intérieure” ressemblait beaucoup au bruit de la place, à cet échelonnement de petites voix qui me venaient de l'extérieur : j'étais moi-même un lieu public, un souk ; en moi passaient les mots, les menus syntagmes, les bouts de formules, et *aucune phrase ne se formait*, comme si c'eût été la loi de ce langage-là » (II, 1519)... Barthes est certain que la langue intérieure est sans phrases, qu'elle en reste au plan des mots (comment le sait-il ? c'est surtout qu'il le veut) ; et il habite d'abord euphoriquement ce « discontinu définitif », sans sujétion, cet informe de la non-phrase qui libère de l'exigence (déjà vécue par Sartre) de se choisir, de s'individuer, d'être un sujet marqué par des contours.

Mais la phrase littéraire s'achève, c'est même sa définition. Toute la question de l'individuation est relancée par ce corps à corps entre une forme finie (exposée, disponible) et un élan d'être indéfini (passionné, incertain, faiblement orienté). L'association posée, dans la structure du fantasme, entre la puissance de la phrase littéraire et la « scène » imaginaire, doit donc se retourner : c'est justement l'attrait de cette puissance (sa dictée) qui importe. À la toute fin du *Roland Barthes par Roland Barthes*, l'auteur explique ainsi combien la « maxime », phrase par excellence, « phrase-nom », apaise : « lorsqu'un trouble survient, je l'atténue en m'en remettant à une fixité qui me dépasse » (III, 232). La syntaxe, qui était l'allégorie du pouvoir, se révèle alors surtout bonne conductrice d'imaginaire : elle dessine les topologies dans lesquelles le sujet veut furieusement *entrer* : « n'est-ce pas au niveau de la phrase que le sujet cherche sa place — et ne la trouve pas — ou trouve une place fausse qui lui est imposée par la langue ? » (III, 463). Le sujet est comme attiré dans le rapport de tensions qu'organise une phrase, et réinstallé dans ce rapport, dont il occupe un pôle précis, comblant un emplacement. Cette invention de soi à même les phrases fait l'objet de toute une réflexion dans les cours préparatoires aux *Fragments d'un discours amoureux*. Car le discours amoureux est un discours de phrases, et plus précisément de patrons grammaticaux. Au fond de chaque figure de la vie passionnelle, Barthes place un « air syntaxique » qui suffit à l'amoureux pour dire la vérité de ce qu'il sent, pour phraser sa situation : ce n'est pas une phrase pleine ni un message achevé, mais une phrase tronquée qui se limite le plus souvent à ses modalités — ces modalités qui sont le versant moral de notre grammaire — : « Il aurait quand même pu... », « Si tu devais encore... »

Qu'un air syntaxique, qu'une « allure » grammaticale puisse recevoir tout l'effort d'être d'un sujet, voilà qui fait de Barthes le représentant exemplaire d'un mouvement né autour de 1850, qui a mis le concept de « phrase » au premier plan de l'entreprise littéraire, pour en faire la métonymie du « style » ou encore de « l'auteur », c'est-à-dire de l'effort d'une individuation en langue. L'histoire de la littérature moderne révèle une véritable passion de la phrase, apparue comme unité fondamentale avec Flaubert. La phrase est une réalité syntaxique par excellence (héroïne du « moment grammatical de la littérature française »), mais elle a diffusé de proche en proche dans des espaces de signification beaucoup plus vastes, esthétiques, psychiques, symboliques et politiques. « Chacun a en lui une telle phrase », écrit aujourd'hui, comme en bout de chaîne, Jean-Christophe Bailly : « chacun, même s'il l'oublie, est une telle phrase, son murmure et son émission, son devenir et son silence. Mais tandis que la phrase des autres ne nous apparaît que dans ses phrasés, par fragments, la nôtre est là en permanence et nous la connaissons non seulement lorsqu'elle est proférée, phrasée, mais aussi lorsqu'elle demeure interne, mais aussi dans tout ce qui la constitue et la fabrique, autrement dit dans ses pannes, ses errements, ses ratages, ses éclosions, ses ruptures »[11]... Trouver notre phrase consisterait à former en un dépôt de langage fini l'infini que nous contenons, et qui, en nous-mêmes, nous déborde. Comme si la lecture donnait des coups d'arrêt (et d'espoir) à une activité jamais achevée, celle qui consiste pour chacun de nous à « se phraser ». Barthes a eu l'audace de reconnaître et d'aimer dans cette activité composée la part de la subjugation.

Si la phrase lui semble si puissante, et constitue un appel si profond aux mouvements souterrains du vivre, c'est précisément parce qu'elle produit pour lui une image consistante (« j'ai une maladie, disait Barthes : je vois le langage »). La phrase fixe un cadre, « cerne » un tableau, qui fait comme chez Marcel un décor au désir, le précède et le hante — mieux : l'enseigne. En elle un canton de discours fétichisé vient « remplir » l'image du moi et le transforme en spectacle ; la syntaxe y justifie des contours, des rapports tensionnels, des emplacements précis dans ces rapports, des reliefs ; bref, elle informe une scène affective. Toute lecture devient une « lecture du moi posée dans le registre de l'Imaginaire » : le lecteur *s'insère à vif* dans les phrases comme dans une topologie dynamique d'emplacements, sa subjectivité est postérieure et colle à l'image, l'identification, opération structurale, allant de tableau à tableau. Le dernier cours, *La Préparation du roman*, projetait justement d'étudier la « formation des images » du moi « à travers la médiation de Phrases ».

C'est en effet à partir de ses lectures, en particulier des *Souffrances du jeune Werther*, que Barthes a construit ses *Fragments d'un discours amoureux*. Chaque fragment est placé sous le signe d'une phrase, citée en marge et formant comme la vignette d'un moment affectif. Ce faisant, Barthes élabore certes une symptomatique de la passion, disposée en une série de figures (l'attente, l'abandon, la peur...). Mais il expose surtout une pratique de lecture, qui dévoile une logique des « retentissements » individuels. Les phrases du texte sont immédiatement investies par ce lecteur à partir d'une situation existentielle ; elles *résonnent*, elles retentissent en provoquant un sentiment soudain de justesse, c'est-à-dire de nouvelles possibilités de diction pour une intériorité qui serait autrement muette : « c'est ça, c'est moi ! », s'écrie Barthes.

Le lecteur prélève dans sa propre vie pour se retrouver dans l'œuvre, et s'y lire sur fond de reconnaissance. Ailleurs, Barthes réfléchit à cet absolu des identifications, à partir de quelques épisodes de la *Recherche*, dont celui de la mort de la grand-mère : « Je constatai d'abord que ces épisodes, je les recevais (je n e trouve pas d'autre expression) comme des "moments de vérité" : tout d'un coup la littérature (car c'est d'elle qu'il s'agit) coïncide absolument avec un arrachement émotif, un "cri" » (III, 834). La reconnaissance, ici, est sans nuance; elle est vraie, générale, indifféremment orientée vers le passé ou vers le futur du sujet, elle a lieu « à même le corps du lecteur qui vit, par souvenir ou prévision, la séparation loin de l'être aimé ». Barthes songe à bâtir une théorie qui reconnaisse le *pathos* comme force implacable de lecture; ce serait une théorie du discontinu, du démembrement du livre par la décantation de l'usage et de la remémoration, nécessairement une théorie des « phrases », car « il faudrait, pour l'esquisser, accepter d'émietter le "tout" de l'univers romanesque, ne plus placer l'essence du livre dans sa structure, mais au contraire reconnaître que l'œuvre émeut, vit, germe, à travers une espèce de "délabrement" qui ne laisse debout que certains moments, lesquels en sont à proprement parler les sommets, la lecture vivante, concernée, ne suivant en quelque sorte qu'une ligne de crête : les moments de vérité » (III, 834). Le lecteur tranche en effet dans le livre, ne retient que les intensités — ce qui lui a fait lever la tête, ce qui le « concerne » — il éclaire une phrase en laissant le reste dans l'ombre, à la manière du fantasme qui est lui aussi un coup de projecteur.

« CONDUIRE DES CONDUITES »

Nous recevons en effet des phrases une sorte d'*ordre fantasmatique.* Une pratique a particulièrement intéressé Barthes de ce point de vue, c'est la « dictée » ; elle présente l'ambiguïté concrète d'une règle qui est en même temps une ressource pour la construction de soi. Typiquement, le plus individuel s'y nourrit du plus contraignant (l'école !), et le bovarysme s'enracine jusque dans le procès de socialisation des lecteurs. Car les textes qu'on nous a dictés sont ceux dont on se souvient le plus : ce sont les mieux à même de servir de réservoirs à nos propres phrases, pour le meilleur ou pour le pire. Pour le pire, car l'imaginaire est effectivement *dictator* : assujettissement, légalité, élan dont une pensée réaliste de la lecture ne saurait se débarrasser : « l'image semble originer un programme, le programme un texte et le texte une pratique » (II, 1157). Comme si les phrases littéraires comblaient trop vite, pour chacun de nous, l'attente de soi-même : le sujet dévale sans frein une pente dessinée par le livre. Mais aussi pour le meilleur, car il y a dans cette incorporation d'une œuvre l'ouverture d'accès et de désirs d'être nouveaux, cette dynamique que Deleuze appelait le *goût* ou le *tact*, cette capacité subjective de perception et de sélection qui consiste à saisir « l'importance » d'un objet, « l'intérêt » d'une pensée, où le sujet se sent guidé vers une « pertinence » (talents philosophiques) ; le désir s'y rend disponible à ce qui lui conviendra (à un « pour moi » nietzschéen, principe humoral que Barthes avait aussi fait sien), dans une sorte d'« intimité compétente », un goût matériel qui est aussi une potentialité[12].

C'est l'ambiguïté de toute dictée : « cet exercice stupide,

pris dans une gangue idéologique, [...] ce souvenir d'enfance ingrat est aussi la trace forte d'un texte antérieur, qu'il fait *prendre*, reconduisant ainsi dans notre vie quotidienne des fragments de langage et ouvrant la réalité à l'infini des textes : qu'est-ce que le "printemps", celui que très réellement nous attendons avec impatience (et la plupart du temps avec déception) vers la mi-avril, formant alors des désirs de campagne, procédant à des achats de vêtements nouveaux, sinon le "Printemps" de Jean Aicard, qu'on nous dicta un jour à l'école » (II, 1157). Ces traces « très réelles » sont vécues dans un intense sentiment de préfiguration, inversant esthétiquement le cours du temps : le fantasme, précise Barthes, *annonce* en ces choses le souvenir. Car le désir s'y donne une origine, un passé, un modèle efficace, et le lecteur, pris dans la force très réelle d'un langage prophétique, s'y fait le saint Jean-Baptiste de soi-même.

Dans une tonalité bien différente, mais avec une même sensibilité à la pression des formes, Agamben s'est lui aussi interrogé sur la « *dictée* de la poésie », sur cet élan à « vivre la parole » et à faire « l'expérience de l'événement de langage comme amour » que recèlent les poèmes. Le *dictamen* amoureux des troubadours lance pour lui (un peu comme pour Roubaud) le modèle de la parole lyrique, celle qui sait s'authentifier. Il y voit la persistance d'un fondement théologique : « Ce lien indéfectible entre parole et vie est l'héritage que la théologie chrétienne a transmis à une littérature qui n'est pas encore devenue entièrement profane »[13]. C'est la question de l'entrelacs du vécu et du poétisé, qui m'occupe à vrai dire depuis le début de cette enquête; elle est ici réglée bien autrement que dans les refigurations en grande partie rétrospectives qu'engage aujourd'hui l'empire de la mémoire, elle offre une autre manière, une autre attitude à l'égard du style, une autre croyance, *in fine* une autre idée de la vie. Car que veut dire « vie », ici ? Non pas la forme globale progressivement prise par une aventure individuelle, mais l'énergie perpétuelle d'une expression, d'un désir, une vie qui ne s'engendre que dans la parole — ce qui nous rapproche de Proust (pour qui chacun crée aussi ses possibilités de vie en esprit, et pour qui l'écrit s'impose comme « antécédent » nécessaire au vécu). Il ne s'agit pas de donner forme à un informe premier de l'existence, mais de vivre des phrases qui nous devancent. Les phrases littéraires sont héritées, admirées, prises dans le temps et dans un rapport insistant de désirs et de forces, qui coloreraient un peu autrement les belles réflexions grammaticales de Vincent Descombes et de son *Complément de sujet* sur les enjeux de la syntaxe du « soi » et la grammaire du rapport réflexif à soi-même[14].

La dictée des phrases renvoie à quelque chose comme une force littéraire de « gouvernement ». Dans un texte célèbre de 1982, Foucault avait redéfini le pouvoir comme une capacité à « conduire des conduites », à « agir sur les actions » de « sujets libres », c'est-à-dire non pas à obliger ou à réprimer, mais à induire des directions, à indiquer des pistes désirables, à « structurer le champ d'action éventuel des autres » en « aménageant la probabilité ». La catégorie importante, ici, est à nouveau celle de « possible », entendue comme l'horizon orienté d'une puissance de désir : « le pouvoir est un ensemble d'actions sur des actions possibles : il opère sur le champ de possibilité où vient s'inscrire le comportement des sujets agissants : il incite, il induit, il détourne, il facilite ou rend plus difficile, il élargit ou il limite, il rend plus ou moins probable ; à la limite, il contraint ou empêche absolument ; mais il est bien toujours une manière d'agir sur un ou sur des sujets agissants, et ce en tant qu'ils agissent ou qu'ils sont susceptibles d'agir »[15]. Foucault a d'ailleurs consacré quelques séances de *L'Herméneutique du sujet* aux situations d'écoute et de lecture, dans une réflexion sur « l'attitude » de juste acquiescement qui peut s'y construire; il avait aussi prévu de reprendre entièrement ses réflexions sur « la mort de l'auteur » à la lumière de cette nouvelle conception de la subjectivation.

Question d'antécédence, d'orientation, de pression désirante, canal ouvert à notre élan, paradoxe d'un conditionnement de « conduites libres », où les individus ne sont pas exactement contraints ou empêchés, mais *conduits* à intérioriser un « possible » choisi (de façon imprédictible) parmi plusieurs comportements intelligibles et plusieurs réactions. Voilà la subjectivité *composée*: un moment d'invention dans les forces de détermination, en leur sein. Il s'agit, pour le sujet produit et objectivé par des instances de pouvoir, de parvenir à se rapporter à lui-même dans cette production, de s'approprier ou de se réapproprier son propre rapport à soi. Le pouvoir et la liberté, ici, ne sont pas dressés face à face, mais pris dans une interdépendance dont la situation de lecture pourrait bien être l'allégorie. Ni expression effusive, ni dépossession de soi, l'individu se définit aussi par un certain « mode d'assujettissement » à une image, par une manière de consentir, un type d'obligation qui implique une maîtrise de soi. Foucault envisageait en particulier un « mode esthétique »[16] d'assujettissement (opposé au « mode moral »), où le sujet, si je puis dire, consent-à-vouloir donner à son existence « la plus belle forme possible ». Cette subjectivation profondément teintée de *stoïcisme* (comme celui de Baudelaire dans sa passion douloureuse de l'artifice) s'accommode parfaitement d'un exercice de forces; mieux, elle s'y ressource : car l'assujettissement peut participer de la subjectivation, de la construction du sujet social par lui-même.

C'est toute la question de ce à quoi, indissolublement choisissant et choisis, nous donnons force de « modèle », dans l'élaboration des idées et des formes de l'existence. On mesure ce qui sépare cette pratique des œuvres de certaines de celles que j'ai observées jusqu'ici : autre pensée de la force des formes, autre pensée, par conséquent, de la subjectivation ; décidément l'observation des pratiques du style est bien une façon de prendre acte de la pluralité des façons d'être un individu. On voit dans ces styles de lecture « performatifs » s'essayer une nouvelle conception de l'identité, une autre attitude à l'égard de soi. Les pratiques de l'individuel n'y sont résolument pas concevables comme « l'émanation » d'une subjectivité préexistante « exprimant » au dehors sa consistance intérieure (ni comme « l'impression » d'un dehors contraignant sur la surface du sujet, comme si celui-ci était une page blanche), mais comme une *tâche*, un consentement à se vouloir ainsi (ainsi que l'on pouvait être), l'imitation de ce qui a force d'orientation, de dictée, de guidage. Il y a là une façon de ressaisir toute la question de la *mimèsis* sociale, dans une prise de conscience de l'auto-finalisation du rapport d'un sujet à son dehors, riche d'implications pour une réflexion sur la complexité de ce qui est à l'œuvre dans la lecture, et à vrai dire dans toute expérience, dans toute pratique de subjectivation (dont la lecture est décidément l'allégorie et l'occasion). La médiation qui est au fondement de ce *désir de style* ne doit pas seulement être pensée, ainsi qu'elle l'est par exemple dans l'anthropologie mimétique de René Girard, comme un gouffre d'aliénation, mais aussi comme la réserve nécessaire à la modélisation d'un soi, au fait de se rejoindre soi-même au dehors, c'est-à-dire de rejoindre une identité possible dans l'acquiescement concerté à un modèle extérieur. C'est la place des expériences esthétiques dans l'exercice pratique d'une volonté individuelle, dans le désir d'être et de s'augmenter soi-même, dans la recherche active d'une manière de vivre suspendue à la force de modélisation des formes, et donc partageable, traversée d'altérité, qui se trouve ici en question.

Que l'imitation soit pour l'individu qui imite une puissance et une joie, par conséquent une réserve énergique d'invention, c'est ce qu'avait affirmé Gabriel Tarde dans *Les Lois de l'imitation,* en 1890, au moment même où Jules de Gaultier universalisait la volonté bovaryste d'un « devenir autre ». Tarde regardait la foule des individus comme un réseau de reflets réciproques (à la manière des monades de Leibniz, ou des sculptures d'Anish Kapoor), où chacun voit ses semblables et se voit miroiter en eux-mêmes, répétant et répété ; ce jeu de miroirs placé au cœur des relations interpersonnelles fondait pour lui la propagation des admirations et des imitations ; chacun imite ce qu'il admire, ce qu'il juge bon et capable de lui servir de modèle, et agence de manière originale, par leur mélange, des imitations choisies à plusieurs sources, des « flux imitatifs » contradictoires. Le maître-mot ici est décidément la force, force d'appel des images, énergie en avant. Miroitement des formes d'être, montage de vouloirs, agencement de flux de désirs, dirait-on en termes deleuziens : ici l'imitation et l'invention sont indissolublement mêlées, comme deux puissances indissociables de l'ingéniosité du « faire » humain. L'individu est singulièrement vécu comme une sorte de *montage*; sa particularité n'est pas première, elle se construit au fur et à mesure de la capture des influences : il imite, mais il imite des modèles hétérogènes (Deleuze s'en souviendra), et il est le seul à combiner *tel* ensemble d'imitations. Quelques années plus tard, en 1907, Jean Paulhan publiait dans *La Revue philosophique* un article consacré à « L'imitation dans l'idée du moi » ; assoiffé de lieux communs et de coutumes, il montrait comment un sujet « devenait » en quelque sorte ces formes dont il avait trouvé *l'emploi*. Il y avait là des promesses de performativité de l'individuel au cœur même des mécanismes mimétiques que beaucoup de pensées du XXe siècle ont dépliée, amplifiée, poursuivie (Mauss décrivait par exemple « les techniques du corps » comme un mécanisme d'« imitation prestigieuse »), et qui justifient que l'on s'élève contre les requêtes d'originalité, parce que l'on n'a pas à *quitter* la sphère de l'imitation pour accéder à celle de l'être. C'est une belle tâche intellectuelle aujourd'hui que de revenir à ces pensées sans absolu, pour arracher le désir d'imitation à un sentiment trop simple d'aliénation — comme s'il n'y avait pas de mise en œuvre de soi dans les pratiques « secondes », dont est la lecture, comme si l'on n'était pas un individu dans ces occasions subtiles, composées de volonté et de passivité, dans un désir traversé par des formes efficaces, des formes qui ont la force de se transmettre et de se proposer à toutes sortes de sujets. Heureusement la capacité d'invention, les façons que nous avons de donner une certaine qualité à notre propre présence sont beaucoup plus répandues et plus souples que ne le laissent penser les injonctions libérales à un individu « entrepreneur de soi ». On doit ici faire meilleure place aux médiations et aux formes composées de l'intersubjectivité.

Cela implique de réaffirmer ce qu'a de décisif notre consentement à ce qui s'est d'abord emparé de nous, notre acquiescement aux modèles : dictée des formes, *plus fortes* que le lecteur, affronté dans son propre désir à un autre vouloir, dont Barthes a éprouvé mieux que ses contemporains l'invincibilité (alors même qu'il s'était engagé, dans la dynamique du structuralisme — qui est en tant que tel une pensée des rapports entre « le même » et « l'autre », et une façon décisive de penser ces rapports — vers une conception de l'identité comme jeu systémique de différences, force d'écart[17]). C'est à cette canalisation des flux de désirs, susceptible d'agencer le champ des formes de vie, précédant les possibles du sujet, les orientant, et par là structurant ce sujet, que Barthes s'est montré sensible : vivre « au sens le plus actif, le plus spontané, le plus sincère, et je dirai le plus sauvage, c'est recevoir les *formes* de la vie des phrases qui nous préexistent »[18]. La stylistique de l'existence devient ici une tâche, accomplie *vers* et *par* les phrases qui nous conquièrent; cette véritable ouverture actionnelle des formes littéraires est plus étonnante encore que le sentiment d'emportement narratif ou l'empathie fictionnelle : ici le processus même de l'individuation est saisi en situation, puissamment intercepté par des phrases.

Barthes est justement attentif à cet « invincible du dire »[19] qui soumet l'individu; le mouvement auquel le lecteur doit céder commence en effet par la nécessité de reconnaître cette force des formes, d'acquiescer à la pression exercée sur la configuration et les contours de sa subjectivité par des énoncés finis, frappés, qui l'attirent et l'appellent du dehors. Toutes les formes dont nous jouissons nous sont données dans la clôture, voire dans la sidération; c'est ce qui fait la difficulté de leur ressaisie subjective, mais aussi sa promesse : être en situation de sujet, c'est alors être subordonné, rester « en écoute productive de subjectivité », écouter les retentissements en soi de ces forces, s'y confier, se mettre à l'affût. Ce n'est un processus de subjectivation que si l'on affirme ce qu'il y a *aussi* d'actif à s'enfermer avec un livre et à se laisser conduire par lui vers ce qu'on n'était pas appelé à être. « Sentir, disait Emmanuel Levinas, est une façon de subir une puissance ». Barthes a su se montrer sensible à ce double enjeu d'une subjectivité qui n'est plus pensable comme l'émanation d'une intériorité, c'est-à-dire d'un absolu de solitude, mais dans la duplicité pragmatique du *sub-jectum*/suppôt et du sujet-agent.

Si Barthes a réussi à engager sans pudeur tout le problème de la subjectivation dans cet assentiment à « l'invincible du dire » qui définit la littérature, c'est en se confiant effectivement aux phrases des autres. En particulier de Proust, un Proust qui l'enrichit en possibilités de diction plutôt qu'en invitations romanesques. Comment caractériser sa force de guidage ? Dans l'un des rares textes qu'il a consacrés à son écrivain préféré, un article intitulé « Une idée de recherche », Barthes décrivait le « phrasé » fondamental du roman proustien comme « l'émerveillement d'un retour, d'une jonction, d'une retrouvaille » (II, 1221), et la *Recherche* comme un roman de la reconnaissance, de l'exclamation, de l'attestation. Si la forme proustienne est cette mise en phrases de la reconnaissance, lire Proust, c'est se disposer à « reconnaître » à son tour. La lecture de Proust impose à Barthes cette force des instants de vérité, leur puissance, leur capacité d'essaimage : « il n'y a pas, dans notre vie quotidienne, d'incident, de rencontre, de trait, de situation, qui n'ait sa référence dans Proust : Proust peut être ma mémoire, ma culture, mon langage ; je puis à tout instant *rappeler* Proust, comme le faisait la grand-mère du narrateur avec Mme de Sévigné » (III, 74). Tout ceci a quelque chose de circulaire : Barthes reconnaît dans son usage de Proust celui que la grand-mère du narrateur faisait déjà des *Lettres* de Mme de Sévigné, il rejoue dans sa lecture la façon dont Swann activait des ressemblances, reconnaissait la Charité de Giotto dans la servante aux asperges ou le doge Loredan de Rizzo dans son cocher Rémi ; il se retrouve et s'insère dans cette chaîne d'individus qui vivent selon les propositions esthétiques, qui y trouvent et y inventent leur langage. Barthes a suivi Proust dans sa phrase : la forme proustienne de la reconnaissance a tiré à elle, façonné et même « téléguidé » *La Chambre claire*; le « c'est ça, c'est elle » de l'essai endeuillé (lorsque Barthes reconnaît entièrement sa mère dans une image d'enfance) doit tout à une phrase de la *Recherche* : « c'est ma grand-mère et je suis son petit-fils ». La vie de Barthes « en forme de phrase », son désir de désir, c'est très exactement la reconnaissance d'une reconnaissance.

C'était là, avec tout ce que cela peut avoir de démesuré, faire de la *Recherche* une allégorèse, l'instrument d'une lecture figurale de la vie, le réservoir d'une consultation, d'un conseil et même d'une prophétie : « Proust, c'est un système complet de lecture du monde. [...] Le plaisir de lire Proust — ou plutôt de le relire — tient donc, le sacré et le respect en moins, d'une consultation biblique : c'est la rencontre d'une actualité et de ce qu'il faut bien appeler, au sens complet du terme, une *sagesse* : un savoir de la "vie" et de son langage » (III, 74). C'est dans cette voie d'intercession que le lecteur trouve à se figurer. L'œuvre fournit un langage, des possibilités de diction et donc des possibilités de vie : « le livre fait le sens, le sens fait la vie ». Ce qui doit nous intéresser, par conséquent, c'est « le rapport du sujet-lecteur à un texte antérieur »[20].

Ce rapport peut se relancer partout. Ainsi, dans les pages d'une chronique, sous le titre aguicheur d'« Au Palace ce soir », Barthes décrit l'impression qu'il a eue, dans le club parisien, de retrouver la soirée de Proust à l'Opéra et sa formation d'un milieu aquatique; ce n'était qu'une métaphore « voyageant de loin dans [s]a mémoire et venant embellir le Palace d'un dernier charme : celui qui nous vient des fictions de la culture » (III, 826) ; rien qu'une métaphore donc, mais la bonne, celle qui, une fois rencontrée, conduit le désir. Ce lecteur parle par paquets de phrases, sans intégrer ces phrases à un niveau supérieur; dans les termes de Proust c'est un célibataire de l'art, un brouillon d'artiste qui n'invente pas sa voix ; et de cette figuration erratique de soi, qui a lieu sans ordre et par *bouffées*, surgit peut-être le spectre de la bêtise. Mais justement, le premier courage du sujet est de porter la responsabilité de son imaginaire.

L'AVANCE DES PHRASES

Vivre à même les phrases qui nous devancent : beaucoup de comportements de lecture relèvent de cette application à soi qui n'est pas un parasitage de l'expérience, mais son moteur et son horizon. Cela fait de la lecture une expérience intentionnelle particulière, dans laquelle le sujet se porte « en avant » de lui-même — juste un peu, mais toujours. Lors d'un séjour à Madagascar, Jean Paulhan a éprouvé obscurément cette avance, et senti ce que requiert l'être-dans-la-parole ; il en a conçu une intuition fondamentale sur notre vie avec les phrases, sur le rapport entre un individu et des énoncés qui se présentent à lui de l'extérieur. Mieux que quiconque, dans sa lutte contre le « terrorisme » de l'expression et de l'absolu individuel, Paulhan peut nous aider aujourd'hui à concevoir les médiations, ressaisies dialectiquement, comme des capacités.

On connaît peut-être le récit de la troublante expérience de langage rapportée dans *L'Expérience du proverbe* : découvrant l'importance des proverbes dans le dialogue malgache, Paulhan comprend que la tâche de celui qui parle consiste à s'appliquer à seconder ses propres phrases, à aider les formules proverbiales, une fois qu'il les a avancées, à rejoindre une circonstance, à trouver au présent leur possibilité de sens, à accrocher le réel par la force de leurs pinces. Paulhan comprend que chaque locuteur emploie son attention à favoriser l'apparition des lieux communs, à les faciliter, et même à recomposer autour d'eux les données de la situation présente, afin de se reconnaître dans des mots partagés ; le dialogue « rattrape » les proverbes, comme si les proverbes lancés étaient effectivement en avance, et devenaient la source d'une nouvelle assurance pour celui qui parle. Ils suscitent « l'attention, et presque la coopération »[21] de ceux qui les utilisent, leur effort et leur souci. Il semble ainsi à Paulhan avoir découvert furtivement qu'il nous revient d'aider les mots. D'aider les mots à quoi ? À avoir leur force et leur poids, c'est-à-dire à être vrais, ou plutôt à devenir vrais, à se « prouver » et à se rejoindre eux-mêmes dans une situation, un emploi, une circonstance de vie. *L'Expérience du proverbe* recèle ces deux surprises : d'abord la surprise de constater la force des lieux communs, la puissance de traction d'un langage extérieur ; puis, dans un second temps — dans cet *après-coup* si caractéristique de Paulhan — celle de comprendre qu'il nous faut les assister dans leur force et pour leur force, coopérer avec leur efficacité, consentir à leur efficacité et veiller sur elle.

Paulhan a exploré inlassablement cette logique de la parole. Toute phrase « influente », explique-t-il, porte en elle ses possibilités d'animation, et projette autour d'elle un halo de circonstances. L'énoncé crée autour de lui une disposition, rayonne en une situation, comme un geste qui se donnerait plus de puissance en se reformant autour d'un outil : « Plutôt qu'il ait dû s'adapter aux choses, ce sont les choses qui ont tourné autour de lui ». Les récits de Paulhan offrent souvent la même situation, celle d'un effort dialectique de la conscience vers le donné des formes, où l'on est soi-même le champ de la métamorphose. Dans un épisode de sa vie en guerre, Paulhan s'est trouvé non seulement placé devant des phrases à rejoindre, mais en devoir de les susciter. Tombé gravement malade en février 1918, envahi par la fièvre, il s'est senti gagné progressivement par un « *désir* de guérison ». Sa sensibilité aux formes et aux fonctions du langage donne à ce désir une allure particulière, et il décide de placer imaginairement devant lui des sortes de slogans : « c'est de la nuit où je me suis mis à répéter, et je ne sais pourquoi j'avais pris ce moment : “Il faut que je veuille guérir, il faut que je veuille guérir...” Alors j'ai renoncé aux images et aux histoires que je me trouvais et j'ai couvert d'inscriptions le mur qui est en face de moi »[22]. Il inscrit donc des phrases : « Je suis clair », « Je suis guéri comme 2 et 2 font 4 », « J'ai mille amis avec moi »... Leur force d'antécédence, le « déjà » des phrases bien formées, en fait des vérités à rejoindre et où se transformer. « Du dehors, note Paulhan, bobards sur la convalescence. Mais non, bobards excitants à se créer au-dedans, *cet état de joie en avant* »[23]. Les phrases placées à l'horizon de la conscience d'un individu lui font en effet créer à l'intérieur de soi-même un « état de joie en avant ». La phrase postulée par Paulhan (comme l'outil chez Leroi-Gourhan) est « tournée en chose, à la fois simplifiée et prête à être appliquée »[24]; ce n'est pas un destin lointain dans lequel je me projette, comme si je m'y confiais à une tout autre existentialité, mais quelque chose qui me ressemble déjà en se plaçant au-devant de moi, ce qui m'appelle un peu au-delà de moi-même, et exige ma coopération.

Je crois que, comme les proverbes de Paulhan, les phrases que nous lisons cherchent en nous leur efficacité; elles sont dans l'attente d'un semblable devenir-vrai : dans l'attente que nous les fassions advenir non seulement comme sens, mais comme intention. Question, toute pragmatique, d'*emploi*. L'effort lecteur est cet effort dialectique d'acquiescement et de traction vers des mots que la lecture vient de réaliser à l'intérieur de nous : mouvement de soulèvement intérieur, forme particulière d'une « possibilisation » de soi. Les lectures dérivent alors dans le lecteur, disponibles à ce que le monde fasse d'elles une vérité ; elles ne « s'appliquent » pas au réel, mais suscitent une circonstance, une mise en phase avec une nouvelle réalité. Une phrase, en effet, est toujours instauratrice[25], elle suscite en elle-même sa direction et façonne son passé ; lorsque nous la lisons, sa qualité de temps s'installe en nous, elle nous prête son orientation, nous lui prêtons notre durée, et la lecture l'effectue comme nôtre. Qu'est-ce qui justifie, au fond, ce mouvement ? C'est ce qu'il faut décidément appeler l'*avance* des formes : la marque de l'antécédence qui touche tout énoncé, son avance perpétuelle sur celui qui l'a risqué (dont il dépasse l'intention), et sur celui qui le reçoit[26]. Fondamentalement intentionnelle, l'expression est toujours en excès, placée un peu en avant de celui qui parle, et par définition de celui qui écoute. Étonnés devant les phrases que nous lisons comme nous le sommes souvent devant notre propre parole, ce que nous y avançons nous devance, il nous faut le rejoindre après coup, et il ne dépend que de nous de le faire « exact, précis, encourageant »[27]. La lecture est faite de ces franchissements permanents de la distance de soi à soi qui nous sépare intérieurement de nos propres possibles.

Toute œuvre a en effet « un air d'ancienneté »[28] ; la lecture est une réplique à son avance, à son excès dont les circonstances de la vie nous permettront ou pas de « rattraper » l'énergie et la novation. Ce que je lis, alors, n'est pas ce qui m'exprime, mais ce qui me ressemble, ce qui m'appelle vers moi et requiert de moi un effort contre moi. « C'est où, disant le proverbe sans rencontrer du premier coup la vive adhésion que plus ou moins confusément j'attendais, je reviens sur mes paroles, je les recommence, je tâche de montrer que “c'était bien ça”. Je me justifie, après coup, ou plutôt je me continue — non pas peut-être sans artifice, ni conscience »[29]. Se rejoindre, et se continuer : le lecteur lui aussi consent à un « artifice » conscient pour « rattraper », accrocher les phrases lues et les accommoder; et peut-être sent-il que, dans cet effort, il ne s'est par porté ailleurs mais il s'est continué lui-même. La phrase vient trouver un interlocuteur qui se trouvait prêt, qui ne suivrait pas tel mot « s'il n'était en quelque façon embarrassé de lui — et ne le pouvant pas plus retirer que ce pion que l'on vient de placer, au jeu d'échecs, dans une position menaçante à la fois et périlleuse »[30]. Le devenir-autre (se-voir-autre, devenir-plus) se joue ici dans la logique commune de la parole. C'est la dynamique ordinaire du sens qui nous fait nous projeter dans une phrase et nous ré-instaurer en elle.

Barthes a été sensible à cette qualité d'avance du dire, sans laquelle il n'y aurait aucun profit à ce que je m'approprie du déjà dit : si l'écrivain chante ma peine, il la chante *bien* et il en dit *plus* : « il en a tout vu, tout senti, et d'autres choses encore que je ne voyais ni ne sentais. Écho d'un Narcisse qui ne sait pas parler, c'est mon double inspiré » (I, 45). Aux yeux de Barthes la phrase prouve, particulièrement lorsqu'elle est brève, qu'elle frappe une idée en maxime et qu'elle fonctionne, par conséquent, comme « un inducteur de vérité »[31], une forme qui conduit le sujet vers son propre avenir : « Ce que la mémoire doit préserver, ce n'est pas la chose, c'est son retour, car ce retour a déjà quelque chose d'une forme — d'une Phrase »[32]. L'écrivain me dit donc en me précédant, il marche devant moi, et j'éprouve dans ma lecture le « plaisir d'avoir été deviné ». Barthes appelait cela la « vocation citationnelle » des formes. Les phrases sont en effet moins des objets que des directions et des appels, les promesses d'une pratique à venir ; elles sont *à citer.* La citation est la réponse la plus active, la plus simple, à cette vocation des formes ; c'est l'évidence pratique d'une « vie en forme de phrase ». Les écrivains y sont créateurs d'une langue seconde, avec laquelle les lecteurs peuvent se dire à leur tour, et la qualité d'un style (loin d'attacher l'auteur à sa solitude, comme dans la pensée sombre qu'en proposait Barthes dans le *Degré zéro de l'écriture*) réside justement dans cette puissance d'appel : « Le mot m'emporte selon cette idée que *je vais faire quelque chose avec lui* : c'est le frémissement d'un faire futur, quelque chose comme un *appétit* » (III, 194). Le tout premier texte de Barthes, écrit au sanatorium de Saint-Hilaire du Touvet avec une bibliothèque réduite, et intitulé « Plaisir aux classiques », le disait et le pratiquait déjà. Barthes y approchait les classiques (question de valeur, ici acceptée) par le biais de leur « vocation citationnelle » — c'est-à-dire de leur qualité de ressource commune ; le malade confiné donnait ainsi des motifs à être aux lecteurs de la revue du sanatorium, intitulée *Existence.* L'article se composait de deux parties : un essai de définition des classiques, et une anthologie de citations, justement traitées sur le mode de l'appropriation et de la composition à soi : « y trouve qui veut ce qu'il veut. Ce sont des amorces. L'important, c'est qu'elles promettent » (I, 50) — comme la beauté chez Stendhal. Leur parole effectivement est précise, *exacte* et *encourageante* : « les œuvres classiques sont des objets finis, complexes et admirables », mais l'œuvre à laquelle on emprunte n'est protégée par aucune direction : « aucune vie pratique n'est là pour nous dire le sens qu'il faut lui donner ; elle a toujours quelque chose de citationnel » (II, 39).

Dans la dialectique de donné et de ressaisie qui est le

moteur de toute individuation, la citation est un bon passé, un passé qui autorise l'événement, une loi qui émancipe. C'est d'ailleurs la vraie réponse de Barthes à la question qu'il posait dans l'un de ses derniers cours : « Comment vivre ensemble ? » ; car la littérature donne « des répétitions, non des fondements ; des citations, non des expressions » (II, 1270). Des citations et non des expressions, en sorte que la tâche de parole n'est plus une solitude ; et des répétitions (Paulhan aurait dit des lieux communs), plutôt que des fondements, parce que cette logique citationnelle nous engage à composer avec le non-individuel qu'il y a en nous, avec la communauté qui nous traverse et nous entre-façonne. Barthes nous invite à formuler cela sous une forme dangereusement sentimentale : citer, c'est ne pas être seul à écrire quelque chose : « ici règne la *citation*, la pincée d'écriture, le fragment de code, car aucun des promoteurs du jeu ne peut prendre au compte de sa propre personne, ce qu'il n'est jamais seul à écrire » (II, 490). La citation relie d'emblée son lecteur à un autre individu pris dans le travail et les contradictions de sa propre expression. Non pas « ne pas être *le seul* », mais « ne pas être seul » : il y a là une coloration affective, presque indécente, qui dit la force d'existentialité d'une opération formelle.

Le geste de citation est la réponse du lecteur à cette qualité d'ouverture pragmatique de la littérature, à son « caractère *excitant*, c'est-à-dire proprement mobilisateur » (I, 1305). Les phrases à citer s'extraient en quelque sorte d'elles-mêmes pour s'imposer à nous, et s'imposer sur le champ, « comme si elles détenaient la promesse qui nous est faite à nous, lecteurs, d'une pratique langagière, comme si nous allions les chercher en vertu d'une jouissance *qui sait ce qu'elle veut* » (III, 221). En sorte que les citations (en particulier les citations préférées, que l'on fait de mémoire, d'autant plus juste qu'elles sont fausses — qu'on les a pliées à soi-même, qu'on se les est réservées) les citations, donc, sont les données de cette langue d'emprunt que parle notre intériorité, les éléments du texte impersonnel qui nous forme. Cette dynamique s'éclaire dans le commentaire que Barthes fait, à distance, des effets intérieurs de son long compagnonnage avec Balzac lors de la préparation de *S/Z* : « ayant travaillé pendant assez longtemps une nouvelle de Balzac, je me surprends souvent maintenant à transporter spontanément dans les circonstances de la vie des bribes de phrases, des formulations issues spontanément du texte balzacien ; ce n'est pas le caractère mémoriel (banal) du phénomène qui m'intéresse ; c'est l'évidence que *j'écris* la vie (il est vrai dans ma tête) à travers ces formules héritées d'une écriture antérieure ; ou encore, plus précisément, la vie est cela même qui vient *déjà* constitué comme une écriture littéraire » (II, 1269)[33].

Le lecteur redirige ainsi les phrases vers lui-même, du moins vers son monde propre, en un geste d'*allégorisation* qui est commun à toutes les pratiques auto-finalisatrices. Observant dans *Figura*[34] l'usage chrétien du mot « figure », Auerbach avait identifié une habitude herméneutique séculaire : la lecture allégorique. L'allégorie est la mémoire profonde de notre rapport au sens ; il n'est pas étrange qu'elle puisse éclairer les conduites de lecture modernes. Le mécanisme figural défini par Auerbach est un peu plus qu'un dispositif symbolique par lequel une chose serait signifiée sous les traits d'une autre : Moïse est une « figure » de Jésus parce qu'il l'annonce en même temps qu'il le représente ; le devenir du sens y est une question de préfiguration, un processus de préparation ou d'anticipation des résonances, où l'allégorie est la pierre d'attente d'une incarnation à venir. Deux temps sont reliés par-delà une distance pleine et active ; une possibilité de sens est mise en réserve et orientée, qui rejoindra plus tard une circonstance sémantique ; elle n'en méconnaîtra pas la nouveauté, mais lui aura donné des racines temporelles, une origine, une précédence. Le narrateur d'*À la recherche du temps perdu* connaît bien ce mécanisme ; il s'étonne d'ailleurs de sa banalité, et souligne sa propre sensibilité figurale : à la manière de Swann il associe les personnes à des œuvres qui les ont précédées, « comme si les visages de pierre sculptés, grisâtres et nus, ainsi que sont les bois en hiver, n'étaient qu'un ensommeillement, qu'une *réserve*, prête à refleurir dans la vie en innombrables visages populaires » (I, 149). Marcel remarque souvent cette sorte d'« effort » des essences pour venir jusqu'à lui, et la façon dont il a laissé s'imprimer, avant même d'en avoir l'usage, ces sillons dans son sol mental. Le passé, ici, exerce moins une pression sur l'avenir qu'il n'y dépose, matériellement, une sorte de *promesse plastique*; la forme est une efficacité future, qui permettra de s'orienter dans la diversité sensible et d'y nommer des ressemblances. Auerbach insistait pour maintenir ce mécanisme d'interprétation dans un registre réaliste, dans le monde de l'histoire, du temps qui passe et des phénomènes physiques, soulignant l'articulation étonnante de spiritualité et de sens du réel qui fonde la culture de l'allégorie : « La *figura* est quelque chose de réel et d'historique qui représente et qui annonce autre chose de tout aussi réel et historique » ; c'est une prophétie, mais une prophétie « en acte » ; c'est le nom que l'histoire a donné à la capacité de guidage et d'ouverture des formes symboliques, ces formes qui nous découvrent soudain la possibilité d'un emploi, figural et figuré.

Cette promesse active, cette mise en réserve de la *figura* éclairent cette temporalité singulière de la lecture, le sentiment d'une préfiguration, immédiatement perçue, l'attente par une phrase déposée dans un livre du *corps à venir* de sa vérité. Les formes qui sollicitent le lecteur sont en attente d'usage, en quête d'une circonstance existentielle. Cette préfiguration-là n'a rien d'exorbitant. Elle suppose que l'on croie à la réactivation de la parole, c'est-à-dire que l'on considère la littérature comme une ressource de formes généralisables, réappropriables et qu'on en fasse trésor, autrement dit que l'on perçoive dans toute expression l'*aura* d'une réserve pragmatique de diction, à prendre et faire essaimer. Je crois que le moment esthétique — celui où l'on lève la tête — est justement l'ouverture de ce décalage qui pourra trouver plus tard son emploi, le retentissement intérieur de cette longueur d'avance que les phrases littéraires ont par définition sur nous. Le lecteur ne sait pas encore ce qu'il fera de telle ou telle phrase qui le retient, ne serait-ce que parce qu'elle le désoriente (elle lui fait justement lever les yeux de son livre), mais il identifie qu'il pourra en faire quelque chose parce qu'elle est, en tant que phrase, instauratrice. La vie se chargera de remettre le temps à l'endroit, en imposant des contextes neufs à ce qui est présent comme simple outillage, capacité à vivre certaines formes expérientielles, à percevoir ce qu'on n'aurait autrement pas perçu, à saisir les ressemblances — l'anticipation illuminante des œuvres n'étant que le revers de ces possibilités symboliques du réel que nous avons en partage. L'expérience littéraire est l'expérience de cette capacité des formes de langage à aménager l'antécédence, à peser du fait de leur excès sur les circonstances du « dire », sur les possibles et les désirs individuels.

De la réserve allégorique qu'une œuvre littéraire offre, et des gestes que le lecteur invente à son propos, Proust a donné un exemple particulièrement riche. Il s'agit du souvenir de la lecture de *Phèdre* dans *Albertine disparue*, versé en continu dans la vie du héros. Au moment d'écrire une lettre décisive à Albertine, le narrateur apprend la mort de la Berma, et se souvient brusquement de *Phèdre*. Les citations de Racine lui apparaissent alors comme des sortes d'interprétants de sa vie affective, et précisément comme des « prophéties ». Il souligne le rayonnement des phrases de *Phèdre* dans plusieurs de ses propres circonstances, la façon dont elles ont pris place dans des épisodes pratiques auxquels elles pouvaient prêter momentanément leur justesse. La scène de la déclaration de Phèdre, par exemple, annonçait les événements amoureux de la vie de Marcel (sa rencontre avec Gilberte, puis avec Albertine), et se trouve associée à quelques effets majeurs du temps figural : la répétition, l'anticipation, la révélation... Le récit de « relecture » (une remobilisation tout intérieure) réaccompagne les étapes de l'apprentissage, et propose un nouvel usage : « Alors je me souvins des deux façons différentes dont j'avais écouté *Phèdre*, et ce fut maintenant d'une troisième que je pensai à la scène de la déclaration. Il me semblait que ce que je m'étais si souvent récité à moi-même et que j'avais écouté au théâtre, c'était l'énoncé des lois que je devais expérimenter dans ma vie. » (IV, 41) Les phrases, réserve de langage et énoncés de « lois », flottaient et se modulaient en lui, attendant leur heure, c'est-à-dire le moment de leur résonance majeure (ce moment où la forme générale rejoint une situation vitale : « c'est ça, c'est exactement ça ! »). Attendant qu'il les prenne dans un mouvement d'actualisation — d'auto-allégorisation — assumant comme sienne une image tout extérieure.

Marcel empile donc les énoncés et fait communiquer les espaces du texte et de la vie. Citant effectivement Racine, il souligne et exploite les retentissements de la scène *connue par cœur* dans plusieurs situations : « Elle vient lui avouer son amour, et c'est la scène que je m'étais si souvent récitée. [...] Mais dès qu'elle voit qu'il n'est pas atteint, qu'Hippolyte croit avoir mal compris et s'excuse, alors, comme moi venant de rendre à Françoise ma lettre, elle veut que le refus vienne de lui, elle veut pousser jusqu'au bout sa chance : "Ah ! cruel, tu m'as trop entendue." Et il n'est pas jusqu'aux duretés qu'on m'avait racontées de Swann envers Odette, ou de moi à l'égard d'Albertine, duretés qui substituèrent à l'amour antérieur un nouveau, fait de pitié, d'attendrissement, de besoin d'effusion et qui ne faisait que varier le premier, qui ne se trouvent aussi dans cette scène » (IV, 42). Le narrateur se représente lui-même en lecteur fasciné par une scène précise, en attente de s'y reconnaître, en attente de la vivre : « c'est la scène que je m'étais si souvent récitée »... Ce que l'œuvre a prophétisé, Marcel se l'est répété sans savoir comment cela serait vrai ; voilà une inversion du rapport ordinaire d'application de la fiction au réel ; les phrases ne se substituent pas à la scène présente, mais prennent sens vitalement, lorsque la justesse d'expression, d'abord simplement éprouvée, vient trouver dans le réel et ses événements neufs le lieu de sa pertinence — un sens était *à vivre.* C'est dans cette entre-figuration du soi et du livre, dans cette altération réciproque, que l'on peut devenir « lecteur de soi-même ».

Le héros en avait déjà fait l'expérience dans l'écoute résolument « appliquante » des paroles de *Manon,* juste avant de se ressouvenir de *Phèdre* : « J'entendis à l'étage au-dessus du nôtre des airs joués par une voisine. J'appliquais leurs paroles que je connaissais à Albertine et à moi et je fus rempli d'un sentiment si profond que je me mis à pleurer. C'était : *Hélas, l'oiseau qui fuit ce qu'il croit l'esclavage, / D'un vol désespéré revient battre au vitrage /* et la mort de Manon : *Manon, réponds-moi donc, seul amour de mon âme, / Je n'ai su qu'aujourd'hui la bonté de ton cœur.* Puisque Manon revenait à Des Grieux, il me semblait que j'étais pour Albertine le seul amour de sa vie. » (IV, 35) Puisque Manon, alors Albertine... : c'est la folie des inférences, le *dictamen* amoureux. Le héros sent immédiatement ce qu'il y a de fou dans son écoute; mais ce n'est pas en se raisonnant qu'il le sent : c'est en allant encore ailleurs, en s'imaginant autre, en se mettant à la place d'Albertine lectrice, c'est-à-dire en se déplaçant d'une position à l'autre de la scène fantasmée. Le mouvement d'auto-allégorisation en est comme porté au second degré : « Hélas, il est probable que si elle avait entendu en ce moment le même air, ce n'eût pas été moi qu'elle eût chéri sous le nom de Des Grieux, et si elle en avait eu seulement l'idée, mon souvenir l'eût empêchée de s'attendrir en écoutant cette musique qui rentrait pourtant bien, quoique mieux écrite et plus fine, dans le genre de celle qu'elle aimait. » Marcel comprend le mal que la reconnaissance pourrait lui faire, la souffrance qu'il y aurait à consentir à « se voir comme » Des Grieux : « Pour moi je n'eus pas le courage de m'abandonner à la douceur, de penser qu'Albertine m'appelait “seul amour de mon âme” et avait reconnu qu'elle s'était méprise sur ce qu'elle “avait cru l'esclavage”. Je savais qu'on ne peut lire un roman sans donner à l'héroïne les traits de celle qu'on aime. Mais le dénouement a beau en être heureux, notre amour n'a pas fait un pas de plus et, quand nous avons fermé le livre, celle que nous aimons et qui est enfin venue à nous dans le roman ne nous aime pas davantage dans la vie. Furieux, je télégraphiai à Saint-Loup de revenir au plus vite à Paris » (IV, 35-36). Dans cette lettre pourtant, comme il le jugera quelques pages plus loin, il « prévoyait mal » : avoir fait taire en soi la pulsion allégorique et l'élan de la dictée poétique n'aura au fond pas servi à grand-chose.

« AUTREMENT DIT »

On passe ainsi son temps, dans la lecture, à regarder les œuvres comme des propositions allégoriques qui étendent leurs possibles et leur actualité future sur le monde, et à s'y glisser soi-même en biais pour vivre autrement et devenir à son tour figurable, dans un trope généralisé. L'allégorisation n'est ni un oubli du livre ni un oubli de soi ; c'est une réappropriation de la puissance du figural, un travail d'individuation au détour du texte et de ce que lui-même figure.

Le propre de l'allégorie est en effet de conjuguer l'exactitude de diction (la dictée) avec une exigence d'altération, de déplacement et de relance performative. J'en trouve la marque dans une belle formule de Michel Deguy, qui dit tout ce qu'il y a dans l'expression littéraire d'ouverture pratique de figuralité : « autrement dit » : « la possibilité de *dire autrement* les choses, de proposer un "autrement" *doit être* fournie par un poème. *Le vers doit pouvoir dire autre chose.* Comment sans cela *ma* perception et *mon* vécu (*ma* "circonstance" mon expérience) pourrait-elle *intéresser*; intéresser ces autres, si je ne leur donnais à *entendre autrement* dans *leur* vie, à l'interpréter comme on dit, autrement dit à la *citer à leur usage* dans le contexte de leurs circonstances. Le poème sert à être cité »[35]. Cité dans sa plasticité, qui est une puissance de justesse *et* d'accueil. Le texte est à la fois le produit et la réserve d'un « autrement dit » ; il a inventé une autre façon de dire, et cette façon doit à présent dire autre chose. C'est la circulation d'un talent figural commun aux livres et aux individus, une capacité à imaginer autrement et à s'imaginer autre, une double aptitude à habiter et à produire des situations esthétiques. Au cœur du deuil, Deguy citait par exemple Baudelaire pour y fonder sa déchirante liberté : « Comme toujours Baudelaire dit la vérité, et il suffit de le prendre à la lettre, sans intrigue policière, sans glose psychologique, sans expressionnisme, l'incipit du *Vin des assassins* — relu sans alcool — pour l'entendre : / Ma femme est morte je suis libre. / Libre de quoi ; libre pour quoi... libre, de cette liberté que les deux, se conjoignant, se promettaient de s'aliéner »[36]...

La lecture est cette pratique en prise permanente sur « autre chose » que le texte, non par indifférence au sens mais par *intérêt* (par désir) pour les possibles que ce sens déploie. « Autre chose » : car en mettant le livre en phase avec soi, en s'aliénant au livre, le lecteur le déphase nécessairement, il en fait le support d'une actualisation impure, indissociable d'une protestation de différence. Il reconnaît une partie de lui-même en se glissant dans la situation fictive, mais il y déploie des gestes neufs : il compose un *déjà dit* avec une relance qui est en soi subjectivante. C'est la discontinuité de l'auto-allégorie, faite d'accommodations mouvementées. Le livre y est le support d'une actualisation désordonnée, comme celle de Marcel : « Dans un roman que j'avais lu il y avait une femme qu'aucune objurgation de l'homme qui l'aimait ne pouvait décider à parler. En le lisant j'avais trouvé cette situation absurde ; j'aurais, moi, me disais-je, forcé la femme à parler d'abord, ensuite nous nous serions entendus ; à quoi bon ces malheurs inutiles ? » (IV, 88). La pulsion d'inférences suscitées par l'identification est l'occasion d'une mise en situation expérimentale de soi, où l'on peut inventer un comportement (moi, j'aurais plutôt...) et affirmer une singularité, dans une argumentation de soi à soi qui passe par la traversée active de la fiction. Barthes a entendu la leçon proustienne, qui fait lui aussi de l'acte de lecture la courbure du regard à un

« pour moi » : « Une linguistique fine ne devrait plus s'occuper des "messages" (au diable les "messages" !), mais de ces accommodations, qui procèdent sans doute par niveaux et par seuils : chacun *courbe* son esprit, tel un œil, pour saisir dans la masse du texte *cette intelligibilité-là*, dont il a besoin pour connaître, pour jouir, etc. » (III, 197). C'est la régulation d'un va-et-vient entre le texte et soi, dans une refiguration qui a lieu à même la lecture et au sein d'une durée tourmentée.

Proust appelait « aberrations » de lecture ces singularisations qui seules permettent l'emploi des livres ; le narrateur l'expose en observant Charlus lire Musset : « L'écrivain ne doit pas s'offenser que l'inverti donne à ses héroïnes un visage masculin. Cette particularité un peu aberrante permet seule à l'inverti de donner ensuite à ce qu'il lit toute sa *généralité*. Si M. de Charlus n'avait pas donné à l'"infidèle" sur qui Musset pleure dans *La Nuit d'Octobre* ou dans *Le Souvenir*, le visage de Morel, il n'aurait ni pleuré, ni compris, puisque c'était par cette seule voie, étroite et détournée, qu'il avait accès aux vérités de l'amour... » (IV, 489) La puissance de la reconnaissance n'est pas ici une question morale d'identification, où l'on consumerait dans le destin d'un personnage étranger ses propres ressources émotives. Elle aboutit plutôt à la création de dispositions figurales inédites, prises dans la justesse d'un langage. Charlus ne *s'identifie* pas exactement, il produit en lui une nouvelle scène à partir d'un mot juste, le mot « infidèle » qui lui fournit « une voie » à la fois « étroite et détournée », juste et indirecte ; en donnant activement à l'infidèle de Musset le visage de Morel, il prolonge les possibilités symboliques d'une situation poétique, et cela lui permet à la fois de s'émouvoir et de « comprendre » : voyant Morel dans l'infidèle et voyant l'infidèle en Morel, ouvrant un passage vers soi-même, une fenêtre figurale sur sa propre intériorité, il peut « enfin pleurer » et avoir « accès aux vérités de l'amour ». C'est cette justesse de forme qui nourrit l'énergie de la refiguration, et fait la portée plastique de la lecture.

Le lecteur oscille sans cesse entre la place qui lui est assignée par un dispositif syntaxique, qui lui fait sentir ce dont il est question, et la conduite de réappropriation par laquelle il regarde ce dispositif comme une « capacité » mise à disposition. Oscillation merveilleuse : promesse de vie poétique. Comme s'il fallait en effet se reconnaître, mais se reconnaître « juste à côté » : prolonger le texte, avec le sentiment d'avoir été précédé par lui, mais le prolonger dans ce que Proust appelle « une direction divergente de lui-même », c'est-à-dire l'altérer. Si Marcel se dit en Phèdre, il s'y invente en même temps, et « cite à son usage » : « C'est du moins ainsi, en réduisant la part de tous les scrupules "jansénistes", comme eût dit Bergotte, que Racine a donnés à Phèdre pour la faire paraître moins coupable, que m'apparaissait cette scène, sorte de prophétie des épisodes amoureux de ma propre existence » (IV, 43). Voilà bien à la fois l'adéquation (la nouvelle pertinence) et la relance herméneutique de la *figura*. La scène est d'autant plus trouble que la figure « Marcel comme Phèdre » (ou « Morel comme l'infidèle ») porte tout le poids de l'ambiguïté sexuelle. L'articulation de promesse et de négativité de l'allégorie implique ce remodelage conjoint du lecteur et du livre, destruction qui a lieu au sein du mouvement de comparaison, de composition du même et de l'autre.

Des « scrupules "jansénistes" », écrit Proust. Prêtons attention, dans cette expression, à une composante humorale, à un caractère affectif et réactif. Marcel prend des phrases ; mais ce qu'il *ne prend pas*, c'est la coloration d'être associée à ces phrases ; certes il y a retrouvé tous ses mouvements intérieurs, acquiesçant en profondeur à des situations, à des rapports de sens et à des actions, mais il n'y reconnaît pas et ne veut pas y reconnaître la tonalité de son intériorité à lui, la nuance particulière de son individualité. Barthes décrivait quelque chose d'assez proche au sujet de Bataille, et expliquait ce qui dans l'auteur de *L'Expérience intérieure* le touchait peu : le sacrifice, la mystique, l'éros mortifère, tous ces thèmes d'existence ne le concernaient pas; il protestait, car même en s'accordant à un sens, son paysage intérieur lui semblait coloré différemment et se détachait violemment de cette nuance d'individualité-là — de ce style d'être. Attentif aux processus violents qui touchent dans l'univers moderne les modalités esthétiques et les formes politiques, et qui les articulent en une même cruauté, Pierre Pachet parlait lui aussi de la lecture des *Fleurs du Mal* comme d'une « injection d'individualité artificielle »[37] : injection d'individualité, reconnaissance forcée, car Baudelaire construit dans son avis au lecteur un rapport contraint et intrusif, où le lecteur (« mon semblable, mon frère ») est sommé de se reconnaître dans une tonalité existentielle pourtant bien singulière, l'ennui : « C'est l'Ennui ! — l'œil chargé d'un pleur involontaire, / Il rêve d'échafauds en fumant son houka. / Tu le connais, lecteur, ce monstre délicat / Hypocrite lecteur »... Le lecteur se trouve ainsi affecté, marqué (maquillé, « truqué » comme on dit si bien en italien) de toute une couleur intérieure; une couleur passagère mais destructrice, qui draine avec elle le goût des altérations et quelque chose comme la toxicité de l'être baudelairien, emphatique, augmenté, enivré de ses propres poisons. C'est tout un style d'individuation qui s'éprouve ici, dans le poème et dans les formes mêmes de sa lecture, qui se tiennent au cœur du nœud démocratique : cette façon, pour les situations d'égalité, de menacer toujours de verser dans la violence. L'individu s'y pratique à la fois comme une tyrannie et une fragilité, dans un tourniquet dont Sartre, avec son *Baudelaire*, essayait difficilement de se dégager.

Je pourrais dire à mon tour ce qui m'a fait protester devant « la nausée » sartrienne — non pas devant la pensée de la contingence ou l'évidence du sensible, mais devant la coloration soudaine d'une individualité qui s'y trouvait impliquée, ou plutôt empâtée, dans une forme littéraire qui m'offrait une direction existentielle et me la retirait aussitôt. Le livre m'engageait puissamment sur une piste d'être, comme la chance d'une idée d'individuation à laquelle j'acquiesçais, avant d'y résister. Pourtant, ajoute Barthes, « il suffit que je fasse coïncider tout ce langage (étranger) avec un trouble qui a nom chez moi la *peur*, pour que Bataille me reconquière : tout ce qu'il écrit, alors, me décrit : ça colle » (III, 205). Une fois altéré par l'ajout de la situation affective du lecteur, par une interpolation des poussées du moi, une fois composé brutalement avec ce qu'il y a de plus propre, le texte impropre devient une réserve d'expression exacte, une doublure figurale de son lecteur. Pachet ajoutait pour sa part, devant la violence baudelairienne, que cette « injection artificielle d'individualité » était aussi « la seule vraie ».

La décision herméneutique du lecteur (son activité de refiguration) n'est en effet pas nécessairement globale ; des bifurcations se jouent phrase après phrase, qui engagent une dialectique fine de résonances : je m'y retrouve, je ne m'y retrouve pas, pas du tout, pas tout à fait, pas comme ça... Dans la régulation permanente d'une possibilité d'adhésion, la renégociation de la distance avec l'orientation de vie engainée dans chaque phrase, le bovarysme se trouve sans cesse parasité par des exigences de différenciation, suscitant un double mécanisme : une reconnaissance, attestée ou désirée (dans la conformation figurale d'un « C'est ça ! », ou d'un « Voilà comme il faudrait être ») ; et une protestation de singularité qui compose avec elle. Ni trop de « même », ni trop d'« autre », ni de l'absolument identique, ni du tout à fait différent : la logique moderne de l'identité répond ici, comme le montre inlassablement la poésie de Michel Deguy, à un « comme généralisé », où l'individu mesure figuralement, dans une multitude de relations et de rapports, ce qu'il y a en lui-même de comparable et d'incomparable.

Dans la tâche de devenir soi-même, le sentiment de ressembler tout à fait, ou, si je puis dire, d'être ressemblé par un livre, d'être répété ailleurs, d'être déjà dit, à la fois exalte et fait en effet s'évanouir d'un coup l'assurance de l'individualité... Pachet, décrivant l'effet sur lui d'un livre de V. S. Naipaul, a souligné ce qu'il y a de lutte dans les mouvements que suscite la lecture, le cheminement dans un livre et la tâche d'être « devant » lui. Au cours d'une réflexion sur les formes de l'individualité, il raconte sa rencontre avec *The Enigma of Arrival*, ce livre qui lui a semblé fait pour lui, mais en quelque sorte *trop fait* pour lui. Se sentant coïncider tout entier, il s'est trouvé devant le récit d'exil comme en face d'un « semblable », dont la proximité transformait la reconnaissance en besoin de résister, et faisait basculer le « c'est ça » du plaisir à la menace : du plaisir d'être soi à la menace de ne pas être le seul à être tel. C'est l'effet complexe, et double, qu'a sur nous une œuvre dont on a le sentiment qu'elle s'adresse à nous et qu'elle nous attendait : excitation à la reconnaissance des questions qui depuis toujours nous habitent, mais aussi « asphyxie » parce que nous nous y sentons dépossédé de ce que nous avions cru être notre territoire propre ; dépossédé qui plus est par anticipation, puisque le livre a la puissance de nous précéder. C'est le léger vacillement, et parfois la blessure du lecteur, lorsqu'il s'aperçoit que ce qu'il avait cru se produire à l'intérieur de lui (cet événement de son individuation) était déjà dit ailleurs, et mieux, et par un autre : souffrance sourde, intrusion d'un semblable, comme dirait Baudelaire — là où l'on espérait différer activement, et tranquillement, en face d'un différent. « Comment commencer à répercuter avec liberté (en sauvegardant ma liberté) l'effet sur moi de ces livres » ? Pachet précise comment, non pas en s'éloignant mais sous l'impulsion de certains passages du livre lui-même, il a commencé à desserrer l'étau : « ainsi pouvait commencer à se dénouer mon invalidité, ma fascination. Je me mis à chercher des failles dans l'attitude de Naipaul, des contradictions ou des faiblesses, des manques par rapport à ce dont j'avais besoin »[38], il recommençait, dialectiquement, à différer, et pouvait donc d'autant mieux se reconnaître, ne pas craindre de ressembler et d'emprunter à Naipaul des idées, des thèmes, des façons de faire, ne pas craindre d'adapter ses idées. Comme s'il avait fallu se décoloniser soi-même, et de soi-même ; comme si le lecteur se sentait autorisé à être soi, à être *tel*, précisément par cette interdépendance et ce lien. C'est dans les formes concrètes de sa lecture que le sujet éprouve ici sa capacité et son incapacité, les conditions de son action *et* de son assujettissement.

La lecture engage en effet un conflit d'individuations. De ce point de vue, le sentiment du « même » n'est pas moins déroutant que la rencontre d'un « tout autre » qui me laisserait intact, dans le spectacle distant et par conséquent indolore de sa propre différenciation. Dans l'identification d'une destinée littéraire qui soit tout « comme » la vôtre, il arrive que la part du trouble l'emporte et laisse le lecteur tout à fait interdit : Thomas De Quincey s'est senti plusieurs fois saisi, à l'écoute de *Macbeth*, par les trois coups frappés à la porte après le meurtre de Duncan. Il ne pouvait élucider l'effet qu'ils avaient sur lui et la corde particulièrement sensible qui s'y trouvait touchée ; il a même consacré un livre à cette scène, *Sur le heurt à la porte dans* Macbeth ; mais la raison de son trouble s'évanouissait quand il croyait l'avoir trouvée. Il a fallu d'autres lecteurs pour reconstituer la mystérieuse aventure mentale qui dans toutes ses lectures faisait buter De Quincey sur les mêmes portes, les mêmes crimes, les mêmes condamnations, et prolongeait en lui le retentissement de ces coups ; après Baudelaire et Mallarmé, Gérard Macé a reconstitué ce cheminement d'une parole intérieure — dédale de résonances, répétition d'un chagrin d'enfance et du deuil d'une jeune sœur : « son histoire est là tout entière, et *suffisamment transposée* pour qu'il ne refuse pas de la reconnaître »[39].

Un accord violent, bref et entier qui l'a fait se voir brutalement répété dans un livre a encore conduit Nietzsche à noter en marge du livre d'un autre philosophe, Jean-Marie Guyau : « Moi ! » (pas Bien, pas Oui, mais Moi !) : comme s'il se sentait soudain en contact avec ce qui importait le plus à une définition de lui-même. Patrick Mauriès a consacré un beau récit à cette rencontre de Nietzsche avec son double, dont la pensée visait elle aussi une esthétique de l'existence[40]. Ce n'est pas seulement là une approbation ou un accord (autour d'une réflexion qui porte d'ailleurs, avec Nietzsche, sur les enjeux de la subjectivité), mais un moment de vacillement lié à l'euphorie d'une répétition identitaire, où résonne une vérité individuelle et se trouble une limite entre le personnel et l'impersonnel, le propre et l'impropre qu'il y a en chacun, un moment où le lecteur est à la fois comblé et brusquement dessaisi de sa singularité, car celle-ci se trouve dispersée à l'instant précis où elle lui semble parfaitement *dite* : c'est le péril d'un « déjà » subitement projeté au-dedans de soi. Ce genre de péril a suffi à faire de la maladie de Nietzsche, qui l'empêchait de lire, l'équivalent d'une *santé* : « ce fut *le plus grand bienfait* que je me sois jamais accordé ! — Ce "moi" intérieur, ce moi en quelque sorte enfoui et rendu silencieux, à force de devoir entendre sans cesse d'autres "moi" (— et lire n'est pas autre chose), ce moi s'éveilla lentement, timidement, avec hésitation — mais il finit enfin par parler de nouveau »[41]. Au lecteur, « rien de lui n'est de lui. [...] Ce qui est soi, de soi lui fut une lecture », prévient aussi Pascal Quignard[42].

Une phrase de Barthes, formulée dans une lettre à Hervé Guibert, incarne bien ce mouvement à la fois empathique et conflictuel : « je vis, écrit Barthes, selon la littérature, j'essaie de vivre selon les nuances que *m'apprend* la littérature » (III, 1298). Selon la littérature, c'est-à-dire conduit par elle, sur la pente qu'elle désigne, et dans l'invitation qu'elle lui fait de prendre ses propres fantasmes au sérieux ; mais aussi, précise Barthes, selon ce qui, dans la littérature, enseigne « les nuances », module le comparable et l'incomparable, oblige à une différenciation fine et active, écartant de la grossièreté des fausses permanences et de la tyrannie des identités mal faites. Reconnaissance de l'élan à l'emporte-pièce des empathies (si grand est le désir de se reconnaître « tel », de trouver sa phrase), mais aussi finesse des mouvements de subjectivation, c'est-à-dire va-et-vient des ressources d'identité aux ressources de différence et d'écartement : c'est dans ce balancement que se sera toujours placé Barthes. Lire en levant la tête, pour lui, c'était poursuivre en lui-même cet « autrement dit » : son corps mental se rétractait devant le texte, mais profitait de ce mouvement pour se redisposer, avancer dans la nuance. « Ce que je goûte dans un récit, ce n'est donc pas directement son contenu ni même sa structure, mais plutôt les éraflures que j'impose à la belle enveloppe : je cours, je saute, je lève la tête, je replonge » (II, 1499). Il y a, dans ces échos sans identification définitive, un éloge de la souplesse, à la manière de ces promenades faites avec un ami qui nous laisse penser à *autre chose* : « Être avec qui on aime et penser à autre chose : c'est ainsi que j'ai les meilleures pensées, que j'invente le mieux ce qui est nécessaire à mon travail. De même pour le texte : il produit en moi le meilleur plaisir s'il parvient à se faire écouter indirectement; si, le lisant, je suis entraîné souvent à lever la tête, à entendre autre chose » (II, 1506).

Ce bovarysme fin, cet ordre de la nuance où se mêlent phrase à phrase l'accommodation et la déprise, c'est toute la subtilité de ce que, dans l'ouverture de *Sade, Fourier, Loyola,* Barthes avait appelé le fait de « Vivre avec un auteur ». Il y suggérait combien l'écriture d'un autre peut nous donner le sentiment de nommer des pertinences de notre propre vie; c'est là que nous coexistons avec les écrivains. Mais vivre avec eux ne veut pas dire suivre le programme qu'ils ont tracé et opérer le tout qu'ils ont représenté; cela signifie, plus silencieusement, « faire passer dans notre quotidienneté des fragments d'intelligible (des "formules") issues du texte admiré (admiré précisément parce qu'il essaime bien) ; il s'agit de parler ce texte, non de l'agir, en lui laissant la distance d'une citation, la force d'irruption d'un mot frappé, d'une vérité de langage; notre vie quotidienne devient alors elle-même un théâtre qui a pour décor notre propre habitat social » (II, 1044). Vivre avec l'écrivain conduit à prélever des détails, des phrases dont seule la discontinuité (celle qu'imprime l'acte de lecture) autorise la projectibilité. S'il y a un sujet à suivre dans une œuvre, il faut qu'il soit dispersé, pour que je puisse, par morceaux, m'individuer dans une coexistence (dans un enfermement prolongé) avec lui. Cet auteur qui vient du texte et entre dans ma vie n'a pas d'unité, « il est un simple pluriel de "charmes", le lieu de quelques détails ténus, source cependant de vives lueurs romanesques, un chant discontinu d'amabilités, en quoi néanmoins nous lisons la mort plus sûrement que dans l'épopée d'un destin » (II, 1044)...

L'un des fragments de son journal intime nous montre ainsi Barthes enfermé un moment avec Pascal, dans l'avion qui le ramène à Paris, en deuil de sa mère : « j'ai lu un peu des *Pensées* de Pascal, retrouvant sous "la misère de l'homme" toute ma tristesse, mon "cœur gros" d'U. sans mam. (Tout ceci vraiment impossible à écrire : quand je pense à la sécheresse et à la tension de Pascal.) » (III, 1279)... Le mouvement est double : l'individu s'y retrouve et le même individu refuse de s'y reconnaître ; il refuse de coller non pas à la scène du sens, mais à une tonalité, à une couleur d'être. Sa lecture lui sert à se dire et lui convient absolument, et en même temps elle ne lui convient pas du tout ; car il faut, poussant jusqu'à sa limite la réappropriation de son propre destin dans la misère métaphysique que posent sévèrement les *Pensées*, transformer considérablement (défigurer, refigurer) Pascal.

TRIOMPHE DE L'USAGE ?

Nous sommes doucement passés d'une phénoménologie à une pragmatique de la lecture (conçue comme une pratique du style). Barthes a été l'un des premiers à tourner résolument l'approche de la lecture vers ces questions d'appropriation et d'usages. Deleuze, Michel de Certeau ou Rancière ont accentué ce tournant, abandonnant la sémiotique de la lecture pour une politique, en y fondant l'exercice actif de la subjectivation.

La pensée littéraire de Rancière en particulier vise directement une pratique d'émancipation des individus, et c'est précisément l'échelle de la phrase (« la phrase égalitaire »[43]) qui autorise chez lui cet enjeu. Le « régime esthétique », qui définit notre moment historique, est décrit dans *La Parole muette* comme la structure d'entre-disponibilité de corps et de phrases qu'a ouverte le régime démocratique, séduite par un modèle anarchique : des phrases errent dans l'expérience des lecteurs, qui s'en emparent sans critère, sans légitimité ni devoir de justification, toujours prêts à élever ces morceaux de littérature au rang de vérité[44]. La littérature moderne repose justement pour Rancière sur cette structure de disponibilité fragmentaire : parole à la fois « bavarde » et « muette » (parole sans leçon déterminée, orpheline, sans père vivant pour en fixer le sens et la défendre), proposition de phrases sans destinataires privilégiés, fragments de langage errants que des corps sans propriété, sans destination eux aussi, s'affairent à accueillir et à détourner, se laissant activement dévier des circuits déterminés, se laissant conduire là où sera leur liberté, là où leur liberté se prouvera : « L'homme est un animal politique parce qu'il est un animal littéraire, parce qu'il *se laisse détourner* de sa condition naturelle par le pouvoir des mots »[45]. Rancière figure parfois cette disponibilité par l'image de « l'île du livre » : une île où l'on peut aborder depuis partout, ne pas aborder, allant de l'une à l'autre, revenant à soi. Deleuze lui aussi avait fait de l'île un modèle des pistes du « devenir »[46] : habiter n'était pas seulement pour lui occuper un espace, comme un contenant, mais *devenir avec lui*; Carlo Ginzburg ajouterait qu'aucune île n'est tout à fait une île[47], car la dispersion n'est pas seulement un isolement, elle est aussi un mode de circulation.

Cette circulation, on l'imagine bien pour l'auteur du *Maître ignorant*, implique le contraire d'une position de maîtrise : Rancière travaille à un éloge heureux de l'appropriation qu'il oppose aux conduites de lectures savantes dont l'entreprise d'Althusser, dans *Lire* Le Capital, était la plus significative : entreprise de démystification, qui postulait une aliénation *a priori* de lecteurs que le commentateur aurait eu pour tâche de déniaiser. Il faut au contraire, dit Rancière, supposer le sujet « non-idiot » — sujet d'un désir qui sait ce qu'il veut, qui sait ce dont il va s'emparer, selon la logique du goût que décrit Deleuze : ce *tact* relationnel qui me fait choisir ce qui me convient, ce qui sera important pour moi, ce dont je pourrai avoir l'emploi. La lecture devient « la mise en œuvre d'une écoute, d'une sensibilité à des voix multiples », qui engage une activité de « rephrasage ». Une telle pratique doit être une pratique des phrases, du démembrement, de la reprise en charge de l'énonciation. Elle définit le geste d'appropriation lui-même, qui chez Rancière est avant tout une opération de réénonciation et foncièrement de *montage* de phrases : des discours sont extraits, projetés dans un nouveau contexte, conjugués au présent du sujet, attelés à d'autres phrases pour composer une vocalisation individuelle qui est la trame même du processus de subjectivation. Cette politique de la lecture est une réintepretation de l'appareil de l'énonciation littéraire, de la libération de l'énonciation qu'a particulièrement mise en valeur la polyphonie bakhtinienne : il s'agit au fond de ne pas considérer que les uns ont le « discours » et les autres la simple « voix » qui révélerait leur condition, que les uns ont la parole — en acte, singulière — et les autres le pâtir. Tous les « re » de Rancière (rephraser, rejouer, redonner un corps) convergent autour de cette restitution des phrases littéraires à l'événement individuel d'une *parole*.

Dans cette conception de la lecture comme « rephrasage », Rancière accentue un enjeu politique : l'évidence d'une *subjectivation collective* où les lecteurs pourraient refuser leur condition, défaire les attelages ordinaires des mots et des positions sociales, la distribution préétablie des phrases et des corps (la convenance, le « comme il faut »). Les phrases littéraires s'en vont parler à n'importe qui sans s'inquiéter de savoir à qui il convient ou non de parler ; et les lecteurs se les réapproprient sans critère. Emma, encore une fois, est le meilleur exemple de cette expérimentation autonome de nouvelles formes du dire, et donc de nouvelles formes de vie : « La dénonciation des séductions de la "société de consommation" fut d'abord le fait de ces élites saisies d'effroi devant les deux figures jumelles et contemporaines de l'expérimentation populaire de nouvelles formes de vie : Emma Bovary et l'Association internationale des travailleurs. Bien sûr, cet effroi prit la forme de la sollicitude paternelle à l'égard des pauvres gens dont les cerveaux fragiles étaient incapables de maîtriser cette multiplicité. Autrement dit, cette capacité de réinventer les vies fut transformée en incapacité à juger les situations »[48]. Contre le sentiment de « dépossession politique » issu de la sociologie de l'art de Bourdieu, Rancière manifeste une infinie confiance dans le pouvoir émancipant de toute conduite d'appropriation ; c'est pourquoi il oppose la réappropriation aux médiations, aux maîtrises, à la tâche herméneutique

Beaucoup de pensées actuelles, quoique concurrentes, s'accorderaient bien à cette confiance : le progressisme éthique de Stanley Cavell ou de Martha Nussbaum, la « connaissance littéraire » de Jacques Bouveresse, l'« inférence » de Robert Brandom, les « actualisations » d'Yves Citton, jusqu'au « pouvoir des mots » et aux « politiques performatives » de Judith Butler... Comme si lire faisait nécessairement de nous des êtres meilleurs, plus légers, plus accueillants ou plus libres. J'inscris moi aussi la lecture dans une pensée assouplie des instrumentations où ce qui compte, ce sont les propositions que chacun tire pour sa propre vie de ce qu'il perçoit, de ce qui est représenté, et des modalités de cette représentation ; mais les politiques de la littérature me semblent souvent trop volontaires, et enclines à simplifier les opérations et les figures par lesquelles on parvient, en vérité plus ou moins bien, à rapatrier la littérature dans la vie commune ; car « l'usage » des œuvres est aussi fait de ratages ou d'abandons : on lâche les livres, on ne sait qu'en faire, et l'optimisme des nouvelles philosophies morales ne fait pas sa place à l'échec dans l'analyse des réponses esthétiques. Entre les corps et les phrases, il y a tout l'espace des médiations et des formes d'emploi. Si ce courant de pensée s'exagère peut-être le caractère automatiquement émancipateur des pratiques, c'est sans doute parce qu'il regarde la lecture comme une rencontre *directe*, sans médiation (sans maître, sans modèle), entre le lecteur et le livre. Rancière fait l'économie de la description de cette lecture appropriante et de ses difficultés, qui suppose pourtant, comme le montrent ses propres lectures, une entrée en débat durable avec une force de diction. Car l'appropriation peut aussi bien conduire à des identifications stéréotypées, reconduisant les sujets à leurs assujettissements et à de fausses égalités.

Lisant un entretien accordé par Rancière il y a quelques années, il m'a semblé voir remonter, comme en direct, une phrase préférée, et se déployer magnifiquement cette opération de rephrasage, reconduisant le lecteur à une intense tâche herméneutique que sa théorie, pourtant, lui fait refuser. Cette phrase est le « je pense à vous » qui ouvre « Le cygne » de Baudelaire : « Andromaque, je pense à vous ! Ce petit fleuve, / Pauvre et triste miroir où jadis resplendit / L'immense majesté de vos douleurs de veuve, / Ce Simoïs menteur qui par vos pleurs grandit, / A fécondé soudain ma mémoire fertile »... Remarquons, songeant à Auerbach, que cette phrase est extraite d'un poème portant précisément sur une conduite figurale, sur ce que le poète voit « en pensée ». Si Baudelaire est si présent (pour Proust, Barthes, Rancière), c'est sans doute qu'il est ce poète du *voir comme*, de la captation des formes, de l'ivresse de l'attention, de la vigilance existentielle et esthétique qu'il y a dans les figures. Et ici le « voir comme » emporte avec lui toute une disposition morale, la phrase engainant un rapport, un mouvement tendu vers autrui, et offrant au lecteur d'investir ce rapport en répondant à l'appel de ce théâtre grammatical, c'est-à-dire en investissant concrètement l'un de ces pôles : moi, vous.

Rancière donc se souvient et explique quelle disposition énonciative, sensible et morale a progressivement incarné pour lui ce « penser à ». Commentant le matérialisme implicite de ce vers (où Andromaque ne revient pas à la vie mais *dans* la vie, dans la matière des choses et des mots) et l'opposant à un certain idéalisme mallarméen, Bonnefoy observait déjà : « Baudelaire ne crée pas cette Andromaque, il "pense" à elle, et cela signifie qu'il y a de l'être hors de la conscience et que ce simple fait vaut bien plus, dans sa donnée hasardeuse, que la demeure d'esprit »[49] ; Rancière rend hommage à ce rephrasage de Bonnefoy dans « Le prolétaire et son double », qui l'a mis sur la voie d'une certaine manière de s'approcher du singulier tout en refusant les prestiges de la chair : un « penser » sans euphorie, le maintien d'une distance pensante et pensive, une certaine manière de traiter le monde et les choses. À son tour, il reconnaît chez Baudelaire le phrasé sensible, la décision et la disposition linguistique d'une certaine régulation de la distance intersubjective et des places individuelles, d'une forme de l'expérience ou plus précisément de l'*attention*. Il réénonce le vers, le coupe, se le répète et le remet en phase avec une autre réalité : catapultée dans l'ordre politique, la phrase en vient à désigner son propre rapport aux autres, elle lui en *enseigne* la formule. Et plus encore qu'à la pensée d'Andromaque, Rancière pense sans doute aux pensées qui suivent cette première pensée et en prolongent la disposition jusqu'à le faire aborder exemplairement à l'île des vers : « Je pense à la négresse, amaigrie et phtisique / Piétinant dans la boue, et cherchant, l'œil hagard, / Les cocotiers absents de la superbe Afrique », à « quiconque a perdu », « Je pense aux matelots oubliés dans une île, / Aux captifs, aux vaincus !... à bien d'autres encor ! » Rancière n'y reconnaît pas seulement son propre souci, il le resymbolise, il y trouve les ressources d'une forme générale d'attention et de nomination. L'entretien s'emporte, les citations s'emballent et tissent comme chez Barthes l'étoffe d'une vie entière de pensée — Flaubert, Woolf, Dickens — jusqu'à cet énoncé final d'une phrase de Rilke qui suffirait à tout dire : « "Perdre aussi nous appartient" [...] il s'agit de définir la positivité d'une vie marquée aussi par le savoir et la jouissance d'un inaccessible [...] Cela, c'est la marque profonde de la littérature sur ce que j'ai écrit. »[50]. Le lecteur s'est emparé de ces phrases pour y dire son projet et l'y voir originé, il s'y sent « transfiguré ».

En vérité, ce rephrasage de Baudelaire n'est pas essentiellement une réénonciation ; il touche moins à la question de la voix qu'au dégagement complexe d'une *idée* de forme, c'est-à-dire à la compréhension efficace de quelque chose de généralisable. Il a exigé un travail herméneutique difficile : paraphrase, explicitation patiente, mesure des déplacements opérables, qui ne requiert pas seulement un montage de disponibilités mais une véritable activité soumise à la figure et à la construction de la signification ; une médiation (un guide, un maître) a d'ailleurs servi, celle de Bonnefoy, premier interprète de la dictée baudelairienne. Badiou répliquerait sans doute à Rancière, comme il le fait en d'autres occasions, qu'il n'y a pas seulement des corps et des langages, entre-disponibles, il y a aussi « des vérités »[51] ; des vérités, ou en l'occurence un invincible du dire, qui requièrent une pratique de fidélité, la « décision de se rapporter désormais à la situation du point de vue du supplément événementiel », une tâche interprétative accomplie par un sujet fidèle qui sait bien, comme disait Barthes avec Valéry, que « la forme coûte cher ». Il ne s'agit pas, ici, d'exalter l'occurrence de l'événement littéraire, mais d'en « suivre les conséquences ».

Il serait vain d'opposer radicalement l'usage à l'interprétation, en cherchant à isoler une interprétation indemne d'appropriations : ce serait ignorer la force de la littérature, irrésistiblement évocatrice, et ignorer l'opération de la lecture, forcément actualisante. Il ne suffit pas de poser des balises sémiotiques marquant les « limites de l'interprétation », c'est-à-dire de mesurer la possibilité d'appropriation des textes à leur degré d'indétermination, au nombre de blancs ou de pierres d'attente qui s'y trouveraient disposés. La distance de l'interprétation à l'usage n'est pas celle d'une moindre à une plus grande liberté, car les lecteurs ne se logent pas seulement là où le texte leur a laissé une place : la force de la relance ne tient décidément pas à un comblement de lacunes, mais justement à ce que Barthes nous a aidé à reconnaître comme « un plein », un trop-plein, une puissance qui affecte et *saisit* le lecteur, une force contraignante, coûteuse et déphasante, une altérité dont il faut parvenir à faire son « propre ». Ce qui se rend disponible n'est pas, ou pas seulement, l'indétermination d'un énoncé (la place faite au manque, aux incertitudes, aux potentialités d'aiguillages ou d'errances que la sémiotique littéraire a souvent mises en avant), mais précisément sa densité, son intensité, son « trop dit » qui nous oblige. On ne se glisse pas dans une indétermination, mais dans une force sensible ; on ne va pas là où on nous faisait place, mais là où il faut forcer, en la « prouvant », notre propre capacité de diction : « Là même où vous croyiez que c'était plein (ou vide, ce qui revient au même), il y a place. La place est à réinventer ; [...] l'identité de l'espace et de la liberté à prouver [...] ; tout est à ramasser »[52], écrit ailleurs Deguy. Finie la rareté, tout est ressource. Ressource, mais donc aussi abondance qui peut laisser le lecteur emprunté.

La pensée des années 70 a justement thématisé le « devenir », le « désir » et la « puissance » contre les « positions » d'être. On peut insister avec elle sur la souveraineté de ce désir, et compter sur l'évidence émancipatrice des pratiques esthétiques. Mais on peut aussi, se tournant plutôt vers ce qui l'aimante, prendre acte de la puissance de ces objets qui appellent le désir, reconnaître leur capacité déterminante de guidage. La question irrésolue de tous les plaidoyers pour les lectures actualisantes reste la *tâche* herméneutique : cette difficulté du corps à corps avec des formes et des sens, réponse complexe à la force de dictée du poème, travail intermédiaire à maintenir et à inventer devant toute nouvelle œuvre, qui est une singularité invincible, qui me fait quelque chose avant que je ne puisse faire quelque chose d'elle. Il faut reconnaître avec force la distance (donc les ratages et les risques de facticité) qu'il y a de l'acte de lecture à l'élaboration active d'une conduite de vie. Les livres ne *s'appliquent* pas à la vie, mais les lecteurs, dans la vie, s'approprient les formes qui les touchent pour en faire, ou pas, leurs formes propres.

« On n'accommode que sur du fini », précisait Barthes, du fini et donc du contraignant. Accommoder, qu'est-ce à dire ? Ce n'est pas seulement plier à soi, mais « composer » avec la force d'une forme et d'un sens, de *telle* forme et de *tel* sens, toujours neufs et déphasants ; l'accommodation est justement un effort pour ajuster le regard à un objet précis, en particulier à sa distance, à son caractère éloigné, non immédiatement intégrable ; il s'agit d'assumer comme sien, comme « propre », quelque chose d'absolument extérieur, autre, détaché ; quelque chose m'y définit, qui pourtant ne m'appartient pas. L'opération est dialectique, complexe, différentielle. L'éloge de l'application tend parfois à rendre les livres indifférents (ainsi du *Télémaque* de Fénelon dans *Le Maître ignorant* : celui-ci ou un autre), pour accentuer dans la lecture le grand fait d'occuper la « place » du sujet. Si je fais de la pratique lectrice l'interface entre *telle* œuvre et *telle* forme de vie c'est, un peu autrement, pour y reconnaître une tâche relationnelle toujours à recommencer, et par conséquent un *lien.* Kafka regardait comme une grande difficulté, et comme la littérature même, de « créer la possibilité d'une parole vraie d'être à être » : une parole « qui *s'effectue* contre le développement des relations fantomatiques entre les hommes »[53], et le genre de vie (d'individualité, de communauté) qui s'ouvre avec cela.

Un sujet n'est peut-être pas l'absolu d'une puissance, c'est à la fois un corps capable et un corps affecté, une force qui se conduit et qui est conduite. Dans la lecture, l'opération du style noue précisément cette activité et cette passivité ; et ici la « dissymétrie, comme l'écrit Deguy, n'empêche nullement la réciprocité »[54]. Elle suppose que les individus répliquent à la force qu'une forme littéraire exerce sur eux, et qu'ils y répliquent par le façonnement dialectique de leur propre parole, restituant dans leurs pratiques la puissance de différenciation à laquelle il leur a d'abord fallu s'assujettir. Le lecteur se trouve en situation de seconder une forme dans son mouvement de singularisation à elle — « dans ton combat avec le monde, seconde le monde », écrivait Kafka. Chaque configuration littéraire est pour lui une sollicitation, elle exige qu'il en ait le souci, qu'il aide telle ou telle phrase à retrouver son actualité. Il s'y sent acteur (« capable » comme dit la philosophie morale), à la poursuite d'un sens non seulement à identifier mais à mettre en route et à rejouer à l'intérieur de soi. Mais cela suppose de ne pas comprendre trop vite et de travailler aussi *contre soi-même* pour rejoindre la singularité d'une signification. Marcel sentait obscurément ce que telle ou telle phrase « voulait » de lui : faire l'expérience d'une œuvre, c'était accompagner la formation d'un phrasé qui pourtant le contestait. Le sujet est toujours pris dans la duplicité d'un pâtir (l'effet de « l'invincible du dire ») et d'un agir. On se souvient que Foucault et Barthes coloraient eux aussi leurs expériences esthétiques d'un véritable stoïcisme.

Si l'individuation de l'œuvre n'est pas pensable sans la perception que nous en avons et l'attention (le « faire attention ») qu'elle requiert de nous contre nous, réciproquement notre individuation n'est pas pensable sans cette butée d'autres stylisations. La lecture conduit le lecteur à prendre les livres comme des modèles, mais aussi comme des *obstacles* pour son propre devenir, dans une dynamique permanente d'adhésions ou de refus. Merleau-Ponty décrivait l'expérience sensible comme l'ouverture infinie du sujet à la surprise d'autres manières, qui s'imposent à lui comme des directions d'être complètes — directions prometteuses, mais aussi dangereuses : « les visages et les paysages m'apportent tantôt le secours et tantôt la menace d'une manière d'être homme qu'ils infusent à ma vie »[55]. Un secours ou une menace : la lecture n'est pas seulement une promesse d'autonomie, c'est aussi l'exemple de la difficulté de toute individuation : un corps à corps, la réplique conflictuelle d'une dynamique à une autre. Elle implique l'ouverture risquée de brèches dans l'individualité du lecteur, l'ouverture permanente, dans l'intimité de sa solitude, à un : qu'est-ce que c'est vraiment d'être autre, d'être comme je ne suis pas? Devant la force d'un style littéraire — ce « rien qu'à lui » d'un livre, lui et pas un autre — des individus reviennent à eux-mêmes, à leur manière propre ou à leur opacité, des identités s'éprouvent en puissance mais aussi bien s'égarent.

UN DANDYSME DES SIGNES

Le lecteur peut donc effectuer une relance de ce qui, en même temps et sans contradiction, lui a été dicté; il fait alors du pouvoir qu'exerce sur lui une forme la modalité possible d'un devenir autre, d'un devenir soi-même. C'est ici que s'impose l'« éthopoïèse » de Foucault, cette activité par laquelle un individu intervient sur « ses propres modes d'être ». La dimension éthopoïétique du sujet est définie par la trame des actes accomplis et des postures corporelles (et non par des contenus ou des événements identifiants qu'une confession, par exemple, révélerait). La connaissance de soi n'y est qu'un aspect d'un plus vaste « souci de soi » fait d'attitudes, de conduites et d'applications concrètes, qui déplace (comme Baudelaire) l'identité vers le *geste*, vers une certaine manière de se tenir dans le monde. En travaillant à ce rapport qui le lie à lui-même, en travaillant à sa propre « manière », l'individu se produit, se transforme, et se restitue à lui-même son « actualité », c'est-à-dire sa capacité de création, d'institution d'un style d'être. La vérité du sujet, ici, n'est donnée qu'au prix d'une tâche, d'une élaboration de soi en une vie extérieure, exposée. Les expériences attentionnelles de Marcel, les transfusions sartriennes définissaient un certain rapport entre la vie et les formes ; cette autre « attitude » à l'égard du style est d'une couleur différente. Elle dicte la possibilité de *simulations d'être*, dans l'espace du corps ou dans celui de la pensée, des activités esthétiques où chacun doit créer son propre théâtre figural, faire entrer des souvenirs littéraires et des possibilités dans le jeu vital, les mobiliser fortement pour se traiter autrement soi-même.

La lecture engage ici le désir qu'a le lecteur de se considérer lui-même « comme une espèce d'œuvre », le sentiment foucaldien « que l'œuvre que nous avons à faire n'est pas seulement, n'est pas principalement une chose (un objet, un texte, une fortune, une invention, une institution) que nous laisserions derrière nous, mais tout simplement notre vie et nous-même. [...] Que la vie, parce qu'elle est mortelle, ait à être une œuvre d'art, c'est un thème remarquable »[56]. On observe puissamment cet attrait pour les « attitudes » (et non pour les synthèses biographiques) chez le dernier Foucault, où l'herméneutique du sujet est faite d'« exercices » incessants du vouloir, indissociables d'un acquiescement tout stoïcien. À vrai dire, c'est toute l'atmosphère de notre contemporanéité. Il n'y a au fond aujourd'hui « pas d'autre problème esthétique, comme l'annonçait Deleuze, que celui de l'insertion de l'art dans la vie quotidienne » : dans la vie, et que cette vie soit quotidienne. Le monde des lectures n'y est pas seulement un espace d'expériences, mais un champ de performances : production active de situations d'art, essai de manières, imitation de modalités, affirmation de formes d'être et de formes de vie — autant de manières et d'attitudes qu'il y a de phrases conductrices, de patrons formels et d'airs syntaxiques dans les livres que l'on aime. L'individu se dévoile ici comme une véritable *pratique*.

Le monde proustien est riche de tout un spectre de conduites éthopoiétiques, dont Barthes gardera le souvenir. De la parole à la comédie sociale, on voit bien des personnages se faire une *manière* à partir de leurs lectures. Mme de Cambremer forge par exemple son propre jeu, celui des adjectifs, dont elle use d'une façon bien à elle, mais en partie imitée. Deux méthodes s'associent dans son style ; l'une façonnée par la lecture de Sainte-Beuve, l'autre requise par la politesse ordinaire. Les lectures infusent ainsi dans l'écriture de Mme de Cambremer, mais elle choisit, altère, combine. Proust souligne la force identifiante de cette pratique : quiconque recevait ses lettres comprenait qu'elle « appartenait à une vieille famille où la culture enthousiaste des lettres et des arts avait donné un peu d'air aux traditions aristocratiques. Il aurait deviné aussi vers quelles années la marquise avait appris [...] à écrire [...]. C'était l'époque où les gens bien élevés observaient la règle d'être aimables et celle dite des trois adjectifs. Mme de Cambremer les combinait toutes les deux. Un adjectif louangeux ne lui suffisait pas, elle le faisait suivre (après un petit tiret) d'un second, puis (après un deuxième tiret) d'un troisième. Mais ce qui lui était particulier, c'est que, contrairement au but social et littéraire qu'elle se proposait, la succession des trois épithètes revêtait, dans les billets de Mme de Cambremer, l'aspect non d'une progression, mais d'un diminuendo. Mme de Cambremer me dit, dans cette première lettre, qu'elle avait vu Saint-Loup et avait encore plus apprécié que jamais ses qualités "uniques-rares-réelles" » (III, 336)... Mélange d'imitation et de réaccentuation, ce style est immédiatement reconnaissable, il s'impose et se transmet à toutes les femmes de la famille — aussi distinctif que « la moustache » de Mme de Cambremer ou sa disposition à la musique. Il y a là toute une attitude esthétique, l'affirmation d'une intention d'art dans la vie, qui participe de la cohérence d'une personnalité : on hérite de quelques formes, on les module, on les accentue, et l'on décide par là de ses propres reliefs extérieurs. Citation et auto-stylisation s'y renforcent pour exposer toute une manière d'être, parfois réussie, et parfois ratée.

C'est encore une intention d'art qui porte Swann ou Charlus, et elle prend chez eux des voies bien distinctes. Tout est question d'*usage*, en effet, dans ces actes esthétiques où l'on se replace dans le réel par le biais d'une forme. Devant Charlus, Swann s'efface, trop faible pour être dandy; il veut surtout retrouver dans les tableaux des « allusions anticipées et rajeunissantes » aux visages actuels; la quête des ressemblances est moins chez lui une conquête perceptive qu'une consolation à la mondanité, une justification, par exemple, de son amour pour Odette (qui « vaut pour » la Zéphora de Botticelli). La stérilité de Swann ne réside pas dans cette attitude esthétique, en tant que telle, mais dans son *plaqué* : c'est une incapacité à se porter souverainement ailleurs — l'arrêt sur un style intérieur. Charlus va bien plus loin dans la logique d'une esthétique de l'existence, lui qui non seulement *voit* mais *se conduit* « comme dans Balzac ». Il est bien plus joueur que Marcel ou que Swann : prosateur virtuel, artiste autoritaire et tout en performances, il répète, imite, active.

Un beau passage de *Sodome et Gomorrhe* est consacré aux usages balzaciens de Charlus, véritables simulations mentales de situations d'art, provocation de scènes, activations esthétiques qui, pour rester invisibles à autrui, n'en transforment pas moins le sujet : « Brichot ne soupçonnait pas qu'on pût s'intéresser à une robe et à un jardin comme à une œuvre d'art, et que c'est comme dans Balzac que M. de Charlus revoyait les petites allées de Mme de Cadignan » (III, 443)... Certes, le comportement semble aussi périlleux que les subtiles et tristes allégorisations de Swann. Car, si le baron est « fort artiste », l'aisance de ses « transpositions mentales » le conduit parfois à confondre sa situation avec celle décrite par Balzac : « il se réfugiait en quelque sorte dans la nouvelle, et à l'infortune qui le menaçait peut-être, et ne laissait pas en tout cas de l'effrayer, il avait cette consolation de trouver, dans sa propre anxiété, ce que Swann et aussi Saint-Loup eussent appelé quelque chose de "très balzacien" » (III, 445). Consolation, mais un peu mieux : car voir en Balzac, ici, c'est surtout *jouer* en lui. Si Charlus n'a été toute sa vie « qu'un amateur » ou un dilettante, comme le dit sévèrement le narrateur, il ne s'en est pas moins transformé, virtuellement, en prosateur souverain, qui a su faire « dériver » ses impressions « en scènes violentes où il savait être éloquent » (III, 721). Charlus sait transformer un souvenir littéraire en un petit théâtre performatif, et passe ainsi la frontière qui va, dans l'esthétique de Proust, de l'expérience à la simulation, factice mais souveraine. La performance de soi dans la lecture débouche chez lui sur l'invention de conduites bien réelles. Il y a chez Charlus, moins mélancolique que Swann, véritable *emphase* de soi-même, la force décidée d'un regard d'art indissociable d'un désir d'être. Là où Swann s'efforce de « voir en » art, mais, trop désireux de retrouver des sensations, d'embellir et de collectionner, échoue souvent à transporter dans la vie la qualité de décillement de l'attention esthétique, Charlus, même seul, « vit en » art, il travaille à soi-même comme à une œuvre ; volontaire, nietzschéen, dandy dans l'attitude comme dans la perception, il substitue aux expériences attentionnelles de Marcel ou de

Swann un rapport ironique et simulateur aux formes. Par cet usage des œuvres, il se « distingue » plus qu'il ne s'exprime ; les reliefs dont il décide ne sont pas ceux d'un paysage intérieur, mais les aspérités discontinues et provocantes de son être social : accentuation externe, risque et écart violent, « volonté » de style qui est son seul style d'être. Avec Charlus l'emploi des œuvres est un pur mouvement d'expansion conquérante : invention d'une issue, acte d'individuation que Sartre aurait sans doute considéré comme une simple gesticulation, mais que Simondon aurait pu regarder comme « un exemple performatif de la façon dont peut se transformer la grammaire d'une forme de vie ».

Comme intervention souveraine sur un mode d'être, et donc comme rapport performatif à soi-même, l'« éthopoïèse » était d'ailleurs indissociable dans l'esprit de Foucault de cette coloration : le « dandysme moral »[57] présent chez Baudelaire et chez Nietzsche, mais aussi dans l'exercice philosophique, dans les stoïcismes successifs, dans l'ascèse chrétienne, dans les défis, les bravades et les « volontés de rupture éthique » aussi bien que dans les morales les plus rigoureuses. Baudelaire écrivait effectivement : « un dandy peut être un homme blasé, peut être un homme souffrant ; mais dans ce dernier cas, il sourira comme le Lacédémonien sous la morsure du renard. On voit que par certains côtés, le dandysme confine au spiritualisme et au stoïcisme »[58]... Ce que le dandysme de Baudelaire a enseigné à Foucault, c'est une sorte de stoïcisme esthétique qui nourrit une auto-finalisation de l'être, « complexe et dure » ; l'individu n'y est pas un soi, mais l'exercice d'un rapport à soi : « pour Baudelaire, la modernité n'est pas simplement forme de rapport au présent ; c'est aussi un mode de rapport qu'il faut établir à soi-même. L'attitude volontaire de modernité est liée à un ascétisme indispensable. Être moderne, ce n'est pas s'accepter soi-même tel qu'on est dans le flux de moments qui passent; c'est se prendre soi-même comme objet d'une élaboration complexe et dure : ce que Baudelaire appelle, selon le vocabulaire de l'époque, le "dandysme" »[59]. Et l'on assiste en effet avec Charlus à d'authentiques moments d'ascèse auto-stylisante, qui sont moins des essais de manières que de véritables simulations, des simulations qui signent son attitude à l'égard des formes et constituent sa vérité profonde de dandy, d'homme du geste méthodique, ascétique, de la performance glacée et du masque impassible à la Brummel, solitaire, qui n'institue aucune intériorité mais projette une image.

Le cours donné en 1976-77 par Barthes au Collège de France, intitulé *Comment vivre ensemble ?*, est un formidable exercice éthopoiétique, et n'est pas pour rien identifié par son auteur comme un espace de « simulations ». Barthes s'y pose une question générale, qu'il explore en une suite d'arguments et de disjonctions. Mais il y expose aussi ses lectures comme autant d'occasions performatives, et s'applique à travers elles à la « simulation romanesque de quelques espaces quotidiens » où il façonne son propre être social. Il cherche dans les œuvres littéraires des modulations de la sociabilité, une pluralité de façons d'« être ensemble », des « formes subtiles de genres de vie », depuis *Robinson Crusoe* jusqu'au lit de la tante Léonie ou à *La Montagne magique*. La lecture devient l'essai de situations pratiques, toute configuration esthétique se donnant comme un scénario de communauté : chaque roman, mais aussi bien chaque lecture savante, indique à ce lecteur une forme d'existence appropriable; ou plutôt, justement, « simulable » : le quotidien est ici pratiqué dans un artifice assumé, au risque évident d'une désubjectivation, car le sujet s'exerce à chaque fois à un dispositif complet, altérant, de règles de vie. On suit donc Barthes dans les emplacements successifs où il essaie un « être ensemble », avec ascèse et méthode. Ainsi le « labyrinthe », dont Barthes trouve l'exemple dans le *Satyricon*, est à la fois une structure de sens et un thème de vie ; le lecteur s'y donne une scène où vivre « l'utopie » d'une bonne distance avec autrui et avec soi-même. Une utopie, car la simulation lectrice est toujours au bord du *simulacre* : un scénario de conduite, c'est l'occasion d'une invention de soi, mais qui révèle le péril permanent d'une subjectivité factice, la marque d'une disparition du monde réel derrière l'hyperprésence contemporaine des images (que dénonce par exemple un Baudrillard). Il faudra donc savoir opposer la force du langage à l'industrie du simulacre. Le premier cours de Barthes au Collège de France mettait en place cette idée simple (quoique exorbitante en situation pédagogique), celle de ne plus viser un objet de savoir, mais l'exercice d'un fantasme, celui d'une « forme de vie », d'une « règle » et d'une « coutume » soudain proposées au désir (à son risque) par un livre.

Issues comme il le dit d'une bibliothèque « racée », qui ne blesse pas le besoin d'une « esthétique du travail », les lectures de Barthes furent autant d'outils pour une stylisation de l'existence. Les formes littéraires y apparaissent bien comme des idées de conduites, dictées d'usages devant lesquelles on courbe l'échine, que l'on suit mentalement jusqu'à identifier le point où l'individualité en travail impose que l'on s'en détache, et que le corps affine tout seul sa posture. Ses expériences littéraires les plus significatives ont guidé Barthes vers de tels « thèmes d'existence » : autant de *phrases* précises et encourageantes, autant d'idées de conduites où le sujet s'incite lui-même à une stylisation performative de la vie. Barthes aussi fut dandy, poète de soi-même, mais dans l'ordre discret du commentaire, du souvenir, ou encore de l'enseignement, où il a effectivement inventé un style de présence, et porté la responsabilité de son propre imaginaire. Les cours au Collège de France sont remplis de moments où la lecture se confond avec l'invention d'une pratique, l'affinement d'une performance, une façon de s'essayer à des modes d'individualité ou de partage.

Dans ce qui m'apparaît donc comme un véritable « dandysme des signes », on observe le cheminement concret de quelques phrases (de quelques forces de diction) vers la composition, la concertation, l'esthétisation d'une conduite mentale poussée à son extrême, en une sorte d'augmentation de soi-même. Un dandysme des signes, car c'est en poussant la brillance d'un détail distinctif, décisif, ou la violence de vérité d'une formule que Barthes laisse la littérature exercer sa force plastique sur sa propre pensée, et sur son propre être. Quelques phrases de *La Séquestrée de Poitiers* et quelques énoncés du Marquis de Sade sur la puissance de la « manie » sont par exemple l'occasion exorbitante pour Barthes d'observer et de défendre en lui-même un goût très singulier pour ce que j'appellerais « l'outrance de la nuance ». Et le haschich baudelairien, tout comme l'intellectualité hyperbolique de Valéry, allégorisent à leur tour pour lui ce qu'il y a d'emphatique et de périlleux dans toute individualité, dans la « nature exagérée » qui s'essaie au sein de l'individu aux moments d'ivresse. L'emphase du détail, l'augmentation active des différences, un « codex de nuances » et de singularités invincibles auxquelles faire place en soi-même, voilà le désir efficace que les phrases littéraires lui ont dicté.

L'idée d'un « principe de délicatesse » est ainsi venue à Barthes d'une lettre de Sade, qu'il avait déjà citée dans *Sade, Fourier, Loyola* et qu'il reprend en cours ; emprisonné, le marquis a reçu un courrier de sa femme qui s'inquiète de faire laver son linge ; voici ce qu'il lui répond, feignant de déceler dans cette délicatesse un goût bizarre pour son linge sale... : « Écoutez mon ange, j'ai toute l'envie du monde de vous satisfaire sur cela, car vous savez que je respecte les goûts, les fantaisies : quelque baroques qu'elles soient, je les trouve toutes respectables, et parce qu'on n'en est pas le maître, et parce que la plus singulière et la plus bizarre de toutes, bien analysée, remonte toujours à un principe de délicatesse. » Dans *Comment vivre ensemble ?*, cette phrase intervient pour commenter la situation de Mélanie, la séquestrée de Poitiers, qui dans son enfermement répugnant développe pourtant des conduites raffinées, subtiles et nuancées ; Barthes y voit l'œuvre du « principe de délicatesse » (II, 1161), l'autre nom de la logique de singularisation de toute configuration individuelle : tout sujet « peut être propre en ceci et sale en cela. Il choisit, selon une économie complexe »[60]... La phrase du marquis est détachée de son contexte, mais pas du halo analytique qui l'entourait : elle emporte avec elle l'excès d'un raffinement minutieux, un désir vigilant d'autrui dans le goût du détail.

Le principe de délicatesse devient progressivement une puissante idée de style, qui permet à Barthes de comprendre le ressort, pour lui, des meilleures opérations de langage. Il y repense en effet dans sa réflexion sur *Le Neutre*, et souligne combien l'énonciation de Sade laisse voir une jouissance d'analyse, un goût du détail inutile, infonctionnel, qui façonne toute une pratique mentale, et résonne fortement avec le style de pensée et de parole que lui-même cherche à adopter. La phrase en vient à allégoriser une minutie générale d'analyse, un geste de langage que Barthes *veut* mettre au centre de sa propre pratique : « pratique fine de la différence : ne pas traiter les objets de la même façon : traiter l'apparemment même comme différent »[61] ; elle figure en particulier le travail de la métaphore : « La délicatesse est consubstantiellement liée au pouvoir de métaphoriser, c'est-à-dire de détacher un trait et de le faire proliférer en langage, dans un mouvement d'exaltation. » De proche en proche, cette phrase façonne enfin un modèle de rapport subtil aux autres : la singularité d'une pratique attentionnelle et d'une sensibilité aux différenciations fines, la soif de finesse chez les êtres, le goût du détail discriminant dans toutes les conduites, le désir de regarder quelqu'un de si près qu'il puisse s'égaler à tout un monde, l'*activité* d'une nuance pluralisée, exaltée, excessive, qui consiste à protéger coûte que coûte les différences, les « moments fragiles » des individus. Ce « délire » de distinctions dicté par une phrase littéraire instaure toute une idée politique, posant des sujets composés de parties étanches, hétérogènes — d'une pluralité de phrases et d'embrasements. Voilà bien la transformation d'une logique de la forme, engainée dans une phrase littéraire et un air syntaxique, en geste transportable et généralisable : une vie en forme de phrase, à partir d'un énoncé que le lecteur a su activer comme forme de vie.

Cette « délicatesse » n'est pas mièvre (pas plus que le « neutre » défendu par Barthes n'est tiède), c'est une force qui affecte, et suppose l'emphatisation des différences, la sensibilité aux détails et pour tout dire, une pratique obstinée de la littérature comme « codex de nuances », qui est la vraie réponse au risque du simulacre, à la violence des fausses permanences et à la marchandisation contemporaine des identités. La littérature est ce qui nous enseigne qu'aucune différence n'est indifférente, que le plus petit infléchissement est une force, une puissance de subjectivation à protéger, à activer. C'est en cela que je parle volontiers d'un dandysme du rapport aux signes. Dandysme, décidément, que cette conduite générale entièrement artialisée, où la délicatesse et l'emphase nomment une même valeur qu'il convient de pratiquer *jusqu'à l'excès* dans la pensée et dans la vie, en reconnaissant sous la conduite de la littérature, qui est maîtresse de cette valeur-là, la force invincible des singularités, la violente puissance des nuances. L'imaginaire phrastique du sujet est ici mué en emportement actionnel, en pratique enflammée de l'attention aux petites différences, et les lectures se trouvent transposées à tout un style d'être. C'est un travail d'individuation en acte, entièrement conduit par un imaginaire du langage et une morale littéraire de la différence absolue, majorée, intensifiée.

Dans cette vie barthésienne qui s'élabore en direct, Valéry et Baudelaire rejoignent Sade dans un puissant effort de composition de la pensée. Valéry pour la figuration d'une « ivresse de la conscience », et pour l'enseignement décisif d'un rapport sensible aux formes, que ce premier titulaire d'une chaire de Poétique concevait dans leur volume, leur corps, leur poids ; et Baudelaire pour la reconnaissance du « naturel excessif » de tout individu, de l'emphase présente en toute subjectivation. Baudelaire, décidément, est la figure clé des ambivalences d'une stylistique de l'existence moderne, il sépare fortement ses lecteurs, selon qu'ils croient ou non aux ressources esthétiques de l'individuation ; là où Sartre ne voyait que gesticulation et imposture, Barthes voit rayonner une force. Revenons donc à l'élan d'esthétisation de soi qu'indiquait le fragment baudelairien sur lequel j'ai ouvert ce chapitre, repris par Barthes d'un bout à l'autre de sa vie, depuis un article de 1944 sur Camus jusqu'à ces derniers cours : « La vérité emphatique du *geste* dans les grandes circonstances de la vie... » Démantelée, réduite à quelques-uns de ses mots ou reprise dans toute sa force formulaire, successivement intégrée aux réflexions sur l'écriture blanche, le théâtre, le catch, la stylisation de la poésie japonaise, la « frappe » de l'écriture classique ou l'histrionisme de Sade, Fourier et Loyola... cette formule a aidé Barthes dans son besoin d'esthétisation de l'existence par la littérature. Toute l'audace d'une vie vécue à même les phrases, conduite selon la force des formes et « l'invincible du dire », se dévoile dans la récurrence de ce souvenir, dans l'énergie avec laquelle le mot de Baudelaire, comme aurait dit Breton, *cogne à la vitre.* Cette « vérité de l'emphase » n'est pas propre à Baudelaire, mais c'est lui qui, pour Barthes, l'a exactement nommée, l'a dictée : pouvoir de fascination des formes externes, poussée du simulacre.

Ayant choisi dans la littérature la seule instance capable d'indiquer des modèles, Barthes a conçu la violente nécessité de cette « vérité emphatique du geste » baudelairien. Il a voulu la vivre à son tour, et l'a vécue dans l'intimité de sa conscience, de son langage, de sa durée — qui est le temps d'un « faire œuvre » de soi-même : « est dandy, disait-il, celui qui n'a d'autre philosophie que viagère : le temps est le temps de ma vie ». Très tôt, il a consacré un article à « la théâtralité » qui touche tous les aspects de l'esthétique de Baudelaire; plus tard il s'éprendra de la force perverse du « discours-Charlus » comme d'un second Baudelaire; et dans le cours sur *Le Neutre,* l'emphase et l'accentuation des différences en sont venues à conduire sa propre pratique des signes : la « distinction-valeur » d'un trait de langage, la capacité à faire proliférer et retentir une singularité. C'est Baudelaire qui l'a guidé vers cet état mental, celui de la conscience ivre d'elle-même, capable de se vouer entièrement aux détails et aux différences individuelles, à l'infini des nuances de parole; il lui a enseigné la logique d'augmentation des phénomènes ordinaires de la pensée ; il lui a appris que la majoration d'un « geste » n'altère pas l'individu mais le développe, le révèle à lui-même ; il l'a autorisé à comprendre la subjectivité comme un « artificiel dans sa splendeur », une exagération continue. Barthes a ainsi transformé la poussée du geste baudelairien en manière de vivre : une stylistique des intensités de conscience, une affectivité intellectuelle, l'approfondissement d'une esthétique de la pensée qui lui devenait propre. Son désir d'être emporté par la force des formes lui a imposé cette idée de l'individu, emphatique, réactif et augmenté, et a ouvert en lui l'espace d'une stylisation mentale et d'une pratique de soi. C'est la façon dont il a su faire trésor de l'invincible des phrases, en prenant acte de la puissance d'une formule et en relançant à l'infini la logique de la différenciation poétique, la souveraineté de la nuance, la culture de l'interprétation et de la complexité. La passion de Barthes pour les formes subtiles de genres de vie et l'exaltation de la délicatesse qu'il trouve dans les romans et les textes avec lesquels il s'enferme est une résistance pratique, au cœur même de l'activité silencieuse de la lecture, à la perte de différenciations et à l'affaiblissement de l'expérience (le *simili*) qui marquent la culture moderne.

Le devenir moderne est cette logique que Baudelaire avait appelée, dans *Les Paradis artificiels*, celle de l'« individu accentué » : comme si toute stylisation de soi supposait une augmentation, un doigt pointé vers le style. Barthes a éprouvé en lisant ce qu'il y a de forcément spectacularisé, factice, poussé, et donc aussi de fragile et d'écroulable dans l'individu moderne et dans son langage. Il l'a éprouvé à l'intérieur de lui : dans sa lutte avec les signes, dans son effort de démarcation et d'imitation, dans l'ambivalence de cet approfondissement artificiel de soi-même. Il a lu en Baudelaire la puissance performative et les risques de cette accentuation de soi, et perçu en lui-même l'aspiration à ce que Foucault nommait un « dandysme moral ». Il a fortement éprouvé, à travers Baudelaire, l'approfondissement de soi comme « un autre chemin » : à force d'être ainsi traité, accentué, approfondi, le même devient autre, opaque, énigmatique. Dans sa lutte avec les signes, Barthes était aussi dandy. Tout lecteur, devant le texte, au-dehors, face aux autres, peut souvent devenir lui aussi cet acteur incertain et ambivalent, ce héros moderne qui cherche sa forme, espère la singularisation, mais dans un monde et, en l'occurrence, dans une situation esthétique, où rien ne peut la lui garantir. Lorsqu'il invente des modes d'attention et d'emploi des textes, des attitudes devant le style, un lecteur est un dandy. Et le dandy est généreux, qui risque au dehors un *effort* d'être voyant que tous peuvent tenter de s'approprier. Chez Barthes, c'est l'enracinement d'un rapport aux formes vécu sur le mode du tourment et de la fidélité : sa lecture a toujours été fascinée par le pouvoir d'arrêt des phrases, par leur force désubjectivante, leur puissance d'attraction et d'assujettissement sur les êtres incomplets et indécis que nous sommes.

Dans son vécu tourmenté avec les formes, comme un nouveau Quichotte, je crois que la « dictée » de Barthes faisait très bien la part de cette ambivalence des emplois de la littérature, des difficultés de la réplique aux modèles, de ce que l'expérience lectrice peut avoir de désemparé, de buté, d'excessif. C'est cet emportement et cette difficulté de la refiguration ou de la restylisation qui empêchent de simplifier la lecture en question triomphante de réappropriation. Il y a dans les philosophies modernes de la différence une confiance dans nos capacités à nous dégager de ces forces pour nous engager dans un travail de subjectivation autonome qui me semble presque trop héroïque ; car c'est précisément la contrainte du figural (le poète chante bien et il en dit *plus*) qui fait l'objet d'une réappropriation : il n'y a de force que des médiations, qui ne sont appropriables, c'est-à-dire libératrices qu'en tant qu'elles exercent une puissance réelle. Barthes, lui, avait une conscience aiguë de la puissance contraignante, excessive, assujettissante exercée par les formes, qui lui a fait obstinément reconnaître la force du style, et mesurer ce qu'il entre d'individualité jusque dans l'abandon et la passivité. Comme Proust, il a su prendre acte de l'élan qui nous fait nous insérer à vif dans une phrase. Aux injonctions contemporaines à l'émancipation active et au ressaisissement souverain de soi, il opposait la reconnaissance de l'impossibilité (de l'inutilité) de se dégager de la séduction des modèles : nécessité d'opiner à l'inouï, à la forme plus forte que soi, parce que c'est en elle que nous pourrions rénover nos propres capacités ; il affirmait la jouissance que nous éprouvons à témoigner de la force que ces formes exercent sur nous, revendiquait le plaisir d'une identification consentie, par exemple d'une façon de se confier obstinément à « la bonne métaphore, celle qui, une fois rencontrée, vous possède à jamais » (III, 146). Comme s'il y avait une résistance de l'expérience littéraire aux exigences de l'émancipation, du moins à ce que Barthes percevait comme tel. C'était le plaisir, non seulement de suivre un auteur dans sa phrase, mais d'être gouverné par elle — et de se reposer, en cela, du travail infini de la différenciation, de la nécessité d'être un « soi » inédit. Dans une autre tonalité, qui invitait moins à faire droit à la passivité et à l'appel des phrases qu'à l'évidence stoïcienne d'une méthode et d'une « dureté », Foucault posait aussi au fondement du « souci de soi » la nécessité d'un « maître du souci ».

Voilà l'enjeu : l'unité et l'unicité du sujet sans cesse

remises en travail. Soulignons que chez Barthes cet abandon est précisément une pratique de subjectivation : une protestation du « moi » chez un sujet qui parvient à se prendre pour... celui qu'il est. Usage de Proust, usage de Sade, usage de Baudelaire se sont agrégés pour former un tissu intérieur de conduites et d'idées, finissant pas définir un habitus subjectif composite : des manières de penser, des désirs, des idées politiques. Le besoin de placer la littérature en avant de soi était l'irréductible de Barthes, qui affirmait son « marcellisme », son refus de se « désintoxiquer du monde proustien », son désir de s'y reconnaître et de le répéter plutôt que de s'y inventer. « Non marcelliens, s'abstenir », prévenait-il en ouverture de son tout dernier séminaire, consacré aux archives photographiques du monde proustien, capturé par Paul Nadar, le fils de Félix. Barthes a ainsi répondu à l'exigence énergique et active de l'individuation (de l'autonomie, du « devenir multiple ») par une morale de la littérature, la littérature regardée comme un milieu profondément ambivalent, anachronique, opaque, fait de ressemblances obstinées et passives, de butées contre les formes passées et efficaces autant que d'émancipation. C'est la complexité de ce corps à corps qu'il a éprouvée jusqu'à la fin. Ce réglage d'identifications et de distance qui ne rejoint jamais tout à fait son calme était sans doute sa forme maîtresse, la contradiction régulière par laquelle il s'est cherché et s'est constitué dans ses usages de la littérature : « Je l'aime, donc je l'imite — mais précisément, non sans complexes. [...] Autrement dit, je ne m'en sors pas » (III, 1013-1014)... L'amour de la littérature jouait certes en lui contre les identités mal faites (la fameuse *doxa*), mais aussi contre la réquisition à l'authenticité : ni trop de « même », ni trop d'« incomparable ». Et il avait raison, car le processus de la différenciation est *toujours* intercepté par des mots, notre mouvement de formation a besoin de quelque chose contre quoi buter — on ne s'individue que devant des formes finies, qui nous altèrent, nous requièrent, nous devancent, et dans lesquelles nous nous exposons, par lesquelles nous nous instituons.

TROUVER SA PHRASE

La lecture est donc l'espace de ce devenir-modèle (ou contre-modèle) des formes et des sens ; c'est la vie des styles, leur capacité à passer d'un sujet à un autre, l'acceptation par un lecteur d'une forme d'être qui s'est déjà produite hors de lui. Un style est précisément une individualité en voie de partage et de réappropriation, qui nous fait vivre les singularités comme des idées et des puissances, qui trouve en chaque individu la possibilité de réexercer sa force. Tout est peut-être là : en régime esthétique, le phrasé original où un sujet a semblé risquer au dehors l'essentiel de sa singularité se propose en fait à n'importe quel autre comme un appel, un modèle désirable, une dictée de vie.

Il me semble que la notion même de « phrase » s'est en fait imposée, peu à peu, comme la bonne image d'une stylistique moderne de l'existence, la bonne mesure des identités complexes dont nous paraissons avoir aujourd'hui besoin, faites d'expositions, de dégagements et d'influences. Toutes sortes de modèles de vie et d'efforts d'être s'y sont investis, et s'y sont mis à circuler : chez Balzac, la phrase de chacun s'expose comme une force ; chez Proust, elle incarne l'infléchissement d'une disposition, la courbure d'une vision ; chez Michaux c'est l'expansion d'un rythme, violent et fluide à la fois, toujours remis sur le métier, ne décidant jamais tout à fait des contours de l'être ; pour Barthes en revanche la phrase est l'habitation tourmentée d'un canton d'identité imaginaire, et parfois une liberté à rejoindre au-devant de soi, comme chez Paulhan ; et chez Rancière, elle nourrit simplement le « moment » d'un sujet, un sujet traversé d'impersonnel, errant dans le monde commun autant que les formes qu'il s'approprie, et qui est toujours prêt à en élire d'autres.

Au cours de ces chapitres, dans l'observation de ces styles de lecture, pris un à un, j'ai d'ailleurs été amenée à identifier dans quelques phrases littéraires des « citations préférées ». En elles, chacun de ces lecteurs paraissait justement avoir trouvé hors de lui « sa phrase », investissant ce qu'il avait de plus intime dans ce qu'il n'avait pourtant pas initié lui-même — et parfois c'était dans le plus banal, le tube ou la dictée, que s'engouffrait ou se rejouait le plus singulier. C'est un cas-limite, le comble du miroitement d'une forme littéraire dans une forme de vie, lorsqu'une expression trouvée ailleurs et comme reconnue semble pouvoir tout dire du fil tendu par un sujet. La phrase d'un autre engage en quelque sorte l'« air » syntaxique de ce sujet, elle semble lui restituer sa propre grammaire, et par conséquent sa propre puissance. La citation préférée de Proust lui venait de Baudelaire, celle de Sartre de Stendhal, celle de Bourdieu de Ponge, celle de Barthes encore de Baudelaire, mais aussi de Sade et de Valéry... Chacun d'eux a laissé ces pans de littérature insister à l'intérieur de lui tout au long de son existence, faisant vivre concrètement la force culturelle de l'expression littéraire. Insister, mais aussi souvent changer de sens, car si ces citations préférées engagent toutes une puissante direction d'être (animant et libérant une ligne de vie), aucune n'est un résumé d'existence ou une allégorie tout à fait suffisante pour celui qui la porte avec lui, comme les figures des vices et des vertus de Giotto, dans la chapelle de Padoue, « portent » un sens qui paraît les surprendre elles-mêmes.

Sa citation préférée dessine sans doute une pente stylistique que l'individu reconnaît comme sienne, mais cette pente est aussi la plus verticale, elle a quelque chose d'exigeant, elle est toujours en mesure d'ébranler. Si on leur avait posé la question, peut-être n'est-ce d'ailleurs pas ces phrases-là que ces lecteurs auraient désignées (répond-on même volontiers à cette demande de fixer une préférence, de se choisir un « mot bastant », comme disait Montaigne ?). Mais elles cognent à la vitre. Le personnel et l'impersonnel, le propre (le « rien qu'à moi ») et l'impropre (ma vie générale) s'y reversent en permanence l'un dans l'autre. La lecture, de ce point de vue, est aussi pour le sujet une occasion de traiter ses propres contradictions. Elle investit le point de bascule (mental, affectif, moral) de son intériorité, la frontière sur laquelle il joue ses possibilités et ses impossibilités. Elle fait de lui un être libre dans l'exacte mesure où il s'est laissé conduire vers la force des phrases et s'en est réemparé pour y jouer sa propre capacité d'être, qui n'est pas une énergie de stylisation innée, mais reçue — et reçue de partout — avant d'être relancée au dehors ou en soi-même.

« De cette ligne de vie (que chacun de nous dresse en lui) — l'un se la figure comme un graphique, l'autre comme une série de points de montagne (ici, toutes les fantaisies que l'on peut avoir sur un point où l'on est rigoureusement seul avec soi : par exemple des pousses d'arbres, des pavés qui font  etc.), mais il y a une chose constante, c'est qu'aucun pavé n'aide l'autre et qu'aucune bonne poussée ne se maintient longtemps. Mais pour la maintenir quelques instants, il est assez bon d'écrire. Mais quel intérêt y a-t-il à la maintenir ? Ah, je ne sais pas du tout »[62]... Paulhan décrivait ainsi, dans son journal, des façons d'avancer une individualité dans l'existence ; il se montrait attentif à la pluralité de ces manières d'être un « soi », à la concurrence des logiques de l'individu ou de la forme individuelle. Il savait que n'importe qui a la capacité de donner un aspect à sa vie, jusque dans les régions les plus apparemment insignifiantes de sa pratique ; il était sensible à l'isolement dans lequel on se trouve pour décider de cette forme pour soi-même. Il s'intéressait enfin à la façon dont cette forme est prise dans le temps, à la façon dont « la phrase » d'une existence est toujours à recommencer, à relancer, au fait qu'elle peine à se maintenir durablement, et à la manière dont l'exercice littéraire semble aider à la maintenir. L'exercice littéraire : dans ce journal il s'agissait de la tâche de l'écriture, mais ce pourrait être aussi bien la lecture, surtout pour un Paulhan convaincu de la force pragmatique qu'il y a dans les formes partagées, et qui progressivement ne s'est plus senti « rigoureusement seul » avec sa propre parole. Car autant que l'écriture la lecture est une conduite de stylisation, une conduite qui n'a rien de forcément triomphant, conquérant, artiste, mais qui consiste à donner activement (ou à échouer à donner d'ailleurs) une certaine qualité à ses propres gestes, à sa propre démarche ; comme tout le monde. Le style d'une vie, ici, n'est pas l'émanation d'une subjectivité effusive, préexistante, fatalement reconduite à ses plis et aux limites supposées de sa nature, mais la relance permanente d'une configuration individuelle prise au milieu des choses et des autres, dans la proposition de la phrase et de la ligne plus ou moins fragile qu'elle fait avancer. S'engager dans des formes et s'en libérer, recevoir des figures du dehors et en restituer au dehors : c'est dans ce battement qu'est la vie poétique.

En cela, la lecture participe très concrètement de la composition d'une grammaire des formes de vie. Ou, pour le dire autrement, de ce qu'un philosophe contemporain a appelé le « vocabulaire final »[63] des individus. Chacun a un vocabulaire final, un ensemble singulier de mots qu'il emploie pour décrire et justifier ses actions, pour exposer ses croyances et sa vie; cette réserve est « le plus loin » où l'individu puisse aller dans son langage, elle est faite de mots-valeurs et de phrases qui pour lui sont inglosables, mais qui justement pour cela lui servent à gloser tous les autres; au-delà de ce vocabulaire final, il n'y a que passivité impuissante ou recours à la violence. Cette réserve désigne donc à la fois ce qui importe le plus à un individu, et le lieu de son énigme — « mon énigme, disait Barthes, c'est-à-dire ce qui de moi ne peut être vu que des autres. Je puis seulement deviner, dans les broussailles de moi-même, l'antre où il s'ouvre et s'approfondit »[64]. Cette langue composée n'est pas exactement la vérité profonde de l'individu, c'est son indépassable... Un indépassable dont il peut pourtant toujours repousser les limites et les réserves; car c'est forcément hors de soi et ailleurs que dans sa solitude qu'il trouve ses mots et ses phrases : c'est par exemple au long de ses lectures, de livre en livre, qu'il les tord, les affûte, les transforme ou les perd.

Peut-être s'est-on senti, au long de ces lectures, comme *pris en cordée* avec tous ces individus, engagé après eux sur des pistes stylistiques, appliqué à un même effort, décisif et tout à fait commun, d'institution esthétique de soi. En comprenant des styles l'un après l'autre, en y prêtant réellement attention, comme l'enseigne la littérature, on peut en effet essayer en soi-même des formes de vie très différentes, qui sont réappropriables précisément parce qu'une existence particulière s'y est déjà exposée. La suite des expériences de lecture ouvre alors à l'exercice d'une différenciation infinie, potentiellement inachevable. Une vie de lecteur est une variation sans paix de l'individu sur ses propres possibilités, sur ses limites et ses capacités, une existence qu'il engage en la dégageant, dans cette façon qu'il a de se suspendre à des médiations pour y mêler son propre effort d'être, risquer sa propre phrase. Acceptons d'y voir, comme dans chacune de nos pratiques, ce que Balzac regardait surgir jusque dans la toilette ou la démarche : « réellement tout l'homme, avec ses opinions politiques, l'homme avec le texte de son existence, l'homme hiéroglyphé »[65].

APPENDICES

Bibliographie

Cette réflexion sur la lecture, sur la force de rayonnement des livres et des formes, s'est elle-même appuyée sur des lectures et nourrie de rencontres avec des auteurs et des critiques qui font vivre aujourd'hui toute une idée de la littérature — mais aussi de la culture et des formes du quotidien. Que chacun trouve ici la marque de ma gratitude, et d'un sentiment de communauté.

AGAMBEN, Giorgio, *La Communauté qui vient. Théorie de la singularité quelconque*, Paris, Éditions du Seuil, coll. La Librairie du XXe siècle, 1990.

AGAMBEN, Giorgio, *Moyens sans fins. Notes sur la politique*, Paris, Payot & Rivages, coll. Bibliothèque Rivages, 1995.

BAILLY, Jean-Christophe, *Le Propre du langage. Voyages au pays des noms communs*, Paris, Éditions du Seuil, coll. La Librairie du XXe siècle, 1997.

BAILLY, Jean-Christophe, « La tâche du lecteur », *Cahiers de la villa Gillet*, n° 1, novembre 1994, repris dans *Panoramiques*, Paris, Christian Bourgois, coll. Détroits, 2000.

BAILLY, Jean-Christophe, *Le Versant animal*, Paris, Bayard, coll. Le rayon des curiosités, 2007.

BARONI, Raphaël, *La Tension narrative. Suspense, curiosité et surprise*, Paris, Éditions du Seuil, coll. Poétique, 2007.

BIDET, Alexandra, « Le corps, le rythme et l'esthétique sociale chez André Leroi-Gourhan », *Techniques & Culture*, n° 48-49, 2007, p. 15-38.

BODEI, Remo, *La Sensation de déjà vu*, Paris, Éditions du Seuil, coll. La Librairie du XXIe siècle, 2007.

BOLENS, Guillemette, *Le Style des gestes. Corporéité et kinésie dans le récit littéraire*, Lausanne, Éditions BHMS, 2008.

BORDAS, Éric, *« Style ». Un mot et des discours*, Paris, Kimé, coll. Détours littéraires, 2008.

BUISINE, Alain, *Laideurs de Sartre*, Villeneuve-d'Ascq, Presses universitaires de Lille, coll. Objet, 1986.

CARNEVALI, Barbara, « Le désir d'une autre vie. Proust, Girard, et l'envie », dans « Vies romanesques, vies possibles », *Itinéraires. Littérature, textes, cultures*, 1/2010, sous la direction de M. Macé et C. Pradeau, p. 41-69.

CASANOVA, Pascale, *La République mondiale des lettres*, Paris, Éditions du Seuil, 1999 ; nouv. éd. coll. Points / Série Essais, 2008.

CHARTIER, Roger et CAVALLO, Guglielmo (dir.) *Histoire de la lecture dans le monde occidental*, Paris, Éditions du Seuil, coll. L'Univers historique, 1997 ; rééd. coll. Points / Histoire, 2001.

CITTON, Yves, *Lire, interpréter, actualiser. Pourquoi les études littéraires ?*, Paris, Éditions Amsterdam, 2007.

CITTON, Yves, « Le style comme filtre. Économie de l'attention et goûts philosophiques », *Critique*, n° 752-753, janvier-février 2010, p. 24-35.

COCCIA, Emanuele, *La Vie sensible*, Paris, Payot & Rivages, coll. Bibliothèque Rivages, 2010.

COMBES, Muriel, *Simondon, individu et collectivité. Pour une philosophie du transindividuel*, Paris, Presses universitaires de France, coll. Philosophies, 1999.

COMPAGNON, Antoine, *Proust entre deux siècles*, Paris, Éditions du Seuil, 1989.

CONTAT, Michel, *Pour Sartre*, Paris, Presses universitaires de France, coll. Perspectives critiques, 2008.

DAVID, Jérôme, « Sur un texte énigmatique de Pierre Bourdieu », *A contrario*, vol. 4, n° 2, 2006.

DEGUY, Michel, *Figurations. Poèmes, Propositions, Études*, Paris, Gallimard, coll. Le Chemin, 1969.

DEGUY, Michel, *L'Impair*, Tours, Farrago, 2001.

DEGUY, Michel, *Le Sens de la visite*, Paris, Stock, coll. L'Autre pensée, 2006.

DIDI-HUBERMAN, Georges, *Survivance des lucioles*, Paris, Éditions de Minuit, coll. Paradoxe, 2009.

ESCOLA, Marc (éd.), Blaise Pascal, *Trois Discours sur la condition des Grands* suivis de *Pensées sur la politique*, Paris, Mille et Une Nuits, coll. La Petite collection, 2009.

FISH, Stanley, « L'épreuve de la littérature. Une stylistique affective », *Poétique*, n° 155, septembre 2008, p. 345-378.

GANDT, Marie de, « Subjectivation politique et énonciation littéraire », *Labyrinthe*, n° 17, 2004, p. 87-96.

GENETTE, Gérard, *Figures V*, Paris, Éditions du Seuil, coll. Poétique, 2002.

GENETTE, Gérard, « Un de mes écrivains préférés », *Poétique*, n° 84, novembre 1990, p. 509-519.

HOLLIER, Denis, *Politique de la prose. Jean-Paul Sartre et l'an quarante*, Paris, Gallimard, coll. Le Chemin, 1982.

JENNY, Laurent, « Du style comme pratique », *Littérature*, n° 118, juin 2000.

JENNY, Laurent, *Je suis la révolution. Histoire d'une métaphore (1830-1975)*, Paris, Belin, coll. L'Extrême contemporain, 2008.

JENNY, Laurent, *La Parole singulière*, Paris, Belin, coll. L'Extrême contemporain, 1990; rééd. coll. Poche, 2009.

JENNY, Laurent, « Le "progrès" selon Paulhan », *Biais. Lectures de Jean Paulhan*, Nîmes, 1984, p. 59-66.

JOUSSET, Philippe, *Anthropologie du style*, Pessac, Presses universitaires de Bordeaux, coll. Propositions, 2008.

LOUETTE, Jean-François, *Silences de Sartre*, Toulouse, Presses universitaires du Mirail, coll. Cribles, 1995; nouv. éd. 2002.

LYON-CAEN, Judith, *La Lecture et la vie. Les usages du roman au temps de Balzac*, Paris, Tallandier, 2006.

MACÉ, Gérard (éd.), Thomas De Quincey, *Sur le heurt à la porte dans* Macbeth, Paris, Gallimard, coll. Le Cabinet des lettrés, 2009.

MARTIN, Jean-Pierre, *Éloge de l'apostat. Essai sur la* vita nova, Paris, Éditions du Seuil, coll. Fiction & Cie, 2010.

MARTY, Éric, *Roland Barthes, le métier d'écrire*, Paris, Éditions du Seuil, coll. Fiction & Cie, 2006.

MAURIÈS, Patrick, *Apologie de Donald Evans. Résurgences de la rhétorique*, Paris, Éditions du Seuil, 1982.

MAURIÈS, Patrick, *Nietzsche à Nice. Récit*, Paris, Gallimard, 2009.

MERLIN-KAJMAN, Hélène, « *Ne... que* ou l'impossible traque des vanités », dans Jean-Pierre Martin (dir.), *Bourdieu et la littérature*, Nantes, Cécile Defaut, 2010, p. 155-172.

Murat, Michel, *L'Enchanteur réticent. Essai sur Julien Gracq*, Paris, José Corti, coll. Les Essais, 2004.

Noudelmann, François, *Le Toucher des philosophes. Sartre, Nietzsche et Barthes au piano*, Paris, Gallimard, 2008.

Pachet, Pierre, *Aux aguets. Essais sur la conscience et l'histoire*, Paris, Maurice Nadeau, 2002.

Pachet, Pierre, *Le Premier venu. Baudelaire : solitude et complot*, nouvelle édition revue et corrigée, Paris, Denoël, coll. Bibliothèque Médiations, 2009.

Pachet, Pierre, *Un à un. De l'individualisme en littérature (Michaux, Naipaul, Rushdie)*, Paris, Éditions du Seuil, coll. La couleur des idées, 1993.

Pasquier, Renaud, « Politiques de la lecture », *Labyrinthe*, n° 17, 2004, p. 33-63.

Pavel, Thomas, *La Pensée du roman*, Paris, Gallimard, coll. NRF Essais, 2003.

Philippe, Gilles, *Sujet, verbe, complément. Le moment grammatical de la littérature française (1890-1940)*, Paris, Gallimard, coll. Bibliothèque des Idées, 2002.

Philippe, Gilles et Piat, Julien (dir.), *La Langue littéraire. Une histoire de la prose en France de Gustave Flaubert à Claude Simon*, Paris, Fayard, 2009.

Picard, Michel, *La Lecture comme jeu. Essai sur la littérature*, Paris, Éditions de Minuit, coll. Critique, 1986.

Pradeau, Christophe, « Le roman a le temps », *Poétique*, n° 132, novembre 2002, p. 387-400.

Prévost, Bertrand, « Les apparences inadressées. Usages de Portmann », dans B. Prévost et B. Rougé (dir.), *L'Adresse. XVIe colloque du Cicada*, Pau, Presses universitaire de Pau, 2011.

Rancière, Jacques, *Et tant pis pour les gens fatigués. Entretiens*, Paris, Éditions Amsterdam, 2009.

Revel, Judith, « La naissance littéraire de la biopolitique », dans *Michel Foucault, la littérature et les arts*, Actes du colloque de Cerisy-la-Salle, juin 2002, Paris, Kimé, 2004.

Richard, Jean-Pierre, *Roland Barthes, dernier paysage*, Lagrasse, Verdier, 2006.

Rueff, Martin, *Différence et identité. Michel Deguy, situation d'un poète lyrique à l'apogée du capitalisme culturel*, Paris, Hermann, coll. Le Bel aujourd'hui, 2009.

Rueff, Martin, « Sous la morsure du renard : note sur l'impératif stoïcien de Pierre Pachet », *Fabula LHT*, n° 1, 1er février 2006, (http://www.fabula.org/lht/1/Rueff.html).

SALMON, Christian, *Tombeau de la fiction*, Paris, Denoël, coll. Documents/essais, 1999.

SAMOYAULT, Tiphaine, *La Main négative*, Paris, Argol, coll. Interférences, 2008.

SCHAEFFER, Jean-Marie, *Adieu à l'esthétique*, Paris, Presses universitaires de France, coll. Collège international de philosophie, 2000.

SCHAEFFER, Jean-Marie, « Esthétique et styles cognitifs : le cas de la poésie », *Critique*, n° 752-753, janvier-février 2010, p. 59-70.

SCHAEFFER, Jean-Marie, *Théorie des signaux coûteux, esthétique et art*, présentation de Suzanne Foisy, Rimouski, Tangence, coll. Confluences, 2009.

SCHÉRER, René, « Tarde, puissances de l'invention », *Multitudes*, n° 7, décembre 2001, n.p.

SHUSTERMAN, Richard, *Vivre la philosophie. Pragmatisme et art de vivre*, Paris, Klincksieck, coll. Esthétique, 2001.

SCHLANGER, Judith, *L'Humeur indocile*, Paris, Les Belles Lettres, coll. Romans, Essais, Poésie, Documents, 2009.

SCHLANGER, Judith, *La Mémoire des œuvres*, nouvelle édition, Lagrasse, Verdier, coll. Verdier Poche, 2008.

SIMON, Anne, *Proust et le réel retrouvé. Le sensible et son expression dans* À la recherche du temps perdu, Paris, Presses universitaires de France, coll. Écriture, 2000.

SZENDY, Peter, *Tubes. La Philosophie dans le juke-box*, Paris, Éditions de Minuit, coll. Paradoxe, 2008.

TSUR, Reuven, *Poetic Rhythm : Structure and Performance. An Empirical Study in Cognitive Poetics*, Bern, Peter Lang, 1998.

VANOOSTHUYSE, François, « Littérature et kinésie », *Critique*, n° 752-753, janvier-février 2010, p. 158-179.

Notes

LA LECTURE, DANS LA VIE

1. Jean-Paul Sartre, *Les Mots,* dans Les Mots *et autres écrits autobiographiques,* Paris, Gallimard, coll. Bibliothèque de la Pléiade, 2010, p. 27 et 40.

2. Francis Ponge, « Les hirondelles ou dans le style des hirondelles. (Randons) », *Pièces,* Paris, Gallimard, 1961 ; rééd. coll. Poésie/Gallimard, p. 164-169.

3. Michel Foucault, *Le Courage de la vérité. Cours au Collège de France, 1983-1984. Le gouvernement de soi et des autres II,* Paris, Gallimard / Éditions du Seuil, coll. Hautes Études, 2009.

4. Roland Barthes, *Œuvres complètes,* Paris, Éditions du Seuil, 3 tomes, 1993-1995, t. III, p. 972.

5. Honoré de Balzac, *Traité de la vie élégante* suivi de *Théorie de la démarche,* Paris, Arléa, 1998, p. 123.

6. Giorgio Agamben, *La Communauté qui vient. Théorie de la singularité quelconque,* Paris, Éditions du Seuil, coll. La Librairie du xxe siècle, 1990.

7. Vincent Descombes, *Le Complètement de sujet. Enquête sur le fait d'agir de soi-même,* Paris, Gallimard, coll. NRF Essais, 2004.

8. Giorgio Agamben, *Moyens sans fins. Notes sur la politique,* Paris, Payot & Rivages, coll. Bibliothèque Rivages, 1995, p. 14.

9. Jean-Marie Schaeffer, *Adieu à l'esthétique,* Paris, Presses universitaires de France, coll. Collège international de philosophie, 2000 ; cette réinscription de l'humain dans ses environnements est prolongée dans *La Fin de l'exception humaine,* Paris, Gallimard, coll. NRF Essais, 2007.

10. Michel Deguy, *À ce qui n'en finit pas. Thrène,* Paris, Éditions du Seuil, coll. La Librairie du xxe siècle, 1995, n.p.

11. Ce titre retrouve, par un souvenir inattendu, celui du très beau

livre de l'anthropologue Yvonne Verdier, consacré aux gestes et aux fonctions des femmes dans le monde rural : *Façons de dire, façons de faire. La laveuse, la couturière, la cuisinière,* Paris, Gallimard, coll. Bibliothèque des Sciences humaines, 1979.

INFLÉCHIR SES PERCEPTIONS

1. Leo Spitzer, *Études de style,* Paris, Gallimard, coll. Bibliothèque des Idées, 1970 ; rééd. coll. Tel, p. 469, n. 9.
2. Jean-Christophe Bailly, « La tâche du lecteur », *Cahiers de la villa Gillet,* n° 1, novembre 1994, p. 73-86, repris dans *Panoramiques,* Paris, Christian Bourgois, coll. Détroits, 2000.
3. Pascal Quignard, *Le Lecteur,* Paris, Gallimard, 1976, p. 18 *et sqq.*
4. Jean-Paul Sartre, *Les Mots, op. cit.*, p. 23.
5. Pierre Pachet, *Aux aguets. Essais sur la conscience et l'histoire,* Paris, Maurice Nadeau, 2002, p. 188.
6. Marcel Proust, *À la recherche du temps perdu,* Paris, Gallimard, coll. Bibliothèque de la Pléiade, 4 tomes, 1987, t. I, p. 84. Désormais les références à cette édition de Proust seront précisées entre parenthèses dans le corps du texte comme suit : (I, 84).
7. Judith Schlanger, *L'Humeur indocile,* Paris, Les Belles Lettres, coll. Romans, Essais, Poésie, Documents, 2009, à qui j'emprunte ces images.
8. Jean-Paul Sartre, *Les Mots, op. cit.*, p. 29.
9. Franz Kafka, *Journal* (1915), trad. fr. Marthe Robert, Paris, Grasset, coll. Les Cahiers rouges, 1954, p. 455.
10. Roland Barthes, *Comment vivre ensemble. Cours et séminaires au Collège de France (1976-1977),* Paris, Éditions du Seuil, coll. Traces écrites, 2002, p. 45.
11. Roland Barthes, *Le Neutre. Cours au Collège de France (1977-1978),* Paris, Éditions du Seuil, coll. Traces écrites, 2002, p. 186.
12. Samuel Beckett, *Compagnie,* Paris, Éditions de Minuit, 1980.
13. Samuel Beckett, *Fin de Partie,* Paris, Éditions de Minuit, 1957, p. 93.
14. Roland Barthes, *Comment vivre ensemble, op. cit.*, p. 37.
15. Roger Chartier et Guglielmo Cavallo (dir.), *Histoire de la lecture dans le monde occidental,* Paris, Éditions du Seuil, coll. L'Univers historique, 1997.
16. Roland Barthes, « Écrire la lecture », dans *Œuvres complètes, op. cit.*, t. II, p. 961.
17. Robert Walser, *Histoires d'images,* Genève, Éditions Zoé, 2006, p. 85.
18. Michel Picard, *La Lecture comme jeu. Essai sur la littérature,* Paris, Éditions de Minuit, coll. Critique, 1986, p. 33.

19. Marcel Proust, « Journées de lecture », dans *Contre Sainte-Beuve* précédé de *Pastiches et Mélanges* et suivi d'*Essais et Articles*, Paris, Gallimard, coll. Bibliothèque de la Pléiade, 1971, p. 160.

20. Yves Bonnefoy, « Lever les yeux de son livre », *Nouvelle revue de psychanalyse*, n° 37, printemps 1988, p. 14.

21. Pascal Quignard, *Le Lecteur*, *op. cit.*, p. 43-44.

22. Philippe Jousset, *Anthropologie du style*, Pessac, Presses universitaires de Bordeaux, coll. Propositions, 2008, p. 192.

23. Pierre Pachet, *Un à Un. De l'individualisme en littérature (Michaux, Naipaul, Rushdie)*, Paris, Éditions du Seuil, coll. La couleur des idées, 1993, p. 14.

24. André Leroi-Gourhan, *Le Geste et la parole II. La Mémoire et les rythmes*, Paris, Albin Michel, 1965, p. 171.

25. Maurice Merleau-Ponty, note inédite citée par Pierre Pachet, texte d'habilitation à diriger des recherches (http://ppachet.chez.com/Habilitation/index.html).

26. Franz Kafka, *Journal* (1915), *op. cit.*, p. 462.

27. Maurice Blanchot, *Henri Michaux ou le refus de l'enfermement*, Tours, Farrago, 1999, p. 60.

28. Stanley Fish, « L'épreuve de la littérature. Une stylistique affective », trad. fr. Philippe Jousset, *Poétique*, n° 155, septembre 2008, p. 345-378.

29. Franz Kafka, *Journal* (1915), *op. cit.*, p. 462.

30. *Ibid.* (1912), p. 245.

31. Julien Gracq, *Préférences*, Paris, José Corti, 1961, p. 222.

32. Georg Simmel, *Les Grandes Villes et la vie de l'esprit* (1903) ; Walter Benjamin, *L'Œuvre d'art à l'époque de sa reproductibilité technique* (1935-1939).

33. Wolfgang Schivelbusch, *Histoire des voyages en train*, Paris, Gallimard, coll. Le Promeneur, 1991, p. 72-74.

34. Jean-Christophe Bailly, « La tâche du lecteur », *art. cit.*, p. 74-79.

35. *Ibid.*, p. 74.

36. André Gide, « Pages de Journal », *La Nouvelle revue française*, n° 229, octobre 1932, p. 481.

37. Marcel Proust, *Contre Sainte-Beuve*, *op. cit.*, p. 186.

38. Remo Bodei, *La Sensation de déjà vu*, Paris, Éditions du Seuil, coll. La Librairie du XXIe siècle, 2007.

39. Henri Michaux, « La marche dans le tunnel », Chant onzième, *Épreuves exorcismes*, dans *Œuvres complètes*, Paris, Gallimard, coll. Bibliothèque de la Pléiade, 3 tomes, 1998-2004, t. I, p. 805.

40. Julien Gracq, *André Breton. Quelques aspects de l'écrivain*, Paris, José Corti, 1947.

41. Julien Gracq, *Lettrines*, 1967, repris dans *Œuvres complètes*, Paris, Gallimard, coll. Bibliothèque de la Pléiade, t. II, p. 182.

42. Julien Gracq, *Carnets du grand chemin* (1992), repris dans *Œuvres complètes, op. cit.*, t. II, p. 1080.

43. Henri Michaux, *Ecuador*, dans *Œuvres complètes, op. cit.*, t. I, p. 169.

44. Jean Paulhan, *La vie est pleine de choses redoutables*, Paris, Seghers, coll. Pour mémoire, 1989, p. 156.

45. Julien Gracq, *En lisant en écrivant*, Paris, José Corti, 1980, p. 131.

46. Maurice Merleau-Ponty, *La Prose du monde*, Paris, Gallimard, 1969 ; rééd. coll. Tel, p. 20.

47. Laurent Jenny, « La Phrase et l'expérience du temps », dans *La Parole singulière*, Paris, Belin, coll. L'Extrême contemporain, 1990, p. 167-182.

48. Maurice Merleau-Ponty, *Phénoménologie de la perception*, Paris, Gallimard, coll. Bibliothèque des Idées, 1961 ; rééd. coll. Tel, p. 190.

49. Maurice Merleau-Ponty, *L'Œil et l'Esprit*, Paris, Gallimard, 1964 ; rééd. coll. Folio Essais, p. 23.

50. Antoine Compagnon, *Proust entre deux siècles*, Paris, Éditions du Seuil, 1989, p. 187-228. C'est Antoine Compagnon qui a identifié ces occurrences.

51. Peter Szendy, *Tubes. La Philosophie dans le juke-box*, Paris, Éditions de Minuit, coll. Paradoxe, 2008.

52. Antoine Compagnon, *Proust entre deux siècles, op. cit.*, p. 203.

53. Qu'est-ce que l'attention ?, demande Deleuze : « *c'est une action sur place qui consiste à revenir sur l'objet. Vous revenez sur l'objet, vous faites retour à l'objet. Même si c'est un objet qui n'est pas là : vous faites retour à l'image de l'objet que vous cherchez. Faites retour — c'est-à-dire, vous formez un petit circuit, un circuit sur place, un circuit minimum.* » Cours du 18 mai 1982, « Cinéma / image-mouvement », dans *La voix de Gilles Deleuze* (http://www.univ-paris8.fr/deleuze/).

TROUVER SON RYTHME

1. Jean-Paul Sartre, *La Nausée*, dans *Œuvres romanesques*, Paris, Gallimard, coll. Bibliothèque de la Pléiade, 1982, p. 49.

2. *Ibid.*, p. 48.

3. *Ibid.*, p. 50.

4. Jean-Paul Sartre, *Carnets de la drôle de guerre*, dans Les Mots *et autres écrits autobiographiques*, Paris, Gallimard, coll. Bibliothèque de la Pléiade, 2010, p. 363. Je souligne.

5. *Ibid.*, p. 157.

6. *Ibid.*, p. 153.

7. Jean-Paul Sartre, *Lettres au Castor et à quelques autres*, édition de Simone de Beauvoir, Paris, Gallimard, 2 tomes, 1983, t. I, p. 21.

8. Raymond Queneau, *Journaux (1914-1965)*, Paris, Gallimard, 1996, p. 683.
9. Jean-Paul Sartre, *Carnets de la drôle de guerre*, *op. cit.*, p. 156.
10. *Ibid.*, p. 156-157.
11. *Ibid.*, p. 150.
12. *Ibid.*
13. *Ibid.*, p. 355-356.
14. Albert Thibaudet, *Réflexions sur le roman*, Paris, Gallimard, 1938, p. 18-23.
15. Jean-Paul Sartre, *Carnets de la drôle de guerre*, *op. cit.*, p. 174. Je souligne.
16. *Ibid.*, p. 163.
17. *Ibid.*, p. 573.
18. *Ibid.*, p. 361.
19. *Ibid.*, p. 474.
20. *Ibid.*, p. 483-484.
21. *Ibid.*, p. 484.
22. *Ibid.*, p. 485.
23. Jean-Paul Sartre, *La Reine Albemarle ou le dernier touriste*, dans Les Mots *et autres écrits autobiographiques*, Paris, Gallimard, coll. Bibliothèque de la Pléiade, 2010, p. 741.
24. *Ibid.*, p. 739.
25. Jean-Paul Sartre, *Carnets de la drôle de guerre*, *op. cit.*, p. 356.
26. *Ibid.*, p. 169.
27. Martha Nussbaum, *Upheavals of Thought. The Intelligence of Emotions*, New York, Cambridge University Press, 2001.
28. Jean-Paul Sartre, *Carnets de la drôle de guerre*, *op. cit.*, p. 462.
29. Jean-Paul Sartre, *Lettres au castor et à quelques autres*, *op. cit.*, t. I, p. 441-442.
30. Jean-Paul Sartre, *Carnets de la drôle de guerre*, *op. cit.*, p. 264-265.
31. *Ibid.*, p. 159.
32. *La voix de Gilles Deleuze*, 14A, Cours du 31/03/81 (http://www2.univ-paris8.fr/deleuze/).
33. Albert Thibaudet, *Le Bergsonisme. Trente ans de vie française III*, Paris, Gallimard, 2 tomes, 1923, t. I, p. 94.
34. Georg Wilhelm Hegel, *Esthétique*, Paris, Le Livre de poche, 2 tomes, 1997, t. II, p. 445.
35. Paul Ricœur, *Du texte à l'action. Essais d'herméneutique II*, Paris, Éditions du Seuil, coll. Esprit, 1986, p. 116-117.
36. Paul Ricœur, *Soi-même comme un autre*, Paris, Éditions du Seuil, coll. L'Ordre philosophique, 1990, p. 192-193.
37. *Ibid.*, p. 191-192.
38. Jean-Paul Sartre, « M. François Mauriac et la liberté », dans *Situations I*, Paris, Gallimard, 1947, p. 47.

39. Jean-Paul Sartre, *Qu'est-ce que la littérature ?*, dans *Situations II*, Paris, Gallimard, 1948, p. 87-88.

40. Jean-Paul Sartre, *L'Idiot de la famille. Gustave Flaubert de 1821 à 1857*, Paris, Gallimard, coll. Bibliothèque de Philosophie, 3 tomes, 1971-1972, rééd. 1988, t. I, p. 657.

41. Jean-Paul Sartre, *Lettres au Castor et à quelques autres*, *op. cit.*, t. I, p. 196.

42. *Ibid.*, p. 197.

43. Jean-Paul Sartre, *L'Idiot de la famille*, *op. cit.*, t. II, p. 2042.

44. *Ibid.*, p. 2045.

45. *Ibid.*, p. 2046. C'est Sartre qui souligne.

46. Jean-Paul Sartre, *Lettres au Castor et à quelques autres*, *op. cit.*, t. I, p. 368.

47. Jean-Paul Sartre, dans *Que peut la littérature ?*, Paris, UGE, coll. 10/18, 1965, p. 109.

48. *Ibid.*, p. 122.

49. Jean-Paul Sartre, *La Reine Albemarle ou le dernier touriste*, dans Les Mots *et autres écrits autobiographiques*, Paris, Gallimard, coll. Bibliothèque de la Pléiade, 2010, p. 803.

50. *Ibid.*, p. 830.

51. *Ibid.*

52. *Ibid.*, p. 805 et 804.

53. *Ibid.*, p. 807.

54. Jean-Paul Sartre, *Baudelaire*, Paris, Gallimard, coll. Les Essais, 1947 ; rééd. coll. Folio Essais, p. 156.

55. Jean-Paul Sartre, « L'homme et les choses », dans *Situations I*, *op. cit.*, p. 249.

56. *Ibid.*, p. 237-238.

57. Jean-Paul Sartre, *La Reine Albemarle*, *op. cit.*, p. 802.

58. *Ibid.*, p. 831.

59. *Ibid.*, p. 775.

60. Julien Gracq, *En lisant en écrivant*, *op. cit.*, p. 199-200.

61. Julien Gracq, *Entretiens*, Paris, José Corti, 2002, p. 43.

62. Jean-Paul Sartre, *La Reine Albemarle*, *op. cit.*, p. 801.

63. *Ibid.*, p. 831.

64. Jean-Paul Sartre, *L'Imaginaire*, Paris, Gallimard, coll. Bibliothèque des Idées, 1940 ; rééd. coll. Folio Essais, p. 275.

65. Jean-Paul Sartre, *La Reine Albemarle*, *op. cit.*, p. 831.

66. Remo Bodei, *La Sensation de déjà vu*, *op. cit.*, p. 15.

67. Jean-Paul Sartre, *La Reine Albemarle*, *op. cit.*, p. 697.

68. *Ibid.*, p. 691.

69. *Ibid.*

70. *Ibid.*, p. 689.

71. *Ibid.*, p. 699.

72. Henri Michaux, *Passages*, dans *Œuvres complètes, op. cit.*, t. II, p. 342.

73. Henri Michaux, *La Vie dans les plis*, dans *Œuvres complètes, op. cit.*, t. II, p. 232.

74. Jean-Paul Sartre, *La Reine Albemarle, op. cit.*, p. 799.

75. Simone de Beauvoir, *La Force des choses*, Paris, Gallimard, 1963, p. 217.

76. Jean-Paul Sartre, *La Nausée, op. cit.*, p. 29. Je souligne.

77. Paul Ricœur, *Soi-même comme un autre, op. cit.*, p. 138. Je souligne.

78. *Ibid.*, p. 177.

79. Maurice Merleau-Ponty, *La Prose du monde, op. cit.*, p. VII.

80. Galen Strawson, « Against Narrativity », *Ratio*, XVII, n° 4, 2004, p. 428-452.

81. Roland Barthes, *Œuvres complètes, op. cit.*, t. III, p. 989.

82. Roland Barthes, *Comment vivre ensemble, op. cit.*, p. 36.

83. Roland Barthes, *Le Neutre. Cours du Collège de France (1977-1978)*, Paris, Éditions du Seuil, coll. Traces écrites, 2002, p. 209.

84. Paul Ricœur, *Soi-même comme un autre, op. cit.*, p. 149.

85. *Ibid.*, p. 145.

86. *Ibid.*, p. 148.

87. Henri Michaux, *La Vie dans les plis*, dans *Œuvres complètes, op. cit.*, p. 195-196.

88. Pierre Bourdieu, « Lecture, lecteurs, lettrés, littérature », dans *Choses dites*, Paris, Éditions de Minuit, coll. Le Sens commun, 1987, p. 133.

89. Pierre Bourdieu, « Une exploration de l'inconscient littéraire », préface à Jérôme Meizoz, *L'Âge du roman parlant (1919-1939). Écrivains, critiques, linguistes et pédagogues en débat*, Genève, Droz, coll. Histoire des idées et critique littéraire, 2001, p. 9.

90. Pierre Bourdieu, *Esquisse pour une auto-analyse*, Paris, Raisons d'agir, coll. Cours et travaux, 2004, p. 140-141.

91. Pierre Bourdieu et Roger Chartier, *Le Sociologue et l'historien*, Marseille, Agone & Raisons d'agir, coll. Banc d'essais, 2010, p. 98-99. Je souligne.

92. Pierre Bourdieu, « Apollinaire, Automne malade », *Cahiers d'Histoire des Littératures Romanes* (*Romanistische Zeitschrift für Literaturgeschichte*), n° 3-4 (19), 1995, p. 330-333 (voir Jérôme David, « Sur un texte énigmatique de Pierre Bourdieu », *A contrario*, vol. 4, n° 2, 2006.)

93. Pierre Bourdieu, « Nécessiter », dans *Francis Ponge*, Paris, Cahiers de l'Herne, 1986, p. 434-437.

94. Pierre Bourdieu, *Esquisse pour une auto-analyse, op. cit.*, p. 137.

95. Jean-Paul Sartre, *L'Être et le néant. Essai d'ontologie phénoménologique*, Paris, Gallimard, coll. Bibliothèque des Idées, 1943; rééd. coll. Tel, p. 94.

96. Jean-Paul Sartre, *Carnets de la drôle de guerre, op. cit.*, p. 183.

97. Jean-Paul Sartre, *Les Mots, op. cit.*, p. 5.

98. Jean-Paul Sartre, *La Reine Albemarle, op. cit.*, p. 783.

99. Jean-Paul Sartre, *Les Mots, op. cit.*, p. 32.

100. Jean-François Louette, « *Les Mots* : écrire l'universel singulier », dans Michel Contat (dir.), *Pourquoi et comment Sartre a écrit* Les Mots, Paris, Presses universitaires de France, 1996, p. 373-416.

101. Jean-Paul Sartre, *Les Mots, op. cit.*, p. 139.

102. *Ibid.*, p. 131.

103. *Ibid.*, p. 139.

104. Henri Michaux, *La Vie dans les plis*, dans *Œuvres complètes, op. cit.*, t. II, p. 159.

SE DONNER DES MODÈLES

1. Roland Barthes, *Le Neutre, op. cit.*, p. 34.

2. Jules de Gaultier, *Le Bovarysme. La psychologie dans l'œuvre de Flaubert*, annoté et présenté par Didier Philippot, suivi de neuf études réunies et coordonnées par Per Buvik, Paris, Éditions du Sandre, 2007.

3. Henri Bergson, *Les Deux sources de la morale et de la religion*, dans *Œuvres*, Paris, Presses universitaires de France, 1970, p. 1141.

4. Jacques Rancière, *Et tant pis pour les gens fatigués. Entretiens*, Paris, Éditions Amsterdam, 2009, p. 631.

5. Roland Barthes, *La Préparation du roman I et II. Cours et séminaires au Collège de France (1978-1979 et 1979-1980)*, Paris, Éditions du Seuil, coll. Traces écrites, 2003, p. 150.

6. Roland Barthes, *Œuvres complètes*, Paris, Éditions du Seuil, 3 tomes, 1993-1995, t. II, p. 51. Désormais les références données dans le corps du texte entre parenthèses renverront aux paginations de ces trois volumes, comme suit : (II, 51).

7. Roland Barthes, *La Préparation du roman, op. cit.*, p. 149.

8. Pierre Pachet, *Un à un, op. cit.*, p. 14.

9. Jacques Brunschwig, cité par Martin Rueff dans « Sous la morsure du renard : note sur l'impératif stoïcien de Pierre Pachet », *Fabula LHT*, n° 1, 1er février 2006 (http://www.fabula.org/lht/1/Rueff.html).

10. Ernst Bloch, *Le Principe espérance*, Paris, Gallimard, coll. Bibliothèque de Philosophie, 3 tomes, 1976-1991.

11. Jean-Christophe Bailly, *Tuiles détachées*, Paris, Mercure de France, coll. Traits et portraits, 2004, p. 9.

12. Gilles Deleuze et Félix Guattari, *Qu'est-ce que la philosophie ?*, Paris, Éditions de Minuit, coll. Critique, 1991.

13. Giorgio Agamben, « La dictée de la poésie », dans *La Fin du poème*, Paris, Circé, 2002, p. 95.

14. Vincent Descombes, *Le Complément de sujet. Enquête sur le fait d'agir de soi-même*, Paris, Gallimard, coll. NRF Essais, 2004, p. 45-198.

15. Michel Foucault, « Le sujet et le pouvoir », dans *Dits et écrits*, Paris,

Gallimard, coll. Bibliothèque des Sciences humaines, 4 tomes, 1994, t. IV, p. 237.

16. Michel Foucault, *L'Usage des plaisirs. Histoire de la sexualité II*, Paris, Gallimard, coll. Bibliothèque des Histoires, 1984; rééd. coll. Tel.

17. Jean-Claude Milner, *Le Périple structural. Figures et paradigmes*, Paris, Le Seuil, coll. La couleur des idées, 2002; nouv. éd. Paris, Verdier, coll. Verdier Poche, 2008.

18. Roland Barthes, *La Préparation du roman*, *op. cit.*, p. 149.

19. Roland Barthes, *Le Neutre*, *op. cit.*, p. 48.

20. Roland Barthes, *Le Discours amoureux. Séminaire à l'École pratique des hautes études (1974-1976)*, suivi de *Fragments d'un discours amoureux : pages inédites*, Paris, Éditions du Seuil, coll. Traces écrites, 2007, p. 61.

21. Jean Paulhan, *L'Expérience du proverbe*, préface de Jean-Yves Pouilloux, Paris, L'Échoppe, 1993, p. 17.

22. Jean Paulhan, *La vie est pleine de choses redoutables*, *op. cit.*, p. 183.

23. *Ibid.*, p. 185. Je souligne.

24. *Ibid.*, p. 214.

25. Pierre Alféri, *Chercher une phrase*, Paris, Christian Bourgois, coll. Détroits, 1991; rééd. coll. Titres, 2007.

26. Laurent Jenny, *La Parole singulière*, Paris, Belin, coll. L'Extrême contemporain, 1990; rééd. coll. Poche, 2009.

27. Jean Paulhan, *La vie est pleine de choses redoutables*, *op. cit.*, p. 206.

28. Jean-Christophe Bailly, *Le Versant animal*, Paris, Bayard, coll. Le rayon des curiosités, 2007, p. 123.

29. Jean Paulhan, *L'Expérience du proverbe*, *op. cit.*, p. 50.

30. Jean Paulhan, *La vie est pleine de choses redoutables*, *op. cit.*, p. 200.

31. Roland Barthes, *La Préparation du roman*, *op. cit.*, p. 56.

32. *Ibid.*, p. 139.

33. La réflexion sur les bribes de citation existentielles de Balzac emprunte ici, on l'aura peut-être remarqué, l'expression baudelairienne des « circonstances de la vie ». Le texte intérieur y est véritablement conduit par des phrases antérieures.

34. Erich Auerbach, *Figura*, Paris, Belin, coll. L'Extrême contemporain, 1993.

35. Michel Deguy, *L'Impair*, Tours, Farrago, 2001, p. 74.

36. Michel Deguy, *À ce qui n'en finit pas. Thrène*, Paris, Éditions du Seuil, coll. La Librairie du XXe siècle, 1995, n.p.

37. Pierre Pachet, *Le Premier venu. Essai sur la politique baudelairienne*, Paris, Denoël, coll. Les Lettres nouvelles, 1976, p. 70.

38. Pierre Pachet, *Un à un*, *op. cit.*, p. 86. L'essayiste écrit aussi : « Je me trouvais dépossédé. Mais il m'a fallu plusieurs jours pour me rendre compte de ce second aspect. Je me croyais uniquement excité, comblé par ma lecture et par ma rencontre avec l'écrivain ».

39. Gérard Macé, dans Thomas De Quincey, *Sur le heurt à la porte dans* Macbeth, Paris, Gallimard, coll. Le Cabinet des lettrés, 2009. Je souligne.
40. Patrick Mauriès, *Nietzsche à Nice. Récit*, Paris, Gallimard, 2009.
41. Friedrich Nietzsche, *Ecce Homo*, dans *Œuvres*, Paris, Robert Laffont, coll. Bouquins, 2 tomes, 1993, t. II.
42. Pascal Quignard, *Le Lecteur*, *op. cit.*, p. 83.
43. Jacques Rancière, *Aux bords du politique*, Paris, Osiris, 1990 ; rééd. Paris, Gallimard, coll. Folio Essais, 2004.
44. Renaud Pasquier, « Politiques de la lecture », *Labyrinthe*, n° 17, 2004, p. 33-63.
45. Jacques Rancière, *Le Partage du sensible*, Paris, La Fabrique, 2000, p. 63.
46. Gilles Deleuze, *L'Île déserte et autres textes (1953-1974)*, Paris, Éditions de Minuit, coll. Paradoxe, 2002.
47. Carlo Ginzburg, *Nessuna isola è un'isola : quattro sguardi sulla letteratura inglese*, Milano, Feltrinelli, coll. Campi del sapere, 2000.
48. Jacques Rancière, *Le Spectateur émancipé*, Paris, La Fabrique, 2008, p. 53.
49. Yves Bonnefoy : « L'acte et le lieu de la poésie », *Les Lettres nouvelles*, n° 1 et n° 2, 4 et 11 mars 1959 ; repris dans *L'Improbable et autres essais*, Paris, Gallimard, coll. Folio Essais, p. 115.
50. Jacques Rancière, *Et tant pis pour les gens fatigués*, *op. cit.*, p. 440-441.
51. Alain Badiou, *Logiques des mondes. L'être et l'événement II*, Paris, Éditions du Seuil, coll. L'Ordre philosophique, 2006, p. 12.
52. Michel Deguy, *Figurations. Poèmes, Propositions, Études*, Paris, Gallimard, coll. Le Chemin, 1969, p. 193.
53. Christian Salmon, *Tombeau de la fiction*, Paris, Denoël, coll. Documents/essais, 1999, p. 194.
54. Michel Deguy, *À ce qui n'en finit pas. Thrène*, *op. cit.*, n.p.
55. Maurice Merleau-Ponty, *Le Visible et l'Invisible*, Paris, Gallimard, coll. Bibliothèque des Idées, 1964 ; rééd. coll. Tel, p. 56.
56. Michel Foucault, cité par Hubert Dreyfus et Paul Rabinow dans *Michel Foucault, un parcours philosophique. Au-delà de l'objectivité et de la subjectivité*, Paris, Gallimard, coll. Bibliothèque des Sciences humaines, 1984 ; rééd. coll. Folio Essais, p. 329.
57. Michel Foucault, *L'Herméneutique du sujet. Cours au Collège de France, 1981-1982*, Paris, Gallimard / Éditions du Seuil, coll. Hautes Études, 2001, p. 14.
58. Charles Baudelaire, *Le Peintre de la vie moderne*, dans *Curiosités esthétiques*, Paris, Garnier frères, coll. Classiques Garnier, 1990, p. 483.
59. Michel Foucault, « Qu'est-ce que les Lumières ? », dans *Dits et écrits*, *op. cit.*, t. IV, p. 570.
60. Roland Barthes, *Comment vivre ensemble*, *op. cit.*, p. 170.

61. Roland Barthes, *Le Neutre, op. cit.*, p. 60.
62. Jean Paulhan, *La vie est pleine de choses redoutables, op. cit.*, p. 249.
63. Richard Rorty, *Contingence, ironie et solidarité*, Paris, Armand Colin, coll. Théories, 1993.
64. Roland Barthes, *Le Neutre, op. cit.*, p. 38.
65. Honoré de Balzac, *Traité de la vie élégante* suivi de *Théorie de la démarche*, Paris, Arléa, 1998, p. 77.

La lecture, dans la vie

« Dans le style des hirondelles » 10
Une conduite esthétique 14
Un moment d'individuation 17
Maniérisme de l'existence 20

Infléchir ses perceptions

Se retrancher 29
Lever les yeux de son livre 39
Gestualité du sens 55
Lire dans le train 61
La contrainte d'un pli mental 66
Préférences, styles perceptifs 74
Suivre un nouvel auteur 84
Voir avec Baudelaire 96

Trouver son rythme

« Un petit tour dans l'avenir » 108
Ce qui aurait pu être 119
Transfusions de temps 128
Hémorragies de durée 141
Une histoire à soi, un style à soi 154
Un lecteur en colère 166
« La vitesse de mon âme » 174

Se donner des modèles
Bovarysme des formes 186
La vie en forme de phrase 194
« Conduire des conduites » 201
L'avance des phrases 211
« Autrement dit » 224
Triomphe de l'usage ? 235
Un dandysme des signes 246
Trouver sa phrase 263

APPENDICES

Bibliographie 271
Notes 276

nrf essais

NRF Essais n'est pas une collection au sens où ce mot est communément entendu aujourd'hui ; ce n'est pas l'illustration d'une discipline unique, moins encore le porte-voix d'une école ni celui d'une institution.

NRF Essais est le pari ambitieux d'aider à la défense et restauration d'un genre : l'essai. *L'essai est exercice de pensée, quels que soient les domaines du savoir : il est mise à distance des certitudes reçues sans discernement, mise en perspective des objets faussement familiers, mise en relation des modes de pensée d'ailleurs et d'ici. L'essai est une interrogation au sein de laquelle la question, par les déplacements qu'elle opère, importe plus que la réponse.*

Éric Vigne

(Les titres précédés d'un astérisque ont originellement paru dans la collection Les Essais.)

Raymond Abellio *Manifeste de la nouvelle Gnose.*

*Theodor W. Adorno *Essai sur Wagner* (*Versuch über Wagner*; traduit de l'allemand par Hans Hildenbrand et Alex Lindenberg).

Svetlana Alpers *L'atelier de Rembrandt. La liberté, la peinture et l'argent* (*Rembrandt's Enterprise. The Studio and the Market*; traduit de l'anglais [États-Unis] par Jean-François Sené).

Svetlana Alpers *La création de Rubens* (*The Making of Rubens*; traduit de l'anglais [États-Unis] par Jean-François Sené).

Svetlana Alpers *Les vexations de l'art. Velázquez et les autres* (*The Vexations of Art. Velázquez and others*; traduit de l'anglais [États-Unis] par Pierre-Emmanuel Dauzat).

François Azouvi *La gloire de Bergson. Essai sur le magistère philosophique.*

Bronislaw Baczko *Comment sortir de la Terreur. Thermidor et la Révolution.*

Bronislaw Baczko *Job mon ami. Promesses du bonheur et fatalité du mal.*

Alain Bancaud *Une exception ordinaire. La magistrature en France 1930-1950.*

Gilles Barbedette *L'invitation au mensonge. Essai sur le roman.*

Jean-Pierre Baton et Gilles Cohen-Tannoudji *L'horizon des particules. Complexité et élémentarité dans l'univers quantique.*

Pierre Birnbaum *Géographie de l'espoir. L'exil, les Lumières, la désassimilation.*

Michel Blay *Les raisons de l'infini. Du monde clos à l'univers mathématique.*

Luc Boltanski *La condition fœtale. Une sociologie de l'engendrement et de l'avortement.*

Luc Boltanski *De la critique. Précis de sociologie de l'émancipation*

Luc Boltanski et Ève Chiapello *Le nouvel esprit du capitalisme.*

Luc Boltanski et Laurent Thévenot *De la justification. Les économies de la grandeur.*

Olivier Bomsel *L'économie immatérielle. Industries et marchés d'expériences*

Jorge Luis Borges *Entretiens sur la poésie et la littérature* suivi de *Quatre essais sur J. L. Borges* (*Borges the Poet*; traduit de l'anglais [États-Unis] par François Hirsch).

Pierre Bouretz *Les promesses du monde. Philosophie de Max Weber.*

Pierre Bouretz *Témoins du futur. Philosophie et messianisme.*

Pierre Bouretz *Qu'appelle-t-on philosopher ?*

Pierre Bouretz *D'un ton guerrier en philosophie. Habermas, Derrida & Co*

* Michel Butor *Essais sur les Essais.*

Roberto Calasso *Les quarante-neuf degrés* (*I quarantanove gradini*; traduit de l'italien par Jean-Paul Manganaro).

* Albert Camus *L'été.*

* Albert Camus *Le mythe de Sisyphe. Essai sur l'absurde.*

* Albert Camus *Noces.*

Pierre Carrique *Rêve, vérité. Essai sur la philosophie du sommeil et de la veille.*

Barbara Cassin *L'effet sophistique.*

* Cioran *La chute dans le temps.*

* Cioran *Le mauvais démiurge.*

* Cioran *De l'inconvénient d'être né.*

* Cioran *Écartèlement.*

*Jean Clair *Considérations sur l'état des beaux-arts. Critique de la modernité.*

Élisabeth Claverie *Les guerres de la Vierge. Une anthropologie des apparitions.*Jean Clottes (sous la direction de) *La France préhistorique. Un essai d'histoire.*

Jean Clottes (sous la direction de) *La France préhistorique. Un essai d'histoire.*

Robert Darnton *Édition et sédition. L'univers de la littérature clandestine au XVIIIe siècle.*

Robert Darnton *Le Diable dans un bénitier. L'art de la calomnie en France, 1650-1800 (Slander. The Art of Libel in Eighteenth-Century France*, traduit de l'anglais (États-Unis) par Jean-François Sené)

Robert Darnton *Apologie du livre. Demain, aujourd'hui, hier (The case for Books. Past, Present, and Future*; traduit de l'anglais [États-Unis] par Jean-François Séné).

Philippe Delmas *Le bel avenir de la guerre.*

Daniel C. Dennett *La stratégie de l'interprète. Le sens commun et l'univers quotidien* (*The Intentional Stance*; traduit de l'anglais [États-Unis] par Pascal Engel).

Vincent Descombes *Le complément de sujet. Enquête sur le fait d'agir de soi-même.*

Jared Diamond *Le troisième chimpanzé. Essai sur l'évolution et l'avenir de l'animal humain* (*The Third Chimpanzee. The Evolution and Future of the Human Animal*; traduit de l'anglais [États-Unis] par Marcel Blanc).

Jared Diamond *De l'inégalité parmi les sociétés. Essais sur l'homme et l'environnement dans l'histoire* (*Guns, Germs, and Steel. The Fates of Human Societies*; traduit de l'anglais [États-Unis] par Pierre-Emmanuel Dauzat).

Jared Diamond *Effondrement. Comment les sociétés décident de leur disparition ou de leur survie* (*Collapse. How Societies Chose to Fail or Succeed*; traduit de l'anglais [États-Unis] par Pierre-Emmanuel Dauzat).

Alain Dieckhoff *L'invention d'une nation. Israël et la modernité politique.*

Michel Dummett *Les sources de la philosophie analytique* (*Ursprünge der analytischen Philosophie*; traduit de l'allemand par Marie-Anne Lescourret).

*Mircea Eliade *Briser le toit de la maison. La créativité et ses symboles* (textes traduits de l'anglais par Denise Paulme-Schaeffner et du roumain par Alain Paruit).

*Mircea Eliade *Occultisme, sorcellerie et modes culturelles* (*Occultism, Witchcraft and Cultural Fashions*; traduit de l'anglais [États-Unis] par Jean Malaquais).

Pascal Engel *La norme du vrai. Philosophie de la logique.*

*Etiemble et Yassu Gauclère *Rimbaud.*

Gérard Farasse *L'âne musicien. Sur Francis Ponge.*

Jean-Marc Ferry *La question de l'État européen.*

Alain Finkielkraut *La mémoire vaine. Du crime contre l'humanité.*

Laurence Fontaine *L'économie morale. Pauvreté, crédit et confiance dans l'Europe préindustrielle.*

Michael Fried *Contre la théâtralité. Du minimalisme à la photographie contemporaine* (extrait de *Art and Objecthood*; traduit de l'anglais [États-Unis] par Fabienne Durand-Bogaert).

Michael Fried *La place du spectateur. Esthétique et origines de la peinture moderne* (*Absorption and Theatricality. Painting and Beholder in the Age of Diderot*; traduit de l'anglais [États-Unis] par Claire Brunet).

Michael Fried *Le réalisme de Courbet. Esthétique et origines de la peinture moderne II* (*Courbet's Realism*; traduit de l'anglais [États-Unis] par Michel Gautier).

Michael Fried *Le modernisme de Manet. Esthétique et origines de la peinture moderne III* (*Manet's Modernism or, The Face of Painting in the 1860s*; traduit de l'anglais [États-Unis] par Claire Brunet).

Jack Goody *Le vol de l'histoire. Comment l'Europe a imposé le récit de son passé au monde (The Theft of History*; traduit de l'anglais par Fabienne Durand-Bogaert*)*.

Stephen Jay Gould *La structure de la théorie de l'évolution* (*The Structure of Evolutionary Theory*; traduit de l'anglais [États-Unis] par Marcel Blanc).

Ilan Greilsammer *La nouvelle histoire d'Israël. Essai sur une identité nationale.*

Frédéric Gros *États de violence. Essai sur la fin de la guerre.*

Pierre Guenancia *L'intelligence du sensible. Essai sur le dualisme cartésien.*

Jürgen Habermas *Droit et Démocratie. Entre faits et normes* (*Faktizität und Geltung. Beiträge zur Diskurstheorie des Rechts und des demokratischen Rechtsstaats*; traduit de l'allemand par Rainer Rochlitz et Christian Bouchindhomme).

Jürgen Habermas *Vérité et justification* (*Wahrheit und Rechtfertigung. Philosophische Aufsätze*; traduit de l'allemand par Rainer Rochlitz).

Jürgen Habermas *L'avenir de la nature humaine. Vers un eugénisme libéral?* (*Die Zukunft der menschlichen Natur. Auf dem Weg zu einer liberalen Eugenik?*; traduit de l'allemand par Christian Bouchindhomme).

Jürgen Habermas *Entre naturalisme et religion. Les défis de la démocratie* (*Zwischen Naturalism und Religion. Philosophische Aufsätze*; traduit de l'allemand par Christian Bouchindhomme et Alexandre Dupeyrix).

Pierre Hadot *Le voile d'Isis. Sur l'histoire de l'idée de nature.*

François Hartog *Mémoire d'Ulysse. Récits sur la frontière en Grèce ancienne.*

Stephen Hawking et Roger Penrose *La nature de l'espace et du temps* (*The Nature of Space and Time*; traduit de l'anglais [États-Unis] par Françoise Balibar).

Nathalie Heinich *États de femmes. L'identité féminine dans la fiction occidentale.*

Raul Hilberg *Exécuteurs, victimes, témoins. La catastrophe juive 1933-1945* (*Perpetrators Victims Bystanders. The Jewish Catastrophe 1933-1945*; traduit de l'anglais [États-Unis] par Marie-France de Paloméra).

Raul Hilberg *Holocauste : les sources de l'histoire* (*Sources of Holocaust Research*; traduit de l'anglais [États-Unis] par Marie-France de Paloméra).

Axel Honneth *La réification. Petit traité de Théorie critique* (*Verdinglichung. Eine anerkennungstheorische Studie*; traduit de l'allemand par Stéphane Haber).

Olivier Ihl *Le mérite et la République. Essai sur la société des émules.*

Christian Jouhaud *Les pouvoirs de la littérature. Histoire d'un paradoxe.*

Ian Kershaw *Hitler. Essai sur le charisme en politique* (*Hitler*; traduit de l'anglais par Jacqueline Carnaud et Pierre-Emmanuel Dauzat).

Ben Kiernan *Le génocide au Cambodge 1975-1979. Race, idéologie et pouvoir* (*The Pol Pot Regime. Races, Power, and Genocide in Cambodia under the Khmer Rouge, 1975-79*; traduit de l'anglais [États-Unis] par Marie-France de Paloméra).

* Alexandre Koyré *Introduction à la lecture de Platon* suivi de *Entretiens sur Descartes.*

Julia Kristeva *Le temps sensible. Proust et l'expérience littéraire.*

Thomas Laqueur *La fabrique du sexe. Essai sur le corps et le genre en Occident* (*Making Sex. Body and Gender from the Greeks to Freud*; traduit de l'anglais [États-Unis] par Michel Gautier).

Thomas Laqueur *Le sexe en solitaire. Contribution à l'histoire culturelle de la sexualité* (*Solitary sex. A cultural history of Masturbation*; traduit de l'anglais [États-Unis] par Pierre-Emmanuel Dauzat).

Christian Laval *L'homme économique. Essai sur les racines du néolibéralisme.*

J.M.G. Le Clézio *Le rêve mexicain ou la pensée interrompue.*

Jean-Marc Lévy-Leblond *Aux contraires. L'exercice de la pensée et la pratique de la science.*

Jacqueline Lichtenstein *La tache aveugle. Essai sur les relations de la peinture et de la sculpture à l'âge moderne.*

* Gilles Lipovetsky *L'ère du vide. Essais sur l'individualisme contemporain.*

Gilles Lipovetsky *Le crépuscule du devoir. L'éthique indolore des nouveaux temps démocratiques.*

Gilles Lipovetsky *La troisième femme. Permanence et révolution du féminin.*

Gilles Lipovetsky *Le bonheur paradoxal. Essai sur la société d'hyperconsommation.*

Nicole Loraux *Les expériences de Tirésias. Le féminin et l'homme grec.*

Nicole Loraux *La voix endeuillée. Essai sur la tragédie grecque.*

Giovanni Macchia *L'ange de la nuit. Sur Proust* (*L'angelo della notte*; *Proust e dintorni*; traduit de l'italien par Marie-France Merger, Paul Bédarida et Mario Fusco).

Marielle Macé *Façons de lire, manières d'être.*

Roderick MacFarquhar et Michael Schoenhals *La dernière révolution de Mao. Histoire de la Révolution culturelle 1966-1976* (*Mao's Last Revolution*; traduit de l'anglais [États-Unis] par Pierre-Emmanuel Dauzat).

Gérard Mairet *La fable du monde. Enquête philosophique sur la liberté de notre temps.*

Christian Meier *La naissance du politique* (*Die Entstehung des Politischen bei den Griechen*; traduit de l'allemand par Denis Trierweiler).

* Yves Michaud, *Violence et politique.*

Jonathan Moore (sous la direction de) *Des choix difficiles. Les dilemmes moraux de l'humanitaire* (*Hard Choices. Moral Dilemmas in Humanitarian Intervention*; traduit de l'anglais [États-Unis] par Dominique Leveillé).

Frédéric Musso *Albert Camus ou la fatalité des natures.*

Pierre Pachet *La force de dormir. Essai sur le sommeil en littérature.*

Thomas Pavel *La pensée du roman.*

* Octavio Paz *L'arc et la lyre* (*El arco y la lira*; traduit de l'espagnol [Mexique] par Roger Munier).

* Octavio Paz *Conjonctions et disjonctions* (*Conjunciones y Diyunciones*; traduit de l'espagnol [Mexique] par Robert Marrast).

* Octavio Paz *Courant alternatif* (*Corriente alterna*; traduit de l'espagnol [Mexique] par Roger Munier).

* Octavio Paz *Deux transparents. Marcel Duchamp et Claude Lévi-Strauss* (*Marcel Duchamp, Claude Lévi-Strauss o el nuevo Festín de Esopo*; traduit de l'espagnol [Mexique] par Monique Fong-Wust et Robert Marrast).

* Octavio Paz *Le labyrinthe de la solitude* suivi de *Critique de la pyramide* (*El laberinto de la soledad*; *Posdata*; traduit de l'espagnol [Mexique] par Jean-Clarence Lambert).

* Octavio Paz *Marcel Duchamp : l'apparence mise à nu* (*Apariencia desnuda, la obra de Marcel Duchamp. El Castillo de la Pureza. * water writes always in * plural*; traduit de l'espagnol [Mexique] par Monique Fong).

Philip Pettit *Républicanisme. Une théorie de la liberté et du gouvernement* (*Republicanism. A Theory of Freedom and Government*; traduit de l'anglais par Patrick Savidan et Jean-Fabien Spitz).

Nadine Picaudou *L'islam entre religion et idéologie. Essai sur la modernité musulmane.*

Jackie Pigeaud *L'Art et le Vivant.*

Martine Poulain *Livres pillés, lectures surveillées. Une histoire des bibliothèques françaises sous l'Occupation.*

Joëlle Proust *Comment l'esprit vient aux bêtes. Essai sur la représentation.*

Hilary Putnam *Représentation et réalité* (*Representation and Reality*; traduit de l'anglais [États-Unis] par Claudine Engel-Tiercelin).

David M. Raup *De l'extinction des espèces. Sur les causes de la disparition des dinosaures et de quelques milliards d'autres* (*Extinction, Bad Genes or Bad Luck?*; traduit de l'anglais [États-Unis] par Marcel Blanc).

Jean-Pierre Richard *L'état des choses. Études sur huit écrivains d'aujourd'hui.*

Rainer Rochlitz *Le désenchantement de l'art. La philosophie de Walter Benjamin.*

Rainer Rochlitz *Subversion et subvention. Art contemporain et argumentation esthétique.*

Rainer Rochlitz *L'art au banc d'essai. Esthétique et critique.*

*Emir Rodriguez Monegal *Neruda le voyageur immobile* (*El Viajero inmovil*; traduit de l'espagnol par Bernard Lelong).

Claude Romano *Le chant de la vie. Phénoménologie de Faulkner.*

Philippe Roussin *Misère de la littérature, terreur de l'histoire. Céline et la littérature contemporaine.*

Marc Sadoun *De la démocratie française. Essai sur le socialisme.*

Marc Sadoun (sous la direction de) *La démocratie en France*, tome 1 : *Idéologies* ; tome 2 : *Limites.*

Elias Sanbar *Figures du Palestinien. Identité des origines, identité de devenir.*

Jean-Paul Sartre *Vérité et existence.*

Saskia Sassen *La Globalisation. Une Sociologie* (*A Sociology of Globalization* ; traduit de l'anglais [États-Unis] par Pierre Guglielmina).

Jean-Marie Schaeffer *L'art de l'âge moderne. L'esthétique et la philosophie de l'art du XVIIIe siècle à nos jours.*

Jean-Marie Schaeffer *Les célibataires de l'art. Pour une esthétique sans mythes.*

Jean-Marie Schaeffer *La fin de l'exception humaine.*

Dominique Schnapper *La communauté des citoyens. Sur l'idée moderne de nation.*

Dominique Schnapper *La relation à l'Autre. Au cœur de la pensée sociologique.*

Dominique Schnapper *La démocratie providentielle. Essai sur l'égalité contemporaine.*

Dominique Schnapper *Une sociologue au Conseil constitutionnel*

Jerome B. Schneewind *L'invention de l'autonomie. Une histoire de la philosophie morale moderne* (*The Invention of Autonomy. A History of*

Modern Moral Philosophy; traduit de l'anglais [États-Unis] par Jean-Pierre Cléro, Pierre-Emmanuel Dauzat et Évelyne Meziani-Laval).

John R. Searle *La redécouverte de l'esprit* (*The Rediscovery of the Mind*; traduit de l'anglais [États-Unis] par Claudine Tiercelin).

John R. Searle *La construction de la réalité sociale* (*The Construction of Social Reality*; traduit de l'anglais [États-Unis] par Claudine Tiercelin).

Jean-François Sirinelli (sous la direction de) *Histoire des droites en France*, tome 1 : *Politique*, tome 2 : *Cultures*, tome 3 : *Sensibilités*.

Wolfgang Sofsky *Traité de la violence* (*Traktat über die Gewalt*; traduit de l'allemand par Bernard Lortholary).

Wolfgang Sofsky *L'ère de l'épouvante. Folie meurtrière, terreur, guerre* (*Zeiten des Schreckens. Amok, Terror, Krieg*; traduit de l'allemand par Robert Simon).

Jean-Fabien Spitz *Le moment républicain en France*.

Jean Starobinski *Le remède dans le mal. Critique et légitimation de l'artifice à l'âge des Lumières*.

George Steiner *Réelles présences. Les arts du sens* (*Real Presences. Is there anything* in *what we say?*; traduit de l'anglais par Michel R. de Pauw).

George Steiner *Passions impunies* (*No passion spent*; traduit de l'anglais par Pierre-Emmanuel Dauzat et Louis Évrard).

George Steiner *Grammaires de la création* (*Grammars of creation*; traduit de l'anglais par Pierre-Emmanuel Dauzat).

George Steiner *Maîtres et disciples* (*Lessons of the Masters*; traduit de l'anglais par Pierre-Emmanuel Dauzat).

*Salah Stétié *Les porteurs de feu et autres essais*.

Ian Tattersall *L'émergence de l'homme. Essai sur l'évolution et l'unicité humaine* (*Becoming Human. Evolution and Human Uniqueness*; traduit de l'anglais [États-Unis] par Marcel Blanc).

*Miguel de Unamuno *L'essence de l'Espagne* (*En torno al Casticismo*; traduit de l'espagnol par Marcel Bataillon).

Jean-Marie Vaysse *L'inconscient des Modernes. Essai sur l'origine métaphysique de la psychanalyse*.

Patrick Verley *L'échelle du monde. Essai sur l'industrialisation de l'Occident*.

Paul Veyne *René Char en ses poèmes*.

Michael Walzer *Traité sur la tolérance* (*On Toleration*; traduit de l'anglais [États-Unis] par Chaïm Hutner).

Harald Welzer *Les exécuteurs. Des hommes normaux aux meurtriers de masse* (*Täter. Wie aus ganz normalen Menschen Massenmörder werden*; traduit de l'allemand par Bernard Lortholary).

Harald Welzer *Les guerres du climat. Pourquoi on tue au* XXIe *siècle* (*Klimakriege. Wofür im 21. Jahrhundert getötet wird*; traduit de l'allemand par Bernard Lortholary).

Bernard Williams *L'éthique et les limites de la philosophie* (*Ethics and the Limits of Philosophy*; traduit de l'anglais par Marie-Anne Lescourret).

Bernard Williams *Vérité et véracité. Essai de généalogie* (*Truth and Truthfulness. An Essay in Genealogy*; traduit de l'anglais par Jean Lelaidier).

Yosef Hayim Yerushalmi *Le Moïse de Freud. Judaïsme terminable et interminable* (*Freud's Moses. Judaism Terminable and Interminable*; traduit de l'anglais [États-Unis] par Jacqueline Carnaud).

Levent Yilmaz *Le temps moderne. Variations sur les Anciens et les contemporains.*

Composition CMB Graphic.
Achevé d'imprimer
sur Roto-Page
par l'Imprimerie Floch
à Mayenne, le 25 février 2011.
Dépôt légal : février 2011.
Numéro d'imprimeur : 78989.

ISBN 978-2-07-013303-1 / Imprimé en France.

181626